臺灣歷史與文化 研究輯刊

六 編

第 13 冊

日據時期臺日士紳都市家宅之研究

王 怡 超 著

花木蘭文化出版社

國家圖書館出版品預行編目資料

日據時期臺日士紳都市家宅之研究／王怡超 著 -- 初版 -- 新北
市：花木蘭文化出版社，2014〔民 103〕
目 4+276 面；19×26 公分
（臺灣歷史與文化研究輯刊 六編：第 13 冊）
ISBN 978-986-322-956-8（精裝）
1.房屋建築 2.士紳 3.日據時期
733.08   103015088

ISBN-978-986-322-956-8

臺灣歷史與文化研究輯刊
六 編 第十三冊   ISBN：978-986-322-956-8

日據時期臺日士紳都市家宅之研究

作 者　王怡超
總 編 輯　杜潔祥
副總編輯　楊嘉樂
編 輯　許郁翎
出 版　花木蘭文化出版社
社 長　高小娟
聯絡地址　235 新北市中和區中安街七二號十三樓
　　　　　電話：02-2923-1455／傳真：02-2923-1452
網 址　http://www.huamulan.tw 信箱 hml810518@gmail.com
印 刷　普羅文化出版廣告事業
初 版　2014 年 9 月
定 價　六編 21 冊（精裝）新台幣 42,000 元

日據時期臺日士紳都市家宅之研究

王怡超　著

作者簡介

王怡超

台灣省台南市人

中國文化大學史學研究所博士班畢業

現任國立金門大學通識中心兼任助理教授

著有〈近代中國律法的新精神 --- 談清末修律的「個體」概念〉、〈民匪共處的小區盜賊經濟圈——從珠山《顯影》看 1928-1949 年間金門盜賊事件〉等文。

與他人合著出版有《金門縣寺廟裝飾故事調查研究》、《金門聚落建築的水系統》等書,《水系統》一書並榮獲第四屆國家出版獎佳作。

提　　要

　　本論文主要探討,在現代化的進程下,都市家宅的變遷過程及民眾心態的轉變。這裡涉及到士紳階級的生活型態,反映出傳統家宅與現代家宅觀念的差異。在日據前的台灣家宅,深受來自中國閩南文化影響,包括儒教觀念及風水思想所影響。日據時期台灣因接受近代教育的影響,新知識、新醫學及新技術開始轉變其家宅的觀念,又此時期都市現代化工程陸續完成,如電力工程、水力工程都影響著都市家宅的形態。

　　日據台灣都市家宅,最明顯表現出,(一)西式家宅空間的形成,(二)科技家宅設備的使用及(三)洋化家宅裝飾的出現。其來源有二,一是開港後洋人所興建的教堂、學校及領事館;二是日人所帶進來的和洋折衷式的家宅形式。但兩者溯其源,都是英國殖民印度時為因應熱帶地區所發展的小別莊形式,而成西方各國殖民住屋的典型。當時的南洋、中國、日本等亞洲地區都受其影響。在台灣又接受日人殖民情況下,其西化空間更融入了日人所發展的和洋折衷式家宅空間。譬如浴廁分離、大小便分開、和室空間等。

　　本文對台灣日據時期的士紳家宅進行考察,從家宅的空間、家宅設備及家宅的內外物品的裝飾的歷史發展脈絡,揭示都市家宅生活中有關隱私、舒適、風格及功能等內在的變化,試行建構出日據時期台灣都市家宅生活的輪廓。

目次

表格目錄

第壹章　緒　論

　　台灣社會的現代化（modernization）〔註1〕研究，一直受到台灣近代史研究者的關注，政治方面的民主化、經濟方面的工業化、思想文化方面的自由化等議題，均曾見深入討論而有豐富研究成果，但對於現代化發生歷程中，從傳統過渡到現代的生活狀況與環境條件的改變對時人心態及其行為模式的影響，在過去的近現代史研究中，似較乏深入研究之作。

　　這種心態史研究取向是受到西方史學新流派──「日常生活」（everyday life）史學的影響，把過去認為「雞毛蒜皮」的瑣事納入學術討論範圍，其中又以法國年鑑歷史學者埃里亞斯（Philippe Aries）與喬治・杜比（Georges Duby）等人編纂的《私人生活史》（A History of Private Life，1985 年）為此中代表，〔註2〕它以私人的日常生活事物為題材，如住宅形式、夫妻關係、兒童照顧，從生活語言、家族照片、私人收藏等等，檢視並分析個中隱藏的心靈世界與私人事件，呈現日常生活中隱晦的心理結構，藉此以進一步探求自我及周遭

〔註1〕　現代化（又譯作近代化）常被用來描述現代發生的社會和文化變遷的現象。根據馬格納雷拉的定義，現代化是發展中的社會為了獲得發達的工業社會所具有的一些特點，而所經歷文化與社會變遷，包容一切的全球性過程。從歷史上來講，它主要指近代以來，世界各國一種自以西歐及北美地區等地國家許多近現代以來形成的價值為目標，尋求新的出路的過程。因此常與西方化的內涵相近。一般而言，近代化包括學術知識上的科學化，政治上的民主化，經濟上的工業化，思想文化領域的自由化和民主化等。引自 http:zh.wikipedia.org 中文維基百科，現代化條目。

〔註2〕　由埃里亞斯（Philippe Aries）與喬治・杜比（Georges Duby）等人所編纂的《私人生活史》（A History of Private Life）共有五卷，第一卷的法文版出版於 1985 年，英譯本出刊於 1987 年，第一卷之中譯本出刊於 2007 年（由李群、趙娟娟等譯，《古代人的私人生活史（I）》，北京：三環出版社，2007 年 1 月）。

他人的秘密世界。這個研究方法及其題材開拓出各種有關生活及個人研究的
新領域，並爲近現代研究開發了新的研究視角。〔註3〕

　　近十年來台灣史研究也愈趨熱衷於民眾生活的研究，其可分爲（一）民眾
日常用品類〔註4〕、（二）民眾休閒生活類〔註5〕、（三）民眾婦幼教育類〔註6〕、

〔註3〕　台灣歷史學界對於日常生活研究，初期主要向明清中國史取材，如熊秉眞主
持的「物質文化、日常生活與中國」（1999年9月）、王汎森與李孝悌主持之
中央研究院主題研究計劃「明清的社會與生活」（2001年1月）等。參見邱澎
生，〈物質文化與日常生活的辨証〉，《新史學》17卷4期，2006年12月，頁
4。台灣史則是以許雪姬爲主，針對日據時期士紳張麗俊《南村日誌》（水竹
居主人日記）的整理與詳實註解工程，帶起日據時期台灣私人生活研究。如
在民國93年11月27日，在臺中縣立港區藝術中心國際會議廳舉辦「水竹居
主人日記」學術研討會，報告內容有：（1）王見川，〈南瑤宮、聚星觀、台灣
正劇及其他——《水竹居主人日記》所見日治時期台灣宗教信仰與戲劇〉；（2）
陳世榮，〈民間信仰與菁英——以張麗俊爲核心的社會網路〉；（3）許雪姬，〈張
麗俊生活中的女性〉；（4）洪麗完，〈落地生根：廣東大埔赤山下灣張家之移
墾爲例〉；（5）洪秋芬，〈日治時期殖民政權與地方民間組織團體關係之初探
——葫蘆墩興產組合之個案研究〉；（6）李力庸，〈由《水竹居主人日記》看
日治時期的米穀活動〉；（7）陳鴻圖，〈八寶圳與豐原地區的農田灌溉——《水
竹居主人日記》中的水利圖像〉；（8）何鳳嬌，〈張麗俊與台灣糖業發展望—
——以《水竹居主人日記》爲中心的討論〉；（9）廖振富，〈日治時期台灣傳統
文人日常生活中的漢文書寫——以張麗俊《水竹居主人日記》爲考察對象〉；
（10）李毓嵐，〈日治時期傳統文人的詩社活動——以張麗俊與櫟社爲例〉；
（11）林蘭芳，〈傳統士紳與新科技的對話——豐原張麗俊的近代化體驗（1906
～1936）〉；（12）呂紹理，〈從《水竹居主人日記》看日治時期保正的生活與
休閒娛樂〉；（13）范燕秋，〈由《水竹居主人日記》看殖民地公共衛生之運作〉；
（14）王志弘，〈生活中的法律感性——以《水竹居主人日記》爲本的探討〉
等十四篇。

〔註4〕　如自來水（1998朱志謀《國家與個人關係的再組——以日領時期台灣自來水
事業爲中心的探討》師大歷史碩論）、電燈（1998吳政憲《日治時期臺灣的電
燈發展》師大歷史碩論、2003林蘭芳《工業化的推手——日治時期台灣的電
力事業》政大歷史博論）、廁所（1999董宜秋《台灣「便所」之研究（1895
～1945年）——以「便所」興建及污物處理爲主題》中正歷史碩論）。

〔註5〕　如博覽會（2005年張世朋《日治時期始政四十年台灣博覽會之研究》成大建
築碩論）（2000年程佳惠《1935年台灣博覽會之研究》中央歷史碩論）、體育
（2002謝仕淵《殖民主義與體育——日治前期（1895～1922）台灣公學校體
操科之研究》中央歷史碩論）。

〔註6〕　如婦女（1987游鑑明《日據時期臺灣的女子教育》師大歷史所碩論，1995《日
據時期臺灣的職業婦女》師大歷史所博論、1991楊翠《日據時期臺灣婦女解
放運動之研究——以台灣民報爲分析場域（1920～1932）》東海歷史所碩論）、
兒童（2007游珮芸《日治時期台灣的兒童文化》，台北：玉山）。

（四）民眾人種衛生類〔註7〕。這些有關婦女、兒童、衛生、休閒娛樂等台灣近現代日常生活取材的研究，其探討內容和主要論點，大多仍積極於統治者與人民之間的支配關係之辨證，而較少深入民眾心態的探討。

至於現代生活如何作用於台灣社會及民眾生活心態轉變的討論，首見於一九九四年呂紹理《日治時期台灣社會的生活作息》的博士論文中，呂氏注意到現代性的時間概念對於日據時期台灣民眾的影響，從時間概念反映在民眾生活作息及其休閒娛樂事業的生活層面展開研究。〔註8〕但其現代性時間概念只是以鐘錶時間及以星期爲一週反映於生活作息上，現代性時間與傳統性時間在實踐上並無衝突。在其論文中，並不需要特別處理傳統與現代間的矛盾，因此以時間作爲主題，雖可以考察出當時人生活作息的改變，但難以了解民眾的心理結構。

現代性的心態行爲最顯而易見於居住環境上。各種新物質條件及新生活觀念的介入，均影響民眾對居住空間的重新定義，如形式、位置及內容的看法和做法，而這些改變與傳統的空間概念有相當的差異。家宅是人類心理欲望的具體表徵，從傳統家宅形式向現代家宅形式過渡所產生的矛盾與文化差異，我們才能從過去形式中解讀人類行爲背後的心理結構。人類的家宅具有緩慢變遷特性，差異也是同時並存，並不會立即消失不見，我們可以發現舊有模式發生轉移甚至變形，研究者也就可以從中分析及歸納出人類家居行爲的模式。日據時期的台灣正處於由傳統合院家宅轉向現代都市家宅的轉型期中，若對其家宅空間概念的探討，更可進一步得知現代化作用於民眾生活與心態的起源與發展。

本文試以日據時期台日士紳都市家宅中的空間和生活內容爲研究對象，以現代化過程中的重要歷史階段爲考察座標，討論家宅中人的心態及行爲模式在現代化過程中有形及無形、自覺或不自覺的轉變。

西方建築史家拉普普（Amos Rapoport）認爲：「行爲和形式依兩種途徑連

〔註7〕如人種衛生（2001 范燕秋《日本帝國發展下殖民地台灣的人種衛生》政大歷史博論）。

〔註8〕由呂紹理之博士論文改編出版的《水螺響起》一書〈自序〉中，其已指出現代性時間概念對於台灣社會產生重大的影響。它所要討論的，正是日據時期藉由殖民政府所建立起的政治、經濟、教育以及休閒活動等結構，進而改變台灣人生活作息與時間觀念過程。參見氏著，《水螺響起》，台北：遠流出版社，1999 年，頁 2～3。

結：一、認爲瞭解行爲模式，包括背後的欲望、動機和感情，對瞭解既成形式是必須的，因爲後者正是前者的實質表現。二、認爲形式一建成，便會影響行爲和生活方式。」〔註9〕家宅是由結構〔註10〕、隔間及設計構想三種元素所成，其組合的方式實反映居住者的生活，是以建築物觀察人們生活方式的最佳途徑。這些住宅是變動的價值、意像、觀念和生活方式的直接表現，因此家宅建構實質反映出人類物質文明發展的脈動。爲能使人的行爲模式與家宅形式產生聯繫，有必要就家宅的對象、範疇、方法及意義提出說明。並回顧日據時期台日士紳都市家宅的相關研究成果及史料分析，企圖找出詮釋家宅研究的寫作策略與途徑。

第一節　家宅的文化史研究

　　家宅形式可以說是人的空間概念與物質互動下所產生的。因爲人類的日常活動常與房子的大小、形式及位置息息相關，甚至影響其生活行爲和活動方式，而房子大小、形式及位置，就是家宅空間。換句話說，家宅生活莫不與我們所感知的空間發生作用，因有空間提供起居之活動，空間的形狀也影響人生活的舒適感，人爲了達成生活目的，反過來去營造人爲空間，創造理想的生活。

　　然「空間」是一抽象名詞，人所感知的空間存在，端賴自身的知覺體驗。其定義如下：「『空間知覺』是指動物(包括人)意識到自身與周圍事物的相對位置的過程。它主要涉及空間定向知覺以及對事物的深度、形狀、大小、運動、顏色及其相互關係的知覺。空間知覺憑藉視覺、聽覺、動覺、平衡覺、嗅覺和味覺的協同活動並輔以經驗而實現。」〔註11〕。

　　空間認知既是藉各實體間的相對位置營造的空間感覺而生的，舉凡人類家宅的形式、格局、裝潢、家具、設備等一切居家空間，便因其大小、樣式、多寡、位置及色彩等等影響人類的空間知覺，而家宅生活就是在知覺空間中的一切活動。

〔註9〕 Rapoport Amos,*House Form and Culture*（Englewood:Prentice-Hall,1969）p.16.
〔註10〕 結構簡而言之是建築物的骨架，人們運用各種技術，配合隔間內容所作的骨架，就是結構；最後呈現外觀的總成，就是設計構想的部份。見陳芳惠，《村落地理學》，台北：五南圖書公司，1984年7月初版，頁175。
〔註11〕 見《1987年新編中文版大不列顛百科全書》第八冊，台北：丹青圖書有限公司，頁319。

　　各人類文明都有理想家宅形式，其包括家宅的建造技術、家宅的裝潢、家宅的形式、家宅的家具及家宅的設備等。若我們能知道這些物質的條件和生活的關係，為何如此的安排在家宅空間內，也就可窺知我們居住者心態及文化意義。

一、定義與範疇

　　家宅是人類於特定空間中的起居活動場所，這特定的家宅形式是各文化下的產物。中國人對家宅定義有，《說文》：「家，尻也；宅，人所託尻也」，另外在《釋名》〈釋宮室〉：「宅，擇也，擇吉處而營之也」。家宅的營建須選擇最有利人生活的地方。

　　家宅既是人所託居之地，其形式也需相應人基本生活需求，諸如遮蔽、睡眠、交友、修飾、飲食、排泄、儲藏、領域感、遊憩、走路、聚會、競爭、工作等等都可視為家居生活的一部份。〔註 12〕其中又可區分為人的生理行為及社交行為兩種。生理行為是來滿足人類生理需求包括飲食、睡眠、排泄、遮蔽及領域感等；社交行為是滿足人類社會功利需求包括交友、聚會、競爭、工作等。為因應人基本生活需求而產生了神明廳、客廳、廚房、臥室、浴廁等的空間營造。建築史家漢寶德認為：「藝術本無先天的形式，其形式是人類歷史的欲望與需要所賦給的。」〔註 13〕，所以人類的行為觀念可具體而微的體現在營造形式上，因此以家宅營造的空間與物質為討論的形式則較可以呈現居家生活的本質，因一切居家生活均統攝於空間與物質的討論中。

　　家宅研究，是民眾日常生活所居之所，這裏排除了非民居的公共建築，譬如宮殿建築、廟宇建築、紀念碑、公園…等等，純粹是以民居為討論範圍。家宅形式深受著各地域性文化因素所影響，其包括地理環境、氣候、族群、信仰及宇宙觀等。

〔註12〕 Mayer Spivak 曾提出一套有關人類居住環境之「基本需求空間理論」（遮蔽、睡眠、交友、修飾、飲食、排泄、儲藏、領域感、遊憩、走路、聚會、競爭、工作），將人類日常生活行為所需之基本需求空間群歸納為 13 大類，藉以說明實質居住環境與人類行為模式之對應關係，如心理學家 Roger Baker 所言：「人之生活環境被限制於一緊密有限的範圍中，而在此有限的範圍內，要完成人類的各種行為」。見陳益仁，《從領域理論試探住宅之空間架構》，國立成功大學建築研究所碩士論文，頁 51。

〔註13〕 見漢寶德，《明、清建築二論》（中國建築史論叢一），台中：境與象出版社，1988 年，頁 5。

家宅的形式風格，除了受到以上所列舉地域性文化因素影響外，我們還必須注意到，如何（how）去營造理想的人類家宅，要用什麼建材、技術及形式？以及為何（what）要如此去建造房子，是基於何種理由？因此對於時代的環境認知與物質技術如何運用到家宅內是有其必要性探討。譬如電氣工程、上下水道工程及營建技術如何與住宅發生密切關係的討論，似乎是有助於我們進一步去瞭解人類家宅結構的變遷。

在家宅研究範圍內，除了居住觀念的探討外，還有住宅內的各項設備如烹煮用具、屎尿器具、照明器具等均含涉在內，另外住宅的內外裝飾也是在其範圍之中，包括建築立面的樣式、材料、紋樣、室內的裝潢、桌椅的擺設及物品的裝飾等。從民眾的身體感覺的改變，如對舒適、隱私、效率及勞動討論就可以清楚探究人類深層結構的心態圖像。

二、方法與意義

家宅研究的主要課題在於瞭解人類住居觀念的變遷為何？解釋現代住居的起源、發展與傳統住居觀念矛盾之處，從不同地方看出當時人心態的轉變。因為家宅的格局、形式、大小及美學品味根源於人類社會文化及心理的結構。若要反過來詮釋人類社會文化及心理轉變，則家宅研究是最為有效的路徑與不二法門。

家宅研究的詮釋方法是將家宅視為物質對像，研究者主要從家宅物質於歷史縱軸上的展現切入，探討其中所呈現之歷史問題，而討論的焦點在於物所展現之（廣義的）物質文化及社會、日常生活之關係。

這是從「以物論史」（history from things）〔註14〕借用來的詮釋原則，放在人類家宅領域來討論，企圖在過去與現在的比較中，得出家宅變遷之全貌及變遷背後人類的心理結構（身體感）之轉變。

要瞭解家宅形式，就得由促成各式家宅的環境因素談起。人類家居的基本架構易受地域性文化的影響，這是形成家宅的基本因素。另外促成現代家宅的形成，則牽涉到物質技術的影響，譬如營造技術的改變、經濟型態的轉變、政治結構的變化及醫學觀念的革新，這些將是人類家宅改變的重要因素。所以家宅環境的論述主要是說明人類家宅的客觀因素，並以此為家宅研究的

〔註14〕見余舜德，〈物與身體感的歷史：一個研究取向之探索〉，《思與言》第 44 卷第 1 期，2006 年 3 月，頁33。

起點。

　　其次是家宅研究重心，其牽涉家宅觀念、家宅空間的形式與發展。這裡主要呈現出人類家居的生活形態與空間的關係，並分析及解釋人類於此家宅空間中有何種的居家行為。

　　三是家宅設備的討論，住家的能源除自然而得的空氣、陽光外還包括必須以人為方式取得能源的水及電力。能源的需求與使用是人類於家宅中重要的考量之一，尤其物質技術的進步下人類對於動力能源需求越來越大，家庭能源的設備也已成家宅不可或缺的一環。

　　四是家宅美學的討論，人類於居家生活除了物質需求的滿足外，還追求心靈上的愉快，因此對於家宅的造形特別重視。家宅造形包括建築的外觀、室內佈置及家具的造形。這些造形的品味與美學的探討，也視為家宅的重要部份。

　　家宅的變遷，是根據傳統家宅模式與現代家宅模式比較所得的結果，歸納其家宅的獨特之處，由此詮釋人類於家宅活動的心態變化。西方藝術史家蘇利文（L. H. Sullivan）認為「形態順從功能」〔註15〕，漢寶德也指出，形式是人類歷史的欲望與需求所賦給的。假若我們能分析形態中而得到功能的意義為何？則我們也可比較人類的家宅形式，進而得到家宅的功能意義，因為我們日常的活動及生活方式都會影響我們所創造的模式。

　　法國史家布羅岱爾（Fernand Braudel）在其所著《物質文明、經濟與資本主義》的導論中說明，為什麼要把日常生活面帶入歷史，布氏認為：「日常生活面在時間與空間，是一些未能留下深刻痕跡的瑣碎事實。我們愈是把觀察的空間縮小，就愈有機會觀察到自己是位處於物質生活之內：大歷史的大半徑通常是和商業活動的領域、國家或城市經濟的網路相符合。當我們把觀察的時間縮小到一些片斷的時刻，就可以看到一些事件，或是一些不同類別的事實。事件是單一性的，事實是多元性而且是反覆性，也是一般性或者甚至是結構性的。它籠罩住社會的各個層面，刻畫出存在的方式，它也會無止限的反覆下去。」〔註16〕從歷史研究所建構的居家生活圖像，不只是反映出物質文明與時代風格，更重要的是證明人類存在方式。這也就是歷史研

〔註15〕見呂清夫，《造形原理》，台北：雄獅圖書，1984 年，頁 20。

〔註16〕見布羅岱爾（Fernand Braudel）著；顧良等譯，《十五至十八世紀的物質文明、經濟和資本主義》（第一卷：日常生活的結構：可能和不可能）前言，北京：三聯書店，1992 年 11 月，頁 27。

究者樂此不疲的興趣所在。布羅岱爾也認為:「從這些日常片段中也可以分辨出不同社會的對比與差距,而且也不完全是膚淺的。這是一項有趣的遊戲,把這些圖像重新組合起來我不覺得是沒有意義的事。」〔註17〕或許從自己的生活出發,雖然是瑣碎及片段,但涉及到每日我們所接觸的家居問題,建築樣式、空間形態、傢俱造形等生活模式如何變成現在的模式,可能是每個人都有興趣的。惟將家宅的圖像建構出來,一方面可證明我們之存在方式,一方面更能貼近民眾的心理結構。一些現實問題,政治理論與經濟模式並不能提供有效解釋,譬如家居廁所的位置、廚房的設計、家具的造形等,反若從家宅的心理結構去探討,似乎生活周遭的現實問題將能夠合理的得到解釋。

第二節　研究主題與史料分析

　　近代中國的現代化主要是從邊陲向內陸進攻,這是工業化後的西方與中國接觸的路徑。台灣也是在這一波現代化運動開啟了國際視野,但與其它通商地區不同的是,在其現代化進展之初,即遭遇到日人的殖民統治,現代化內容帶有東西洋混合的味道,並且影響到二次世界大戰後,深入民眾思維中,具有獨特性研究意義。這當中最能表現出現代化指標的要屬當時社會的士紳階層家庭,因現代化實需有財力雄厚者來支撐,且這一階層人物深具堅強傳統社會的儒化特質。若以士紳階層的家宅作為研究主題,更能突顯台灣人在日據時期現代化的心態及行為變遷。

一、宏觀的台灣都市家宅研究

　　本文的主要目標是企圖找出台灣傳統到現代的變遷史觀。因此亟需一個大歷史（macro-history）〔註18〕結構來詮釋家宅變遷的歷史過程。日據時期恰好是台灣從傳統跨越到現代的關鍵時期。雖然晚清台灣的洋務運動〔註19〕已

〔註17〕見布羅岱爾（Fernand Braudel）著；顧良等譯,《十五至十八世紀的物質文明、經濟和資本主義》（第一卷：日常生活的結構：可能和不可能）,頁27。
〔註18〕大歷史的概念是取自黃仁宇,其認為現代歷史中的大規模事件,經常牽涉好多因素,因此亟需在長時間大環節的規模下看歷史。參見黃仁宇,《放寬歷史的視界》,台北:允晨文化,1991年,頁145。
〔註19〕洋務運動,通常指在英法聯軍之役到甲午戰爭的三十五年間,清朝官僚中具

爲台灣劃定現代化的基本藍圖。但一八九五年發生了中日甲午戰爭，清朝政府戰敗，被迫割讓台灣、澎湖給日本。這事件也中止了清朝版的台灣現代化運動，繼之而起的是日本版的現代化工程。

　　日本自維新運動〔註 20〕以來，國勢日益增強，不斷的向歐美學習。從君主立憲的國體改變開始，到民眾的生活作息等制度均以西方爲模仿的對象。日本就是挾著維新運動後的新精神，首先擊敗中國這個昔日的亞洲老大，在馬關條約中奪取了台灣做爲殖民地。一方面爲了實現殖民地成爲母國人安居樂業的理想地，一方面也須將殖民成果展現於西方列強。〔註 21〕不得不務力建設台灣，並引進各式現代化工程，包括上下水道工程、電力輸送工程及市區改正等。同時也把日洋化的生活習慣帶進島內，提倡現代「國民」觀並於各地推行改善運動。〔註 22〕這使得台灣傳統社會結構開始鬆動，眞正全面性

有買辦傾向的實權派所推行的中國型富國強兵運動。在劉銘傳之前，有沈保楨及丁日昌已在台灣進行現代化建設如鋪設電線、開採煤礦以及進行特產品樟腦和茶的製造。劉銘傳在 1886 年到任後，積極從事新政推行。劉的新政，以「辦防」、「練兵」、「清賦」、「撫番」四大要素爲骨幹。另外也推行建港、開路、擴充電信設施，改善貨幣制度，擴充近代式教育，聘請西醫韓森而創辦官醫局，架設電燈等。見戴國煇，《台灣總體相》，台北：遠流，2000 年，頁 60。

〔註 20〕 明治維新，是日本歷史上的一次政治革命。它推翻德川幕府，使大政歸還天皇，在政治、經濟和社會等方面實行大改革，促進日本的現代化和西方化。見《簡明大英百科全書》第 12 冊，台北：中華書局，1989 年，頁 258。

〔註 21〕 打贏了甲午戰爭的日本，積極干預東亞地區帝國主義國際秩序的舞台，意圖成爲東亞的盟主。台灣的出售自不必說，連從台灣撤退也不是大勢所允許的。對日本帝國而言，不等待資本主義經濟的成熟，而強行轉化爲帝國主義，是必須的課題。因此，對第一個殖民地台灣的確保與安定性的殖民主義式經營，就成爲最高命題之一。見戴國煇，《台灣總體相》，台北：遠流，2000 年，頁 74。

〔註 22〕 日據初期，致力於鎮壓平地及山地之台灣住民，除開發台灣產業，強固財政，擴建鐵路公路交通網，推行初等教育、衛生、防疫及推行斷辮和放足運動外，甚少推行社會生活風俗之改善措施。直到大正 3 年 2 月 7 日，板垣退助來台，倡設同化會。是年 11 月黃純青創設樹林同風會，開創基層社會生活風俗改善運動。大正五年經台灣總督府之獎勵擴及全台灣，大正八年田健治郎接任第八任總督，其治台方針係採取同化政策。大正九年廢原來之堡、區、街、庄，公布實施市街庄制，設立市役所、街庄役場，確立市街庄爲地方團體，強固基層行政組織。此間各街庄紛紛成立各種教化團體，倡導改善生活、風俗及「國語普及」，組訓基層男女青年、家長、主婦推行實踐改善運動，對台灣街庄、村落社會之結構、社會環境、社會生活、風俗改善影響甚大，實爲臺灣皇民化運動之前奏。見王世慶，〈皇民化運動前的臺灣社會生活改善運動：以

的現代化至此才開始。

　　台灣日據時期都市家宅變遷，遷涉到許多層面，包括醫學、工程等科技的發展，這些技術是以西方爲主，透過日本殖民手段引進到台灣。若以大歷史角度觀之，將可以獲得更完整的發展脈絡。

二、相關研究之回顧與檢討

　　台灣歷史的家宅研究，在日據時期（1895～1945）已有以學術方法來關注此問題，如富田芳郎、國分直一、藤島亥治郎、田中大作等日人。其所發表研究大多集中於當時所發刊的「台灣時報」、「台灣建築會誌」等雜誌。這對台灣家宅研究具有開風氣之先。但家宅研究也因時代不同而有不同關注焦點，爲了釐清台灣家宅從過去到目前的研究發展，筆者以二次世界大戰前後做爲分野，進行家宅研究之回顧。

（一）日據時期的台灣都市家宅研究概況

　　有關台灣家宅研究，最早應始於日據時期，這是日人面臨如何有效殖民台灣的問題，而展開一系列對台灣問題的調查研究。從對（1）清代城市研究，到（2）熱帶家屋研究，都是以殖民者的角度來看待台灣的生活空間。但不可否認的，此時期研究也確實爲往後研究者奠下基礎。

（1）清代城市研究

　　目前所知最早有關台灣城市研究，有 1903 年伊能嘉矩的《台灣城志》〔註23〕、1916 年杉山靖憲的《台灣名勝舊蹟誌》〔註24〕，其已對於台灣清代城市的範圍及建築做了調查與界定。另在 1928 年，由伊能嘉矩所著的《台灣文化志》〔註 25〕〈城垣沿革〉一文中，對於西洋人與清人所築的城廓進行研究並予以區分，這是開啓了台灣城市史研究的先聲。後繼者有粟山俊一的〈安平古城與赤崁樓〉〔註 26〕及國分直一的〈古都台南〉〔註 27〕等，都是循著伊能嘉矩的路線繼續探查清代的台灣城市。

　　　海山地區爲例〉，《思與言》第 29 卷第 4 期，1991 年 12 月，頁 6。

〔註23〕伊能嘉矩，《台灣城志》，台北：博文堂，1903 年。

〔註24〕杉山靖憲，《台灣名勝舊蹟誌》，台北：總督府，1916 年。

〔註25〕伊能嘉矩，《台灣文化志》，東京：刀江書店，1934 年。

〔註26〕見 1931 年的《台灣建築會誌》第 3 輯 2 號。

〔註27〕見 1944 年的《壺を祀る村：南方台灣民俗考》（東京都：三省堂）

　　到了晚期因台灣各地的都市計畫開始展開，其研究轉到村落及街道，如富田芳郎在《台灣時報》所發表的〈台灣の聚落の研究〉（昭和 9 年 1 期）、〈台灣と南支那との村落居住景觀の比較〉（昭和 11 年 1 期）及〈皇民化再檢討家屋〉（昭和 16 年 1 期），藤島亥治郎的《台灣の建築》，國分直一在《台灣時報》所發表〈歷史をて訪台南カら高雄へ〉（昭和 10 年 8 期）、〈葫蘆墩街と岸裏〉（昭和 17 年 12 期）等研究。時至今日清代的街道與住宅已不復見，而當時研究確實爲現在研究清代城市提供最好的材料。

（2）熱帶家屋研究

　　除了對清代城市研究外，另一主題就是熱帶家屋的研究。其目的主要爲日人移居台灣的可能性所做研究。這方面研究可見於《台灣醫學會雜誌》〔註 28〕、《台灣時報》及《台灣建築會誌》等期刊雜誌。例如在《台灣建築會誌》第二輯三號的住宅專號中，透過十一位在台日人對於台灣家宅的意見調查，可視當時日人對於台灣熱帶地區家宅觀念。

　　在 1942 年大倉三郎等人所著的《熱帶家屋的研究》一書已使用住宅形式比較，例如在其〈熱帶住宅之構成〉一章中，認爲因台灣氣候的因素，日式住宅無法完全的移植台灣必須做適當調整。其比較了日本與台灣的日式住宅的居室所占整個住宅空間的比例，認爲台灣的日式住宅主要居室佔整個住宅比例縮小，亦即附屬空間（玄關、緣側、台所、便所、押入）的比例相對增加了。在〈台灣的住宅問題〉一章中，其認爲台灣傳統的閩南式建築相較於日式住宅建築則是較爲封閉。這是因台灣傳統住居爲防禦性及避免強烈日曬，窗戶及開口部均較小，內部多爲固定式隔間方式，加上台灣溼熱的氣候，室內空間也因此顯得溼度較高。

　　除了針對氣候因素來討論日式住宅的形成外，另池田卓一在其《新時代的台灣建築》，已能從新時代的住宅觀念及設備的討論，例如通風問題、動線問題及庭園問題，來解釋新時代建築成立的原因，而不只是局限在日式住宅。

　　以上研究可使我們知道當時所興建的台灣新住宅，設計者進行設計規劃時在空間上的想法。這對於還原日據時期的新時代家宅史相當有助益。

〔註 28〕〈熱帶地ニ於ケル家屋建築ビ家屋ノ利用〉收錄在明治 44 年（1911）《台灣醫學會雜誌》104 期 10 卷。，

（二）光復後的台灣家宅研究概況

光復後台灣家宅研究曾沈寂一時，直到 70 年代後半的時候，隨著全世界各地所發生的鄉土運動，才又把焦點移注在台灣本土上，以台灣爲範本進行漢民族之研究。〔註 29〕從（1）城鎮研究、（2）住宅空間研究到（3）家居生活研究，可視爲台灣家宅三部曲，前兩項已有非常豐富的學術累積，第三項家居生活則較爲人所忽略，而有待開發。以下就三項研究概況介紹如下：

（1）傳統城鎮的研究

光復後的城鎮研究是繼續日據時期日本學者以傳統聚落與都市發展做爲研究取向，這方面有姜道章的《台灣的城垣都市》（1980）〔註 30〕、李乾郎的《台灣建築史》（1980）〔註 31〕及施添福〈清代台灣市街的分化與成長〉（1989）〔註 32〕，這些開始對台灣聚落與城市發展做系統性分析。至於城鎮的空間區位研究，有林會承的《清末鹿港街鎮結構》（1978）〔註 33〕，以鹿港爲例運用人類學及考古學方法，清楚提供清代的城鎮空間規劃。可說是此領域的先驅者，之後研究均以此爲範本。另外傳統住宅研究也開始開花結果，如蕭梅《台灣傳統民居建築之傳統風格》（1968）〔註 34〕、狄瑞德《台灣傳統建築之勘查》（1971）〔註 35〕、漢寶德《板橋林宅調查研究及修復計劃》（1973）〔註 36〕等，帶動一系列相關研究，如傳統匠師研究、傳統建築裝飾等等。這是以傳統閩南住宅爲主的研究，對於近代住宅的討論一直到 1979 李乾郎的〈台灣近代建

〔註 29〕 據黃蘭翔研究認爲，在二次世界大戰結束之後的台灣蔣介石專制獨裁時期是漢民族本位的價值氾濫的時期，致使在 1970 年代以前，台灣建築或是都市的相關研究的文章，其數目可以說是接近於零。參見黃蘭翔〈回顧台灣建築與都市史研究的幾個議題〉收錄在《台灣史研究一百年：回顧與研究》，頁 182。

〔註 30〕 Tao-chang Chiang ,*Walled Cities and Towns in Taiwan*, in Ronald G. Knapp ed.,*China's Island Frontier Studies in the Historical Geography of Taiwan*（Hawaii: Hawaii University Press,1980）.

〔註 31〕 李乾郎，《台灣建築史》，台北：北屋出版社，1980 年。

〔註 32〕 施添福，〈清代台灣市街的分化與成長：行政、軍事和規模的相關分析（上）（中）〉，分別收在《台灣風物》39：2（1989）；40：1（1990）。

〔註 33〕 林會承，《清末鹿港街鎮結構研究》，國立成功大學建築所碩士論文，1978 年。

〔註 34〕 蕭梅，《台灣傳統民居建築之傳統風格》，台中：東海大學，1968 年。

〔註 35〕 狄瑞德‧華昌琳，《台灣傳統建築之勘查》，台中：東海大學住宅及都市研究中心，1971 年。

〔註 36〕 漢寶德；洪文雄，《板橋林宅調查研究及修復計畫》，台北：台北縣政府觀光局，1973 年。

築之起源與早期之發展〉〔註 37〕才又再度被提起。首先關注於都市計畫，如
黃世孟的〈台灣都市計畫歷史之初探（1895～1945）〉（1985）〔註 38〕已開始
對日人在台灣所做都市計畫進行研究，也帶動一連串新街庄研究，如梁俊仁
《日據前後台南市街廓形態之構成與變遷》（1990）〔註 39〕、蘇仁榮《日據時
期新埔街庄的形成與發展》（1990）〔註 40〕及顏忠賢《日據時期大稻埕店屋空
間文化形式分析》（1990）〔註 41〕等。這些都使得台灣城鎮研究累積相當豐碩
成果。

（2）住宅空間的研究

至於都市住宅空間的形成的探討，要到各地對近代的歷史建物調查後，
才有較具體成果。首先登場是日式住宅研究，在郭永傑的〈日據時期官舍住
宅使用後評估〉（1990）〔註 42〕已分析了日式住宅的空間特性，強調其受到西
洋住宅影響，並認為台灣的日式住宅是承襲日本本土和洋折衷式的住宅。這
是從日洋文化面去探究空間的形成。在關維雅的〈中日合院型住宅空間結構
之比較研究〉（1991）〔註 43〕一文中，已試途從住宅空間去分析中日文化差異，
但限於篇幅，未能有系統將台灣日式住宅做全面性的考察。

到林志峰《國人對於日式住宅室內空間使用之適應性研究》（1994）〔註 44〕，
才有較專論而系統的說明。其研究以日據時期在台灣的日式住宅為對像，對於
逐漸消失中的日式住宅有所保存記錄。其主要是要釐清日式住宅的形式，並認
為是中日文化習慣差異，致使國人在使用日式住宅時產生空間上的改變。這對
於研究空間與行為之間關係是頗具參考價值。

〔註37〕李乾朗，〈台灣近代建築之起源與早期之發展（上、下）〉，收在《建築師》，
　　　　1979（9～10）。
〔註38〕黃世孟，〈台灣都市計畫歷史之初探（1895～1945）〉，收在《都市與計畫》12
　　　　（1），1985 年。
〔註39〕梁俊仁，《日據前後台南市街廓型態之構成與變遷》，國立成功大學建築所碩
　　　　士論文，1990 年。
〔註40〕蘇仁榮，《日據時期新埔街庄的形成與發展》，國立成功大學建築所碩士論文，
　　　　1990 年。
〔註41〕顏忠賢，《日據時期大稻埕店屋空間的文化形式分析》，國立台灣大學城鄉所
　　　　碩士論文，1990 年。
〔註42〕郭永傑，〈日據時期官舍住宅使用後評估〉，《建築學報》第 1 期，1990 年。
〔註43〕關維雅，〈中日合院型住宅空間結構之比較研究〉，《建築學報》第 4 期，1991
　　　　年。
〔註44〕林志峰，《國人對於日式住宅室內空間使用之適應性研究》，中原大學建築所
　　　　碩士論文，1994 年。

　　另外在黃蘭翔的〈昭和初期在台日人殖民地官僚住宅之特徵〉（1999）
〔註45〕一文中，專從《台灣建築會誌》去討論日據昭和時期的中上層者之
住宅。並依據西山卯三對於近代日本住宅的考察，認為在台的日式住宅也具
有「中廊下型」的特色，並也討論了日人因洋化生活而改變其作息方式。這
是相當精彩的研究，值得一讀。

　　而陳錫獻的《日治時期台灣總督府官舍標準化形成之研究》（2002）
〔註46〕則更擴大其研究範圍，從殖民母國日本官舍制度與殖民地台灣官舍
之間發展過程作為其研究對像。並細緻就 1895～1922 年所公布的官舍制
度，來探討官吏階級與官舍空間的關係，並建立「官舍建築原型」的形成與
型態種類的分析。另外也對於日人和洋生活作了深入的討論。對於理解在台
的日式住宅的發展，是相當有參考價值。

　　在郭雅雯的《日治時期台灣日式住宅平面構成之研究——以官舍與民宅
為例》（2003）〔註47〕，主要在探討日據時期台灣的日式住宅平面構成手法，
並比較官方與民間私人住宅。提出日式住宅，依平面構成可分為「玄關型」
和「中廊型」二種類型。最為可貴的是，其搜羅各種官方與私人的住宅平面，
這對於要瞭解當時日式住宅的空間配置，相當有助益。而且其更進一步分析
日式住宅受外來影響的具體表現，包括：（1）洋式家具的擺設，（2）西方國
家空間地坪鋪面方式的引進，（3）整體室內空間構成的方式改變。這是以往
在論述日式住宅空間者所忽略的地方。但以上都只限於日式住宅的研究，而
不包含洋樓等的現代住宅。

　　在沈祉杏的《日治時期台灣住宅發展 1895～1945》（2002）〔註48〕才有全
面性研究，包含著日式住宅、洋式住宅及中式住宅。在沈氏的研究，其考察
日據時期台灣住宅發展，認為台灣的近代住宅深受到世界歷史的影響，這是
莫不可擋的潮流。從西方中產階級興起的生活方式，已逐漸影響到世界各地。
受到現代化影響下，台灣從傳統大家庭解體成為小家庭，住宅形式也產生極

〔註45〕黃蘭翔，〈昭和初期在台日人殖民地官僚住宅之特徵〉，《台灣史料研究》第13
　　　　號，1999 年。
〔註46〕陳錫獻，《日治時期台灣總督府官舍標準化形成之研究》，中原大學建築所碩
　　　　士論文，2002 年。
〔註47〕郭雅雯，《日治時期台灣日式住宅平面構成之研究》，國立雲林科技大學空間
　　　　設計系碩士論文，1994 年。
〔註48〕沈祉杏，《日治時期台灣住宅發展 1895～1945》，台北：田園城市文化，2002
　　　　年。

大改變。沈氏以類型方式研究台灣的近代住宅的發展，從原型、混合型來解釋存在於台灣的中、日及西式住宅的交互影響與演變。是相當精彩的研究，值得一讀。筆者對於東西方空間脈絡之考察，也多得益於沈氏的分析與實例描寫。

（3）家宅生活研究

這一方面研究較為少見，主要目的是為探求住宅內的生活行為。目前所看到研究，大多是針對現代住宅的浴廁、廚房去進行空間與行為的討論。如陳修兀的《台灣地區住宅浴廁空間、設備、使用行為沿革及使用現況調查研究》（1990）〔註49〕及黃啓煌的《台灣地區住宅廚房使用行為沿革與空間特性之研究》（1992）〔註50〕，其路徑乃住宅空間及行為一系列研究的一環，重點在於住宅中的「浴」、「廁」與「廚房」之空間與行為探討。從歷史觀點及部份實證調查中找出浴、廁及廚房空間、設備、使用行為演變的軌跡和原因。這是以「行為」、「用具」與「空間」三個互相影響的因素進行調查與分析。所以對於不屬於空間、用具的電氣及自來水所帶來的住宅革命影響，則較少分析。

在吳政憲的《日治時期臺灣的電燈發展》（1998）〔註51〕之前，雖已有大量以電氣為主題的研究論文，但均未涉及到家電用品。吳政憲的研究可說是第一個將電燈成為研究對像。在其論文中，可以瞭解到台灣在日據時期電燈的發展如何。並指出1890年以後，台灣已有我們現今熟悉的電燈發展型態，但因備戰的因素使得台灣電氣化家庭未能實現。吳氏在以電燈為主題將政府與人民之間的角力做了相當精彩的論述。對於電燈的發展是具有參考價值，但若要進行電燈與住宅關係探究，則是非其討論範圍之內。

在朱志謀的《國家與個人關係的再組——以日領時期臺灣自來水事業為中心的探討》（1997）〔註52〕之前，水力這個議題也是熱門議題。但是大多是以工程學概念下所做的研究。唯一例外是朱志謀的研究，主要探討日據自來

〔註49〕陳修兀，《台灣地區住宅浴廁空間、設備、使用行為沿革及使用現況調查研究》，國立成功大學建築所碩士論文，1990年。

〔註50〕黃啓煌，《台灣地區住宅廚房使用行為沿革與空間特性之研究》，國立成功大學建築所碩士論文，1992年。

〔註51〕吳政憲，《日治時期臺灣的電燈發展》，國立師範大學歷史所碩士論文，1998年。

〔註52〕朱志謀，《國家與個人關係的再組——以日領時期臺灣自來水事業為中心的探討》，國立師範大學歷史所碩士論文，1997年。

水的發展。其貢獻是已釐清了日本殖民政府在台灣自來水建設發展過程,並詳細討論了民眾對水觀念的轉變。對於國家力量如何藉由自來水瓦解台灣傳統社會同鄉共井的自力行為,轉而對統治者的依賴。做了相當精彩的論述,具有參考價值。但其偏重政府與人民的關係論述,而少涉及住宅與自來水關係探討。

至於董宜秋的《台灣「便所」之研究(1895〜1945年)》(1999)〔註53〕,則是相當有趣而重要的議題,為前人所未發。董氏的研究主要探討日據便所的發展,其從公共衛生的觀點對都市便所如和興建、污物如何處理,以及人民和政府間的互動情形做了相當精彩的研究。這對於當時住宅的的廁所研究,頗具參考價值。雖然對於當時的廁所種類及人民使用習慣有精闢的立論,但其著重在與政治社會經濟關係的考證,較少討論生活情態後面的心理與文化因素。

另外家宅生活也可經由家宅的裝飾去探討,從家宅外在形式裝飾到內部的裝潢擺設,均可視為民眾的美學品味。尤其在日據時期,已發展出新的建築材料及裝修技術,這使得日據時期的都市家宅與傳統家宅有所不同。

在這方面研究有,李宏堅的《台灣日據時期鋼筋混凝土建築技術與樣式發展之關係探討》(1994)〔註54〕,其文中使我們瞭解到鋼筋混凝土建築引進的背景及瞭解到此期間鋼筋混凝土建築技術如何影響建築形式。在裝修技術上有,葉俊麟的《日治時期「洗石子」技術之研究》(2000)〔註55〕及蔡日祥的《日治時期台灣地區建築上使用彩磁裝飾之研究》(2001)〔註56〕,使我們知道家宅的裝修技術是如何發展起來,其形式、作法,這些都可提供家宅形式探討與年代的判斷,都是值得參考的論文。

至於家宅立面裝飾的研究,已有相當豐碩成果,如王素娟,《日治時期台灣洋樓住宅外廊立面形式之研究》(1987)〔註57〕、何心怡,《日治中期大溪

〔註53〕 董宜秋,《台灣「便所」之研究(1895〜1945年)》,國立中正大學歷史所碩士論文,1999年。

〔註54〕 李宏堅,《台灣日據時期鋼筋混凝土建築技術與樣式發展之關係探討》,中原大學建築所碩士論文,1994年。

〔註55〕 葉俊麟,《日治時期「洗石子」技術之研究》,中原大學建築所碩士論文,2000年。

〔註56〕 蔡日祥,《日治時期台灣地區建築上使用彩磁裝飾之研究》,淡江大學建築所碩士論文,2001年。

〔註57〕 王素娟,《日治時期台灣洋樓住宅外廊立面形式之研究》,淡江大學建築所碩士論文,1987年。

三峽街屋立面研究》（1993）〔註58〕林淑眞，《日據時期街屋立面形式的演變》（1997）〔註59〕、及林育菁，《裝飾藝術式樣在台灣日據時期建築之運用》（1998）〔註60〕等等。

　　以上是以建築立面的裝飾圖案為研究主題，如王素娟及林淑眞的研究主要探討日據台灣洋樓住宅外廊與街屋的立面形成與裝飾系統。何心怡的研究以大溪、三峽街屋為考察對象，經由立面元素及裝飾主題分析的方式，了解這些地區在風格的差異，並企圖解讀當時日本統治下的政經文化、營建及工匠系統、市區改正、本町街屋改築等因素，對台灣街屋立面形成的影響，取得台灣街屋的歷史意義定位。林育菁的研究主要探討日據建築在裝飾藝術的發展，將其源流背景、形式運用及分期作分析。

　　從這些建築立面的圖紋變化的研究，可以提供民眾心理企求及社會風氣的轉變的參考資料。但相較於以室內裝潢及物品裝飾等層面的論述，卻少有專門論著的出現。僅在李乾朗的〈三○年代台灣建築室內風格〉（1992）〔註61〕一文中，已稍微論及到30年代的台灣建築的外形及內部均受到裝飾藝術的影響，呈現與過去迥然不同的風格，並與國際潮流接軌。但對於當時的都市家宅室內裝潢的論述，或因限於篇幅未能深入探討，此外少有人涉及。

三、相關史料的辨證與說明

　　台灣都市家宅的研究，大概有三類學術方向，一是以家宅的建築實體為研究的對像，其著眼於工程技術層面。二是以家宅的空間配置為研究的對像，其著眼於文化影響的討論。三是以家宅生活為對像，其著重在居住者感受及心理結構的討論。本文雖以第三類家宅生活史為研究取向，但取材範圍勢必擴及到第一類與第二類的研究資料。因此有關日據時期臺灣都市家宅的史料相當繁多。目前所知，報紙期刊、官方文書、調查報告、日記、回憶錄、照片及繪畫等都有關於家宅史的記載，現分以下幾個主題評介相關史料。

〔註58〕 何心怡，《日治中期大溪三峽街屋立面研究》，國立台灣大學藝術史研究所碩士論文，1993年。

〔註59〕 林淑眞，《日據時期街屋立面形式的演變》，國立雲林科技大學工設所碩士論文，1997年。

〔註60〕 林育菁，《裝飾藝術式樣在台灣日據時期建築之運用》，國立成功大學建築研究所碩士論文，1998年。

〔註61〕 李乾朗，〈三○年代台灣建築室內風格〉，《台灣近代建築之風格》，台北：室內雜誌社，1992年。

日據時期的原始文獻史料
歷史建物的調查報告
日記與回憶錄
影像照片及繪畫

（一）日據時期的原始文獻史料

日據時期的原始文獻史料大多典藏於中央圖書館台灣分館的日籍資料庫中。〔註62〕其中有關都市家宅日常生活及法令規章的史料，則以當時發行的報紙爲主諸如有：（1）《台灣日日新報》（台灣日日新報社：1895 年 5 月至 1943 年 3 月）、（2）《台灣民報》、《台灣新民報》（台灣民報社發行：1923 年至 1931 年）、（3）《台灣》（台灣雜誌社發行：1922 年至 1924 年）、（4）《台灣青年》（台灣青年雜誌社：1920 年至 1922 年）等。這些都是日據時期生活史最佳第一手史料。譬如在《漢文台灣日日新報》〈街巷瑣談欄〉：

> 大稻埕建成街林根旺之姊張氏阿勤年二十一。自其夫歿後，不能守
> 柏舟節。即與建和街何金生有私。一星期前因所歡將往宜蘭婦不忍
> 割愛，竟外出良久乃返。及十七早復出。遂杳若非鴻矣。然膝下尚
> 有弱子纔三歲。每日常思乳呱泣。抑何其忍哉。〔註63〕

這些記載都反映當時社會一些風氣與觀念。至於電燈、廁所的報導，則零散記載於各報刊，必須通冊的檢索，考驗著研究者的眼力與耐力。另外（5）《臺灣總督府府報》（臺灣總督府： 1897 年至 1942 年 3 月）對於都市建築法令規章都有詳實記載，對於建構當時的家宅觀念是不可或缺。

有關都市家宅建築實體及相關設備史料，則以（1）《台灣建築會誌》（臺灣建築會誌社發行：1929 年 3 月至 1939 年 12 月）〔註64〕、（2）千千岩助太

〔註62〕 國家圖書館台灣分館約保存了 6 千餘冊日據時期台灣的資料，其承自日本殖民時代總督府圖書館一部份的藏書。

〔註63〕 見《漢文台灣日日新報》，3317 號，在明治四十二年五月二十二日的「街巷瑣談」專欄，曾刊載〈棄子私奔〉一文。

〔註64〕 如澤田其枝夫，〈住宅に對する一考察〉，《臺灣建築會誌》1 輯 1 號。安田勇吉，〈所謂しい建築に就て〉，《臺灣建築會誌》1 輯 4 號。角地健次，〈建築樣式隨想〉，《臺灣建築會誌》2 輯 1 號。〈我住む家の強さを知れ〉，《臺灣建築會誌》2 輯 3 號。〈住宅感想記〉，《臺灣建築會誌》2 輯 3 號。〈我が住家〉，《臺灣建築會誌》2 輯 3 號。坂本登，〈住宅は如何に變つて行くか〉，《臺灣建築會誌》4 輯 3 號。友田絹子，〈住宅に就いての座談〉，《臺灣建築會誌》5 輯 3 號。藤島亥治郎，〈台灣建築談議〉，《臺灣建築會誌》9 輯 3 號。山中樵，〈台

郎，〈南方住宅雜考〉，《台灣時報》6 月號，1942 年、(3) 大倉三郎，《熱帶家屋の研究》，台灣總督府情報課，1942 年。(4) 大倉三郎，〈熱地住宅的構成〉，《台灣時報》6 月號，1942 年。(5) 安田勇吉，〈台灣の住宅問題〉，《台灣時報》6 月號，1942 年。(6) 池田卓一、《新時代の台灣建築》，大明社，1937 年。(7) 貝山好美編，《小住宅懸賞圖面集》，台北建友會，1943 年。這是日人對當時的台灣都市家宅看法的史料。

另外 (8) 台灣電力株式會社，《台灣電力の展望》，1939 年。(9) 台灣實業界社編，《台灣電力讀本》，1939 年。(10) 台灣總督府民政部土木局，《台灣水道誌》，台北：台灣總督府民政部土木局，1918 年。(11) 台灣總督府民政部土木局，《台灣電氣事業概況》，台北：台灣總督府民政部土木局，1921 年。(12) 關重廣，《家庭電氣讀本》，東京：新光社，1934 年。(13) 台北州警務部，《便所の話》，1930 年。(14) 野田健三郎，〈家庭電化に就て〉，《臺灣電器協會會報》第 12 號，1937 年 5 月。(15) 鹿又光雄編輯，《始政四十年週年紀念台灣博覽會誌》，1939 年。這是提供都市家宅的內部設備、器具等的史料。

有關都市家宅中的生活史料，則以 (1)《台灣婦人界》(臺灣婦人界社發行：1934 年 10 月至 1939 年 6 月) 〔註65〕 (2)《台灣愛國婦人》(愛國婦人會台灣支部發行：1915 年 1 月至 1916 年 3 月) 〔註66〕 (3)《婦人と家庭》(臺灣子供世界社發行：1919 年 12 月至 1920 年 12 月) 〔註67〕 (4)《民俗台灣》(1941 年 7 月至 1945 年 2 月)。這提供有關婦女兒童生活上的細節史料。

灣建築瑣話〉，《臺灣建築會誌》9 輯 4 號。池田恒太郎，〈近代建築と美意識〉，《臺灣建築會誌》7 輯 1 號。移川子之藏，〈住居の本質に就て〉，《臺灣建築會誌》11 輯 4 號。大倉三郎，〈本島に於け造形文化運動〉，《臺灣建築會誌》16 輯 1 號。

〔註65〕如〈電氣の家：後藤曠二氏宅を訪ふ〉，《臺灣婦人界》11 月號，昭和 9 年 (1934)。

〔註66〕如安部磯雄，〈家庭ガ立憲の基礎〉，《台灣愛國婦人》第 79 卷 6 月號，大正 4 年。岸邊福雄，〈家庭内の新娛樂〉，《台灣愛國婦人》第 83 卷 10 月號，大正 4 年。多計子，〈臺灣官吏の家計一斑〉，《台灣愛國婦人》第 88 卷 3 月號，大正 5 年。

〔註67〕如平野象二郎。，〈婦人的と日常生活の改造〉，《婦人と家庭》1 卷 2 號。〈家庭の改造を簡易生活〉，《婦人と家庭》2 卷 7 號。三宅秀子，〈家庭の改良を三大問題〉，《婦人と家庭》2 卷 7 號。山川敏子，〈家庭の情味を有せざる現代の都會生活〉，《婦人と家庭》2 卷 8 號。美島生錄，〈家庭日常衛生〉，《婦人と家庭》2 卷 8 號。美島生錄，〈家庭日常衛生 (二)〉，《婦人と家庭》2 卷 9 號。

（二）歷史建物的調查報告

調查報告，是屬於文物史料部份，有助於瞭解家宅研究。目前所知的有（1）《陳中和翁舊宅調查研究與修復計劃》（1996，國立成功大學建築學系）、（2）《嘉義縣日治時期建築研究》（2000，成功大學建築學系）、（3）《台灣中部地區古蹟使用調查與評估》（1994，淡江大學建築系）、（4）《台灣南部地區古蹟使用調查與評估》（1995，淡江大學建築系）、（5）《金門與澎湖地區傳統聚落及民宅之調察研究》（1994，淡江大學建築系）、（6）《歷史建築：基隆市港區歷史建築調查——第一階段：港區歷史建築普察》（1998 年，華梵大學建築系）、（7）《台北市日式宿舍調查研究專案報告書》（2000，薛琴）、（8）《台中縣建築發展（民宅篇）——田野調察報告書》（1993，許雪姬）、1995，黃俊銘，（9）《桃園地區日治時期建築構造物建築文化調查研究——報告書》、（10）《新竹市日治時期建築構造物建築文化調查研究——報告書》（1997，黃俊銘）、（11）《美術家聯誼中心（圓山別莊）調查研究與修復再利用委託規劃——報告書》（1999，黃俊銘）、（12）《台閩地區近代歷史建築調查（一）》（1993，李乾朗）、（13）《台閩地區近代歷史建築調查（二）》（1994，李乾朗）、（14）《嘉義縣歷史建築調查》（1998，李乾朗）、（15）《彰化縣重大意義歷史建築調查研究》（2005，傅朝卿）、（16）《萬華林宅調查研究》（2002，王惠君）、（17）《高雄市市定古蹟內惟李氏古宅——修復之調查研究暨規劃》（2004，林世超）等等。

以上的調查報告中，使我們可知當時的住宅（現存的歷史建物）的使用情況，並推測其生活的內容。但從歷史建物的構造、外形及內部的空間格局、內部裝潢及設備，來推測出歷史建物的家居活動，但往往也有其局限，因其後來的居住者，基於實用性，早已將原來的空間格局改建使用，從外觀無從得知當時的內部狀況及使用情形，甚至須延聘專家來技術檢定。〔註68〕這使得單就歷史建物的內外來推究生活史也有其危險性，易為歷史錯置。應亟需配合居住者訪談，以瞭解現在歷史建物使用狀況與昔日差別。

（三）影像照片與繪畫

影像照片與繪畫是圖像式史料，它可提供歷史情境想像，補足文字史料

〔註68〕 例如高雄市內惟李氏古宅，早期的水電線路因後來空間使用轉變也已經不復原來樣子，須配合專家來鑑定，參見林世超，《高雄市市定古蹟內惟李氏古宅修復之調查研究暨規劃》，高雄市政府文化局，2004 年，頁3～59。

上的限制。更何況是難以用文字去記載的事物，譬如家宅生活空間可藉由當時所遺留下來的照片，看到當時的實景，如《台灣建築會誌》中的住宅寫真，除了提供家宅的外觀及內部陳設樣式外，我們也可以從照片中看出當時人的喜好與品味。除了官方所收藏照片寫真外，私人的寫真照片也是相當豐富，如《島國顯影》中所載的個人寫真，我們可看到當時流行的服裝、所用的器具及家居生活等等。

另外我們可以從當時東西洋繪畫家，如顏水龍、李石樵、李梅樹等人作品，看到時人風尚及家居生活場景，在《台灣畫家西洋畫圖錄——日據時期台灣美術檔案（壹）》及有二十五卷的《台灣美術全集》，錄有大量的時人的生活實況，透過當時畫家的角度，也試圖表現人心深處的情感，這對於要瞭解時人的心靈感受相當的有助益。

（四）日記與回憶錄

日記與回憶錄是歷史記載中最能表現私人生活的史料素材，這是因日記或者是回憶錄可視為個人歷史的紀錄，其中莫不觸及到個人生活上的瑣事，而這種瑣事就是生活史最佳素材。在日據時期有關家宅及私生活方面記載，我們可在《水竹居主人日記》〔註 69〕見到，在十冊日記中按年月日，除了詳細記載其生活點滴，如參加詩社活動、家庭糾紛、廟宇興建、參觀旅遊、宿妓等等，其中曾提及多次參加友人華廈的落成。對於家宅及私生活研究，是相當珍貴的史料。

另一部《吳新榮日記》〔註 70〕，其職業是醫生，是當時社會的中上層階級，其所寫的日記圍繞著其圈子的人、事、物，也不厭其煩記錄著他與妻子及小孩間的生活，對於小家庭生活的情景有相當描寫，尤其是他喪偶後對於妻子思念。這是日據時期新家庭生活誕生的最佳佐證。

《韓石泉——六十自述》〔註 71〕中，其也毫不隱瞞的對於擇偶條件，以及與其夫人相見時就為之傾倒的一見鍾情式的愛情關係。另外在杜淑純所寫的《杜聰明與我——杜淑純女士訪談錄》〔註 72〕也回憶著，其父親杜聰明與母親林雙隨的戀愛過程，也回憶其父親買房子的情況及如何營造家庭的氣

〔註69〕張麗俊，《水竹居主人日記》，台北：中央研究院近代史研究所，2000 年。
〔註70〕吳新榮，《吳新榮日記》，台北：遠景出版社，1981 年。
〔註71〕韓石泉，《六十自述》，韓石泉先生逝世三週年紀念專輯編印委員會印行，1966年。
〔註72〕杜淑純，《杜聰明與我——杜淑純女士訪談錄》，台北:國史館，2006 年。

紛。日記與回憶錄除了提供史料記載，另外它更提供歷史情境的想像，這是這一類史料另一項貢獻。

四、問題意識與論文架構

透過以上的相關研究的回顧以及史料的分析，很清楚看到台灣家宅文化研究領域中尚有不少空白需要填補。最佳處理方式是全面對台灣家宅進行考察，包括原住民的住宅、閩南傳統住宅、洋式樓房及日式住宅等，逐一考察因現代化下其所做的變化。不過受限於能力時間，筆者僅以台日士紳的都市家宅做爲起點，從其住宅空間、設備、裝飾及家具擺設研究，希望能解釋日據時期台灣都市家宅的形成變遷過程，並進一步討論二大問題：

（一）在現代化影響下台灣的家宅是如何轉變？

（二）在都市家宅內民眾生活行爲將如何改變？

以往家宅研究，比較以單一面向去考察台灣家宅的形成，例如只以空間或者是衛生的觀點來研究，以致無法提出較具說服力的論點。本文特從大歷史及多面向的角度去分析都市家宅的形成及影響。筆者認爲家宅文化因以人的生活史觀爲主，故不再單一以建築的思維之中，而是強調人與物之間的關係、人對物的感受及物對於人的影響，因此文中將著力探討關於隱私、舒適、效能及生活風格（審美趣味）的議題。

第一部份，將探討臺灣社會大環境對住宅環境及家居生活的影響，在此可分爲傳統性環境因素與現代性環境因素兩方面：傳統方面包括自然地理、族群分佈及風俗習慣等；現代方面包括商業社會與資產階級的興起、現代知識的建立、公共衛生的形成及都市計劃等。企圖由此分頭探討出都市家宅外在環境的變化與發展脈絡。

第二部份，將探討日據時期台灣都市家宅中私人空間的形成對家庭活動和成員關係的影響，這其中包括新家庭道德的建立、新婦女勞動角色的重新分配及都市私人生活的形成。

第三部份，將探討日據時期台灣都市住宅設備對家庭生活的改變與影響，以住宅設備作爲考察對象，追察都市住宅設備的發展過程，包括電燈、電熱器、電扇、自來水、馬桶等現代化設施，如何的去影響到住宅形式及改變人的勞動習慣。

第四部份，將探討日據時期台灣都市家宅的室內裝飾與審美趣味，以家

宅的裝飾作爲考察對象，涉及當時的工藝技術與風格，從立面裝飾的巴洛克風到現代主義及室內物品如沙發椅、地毯、燈飾、盆栽、簾幕的擺設也反映時代風格及其審美觀。

　　以下本文將綜合運用上述資料，並參考中外關於家宅生活研究的資料，對臺灣日據時期的士紳家宅進行考察，從家宅的空間、家宅設備及家宅的內外物品的裝飾的歷史發展脈絡，揭示都市家宅生活中有關隱私、舒適、風格及功能等內在的變化，試行建構出日據時期台灣都市家宅生活的輪廓。

第貳章　家宅環境改變的因素與背景

　　一八九五年之前，台灣隸屬於清朝，除原住民外，居民大多是來自中國南方的移民，尤以閩南人居多。這些清朝以來長住台灣的漢人住民，一方面移植其原鄉的住宅文化，一方面也在適應台灣自然環境的過程中，演化出屬於台灣漢人的居住文化和生活模式。

　　一八九五年後，日本對台展開長達半世紀的殖民統治，除爲台灣帶來殖民母國的溫帶生活習慣外，同時引進了現代化的觀念，直接影響台灣家宅環境在日據五十年間鉅大的變化。

　　台灣家宅環境條件的探討，可以工業化爲界，分由傳統環境條件和現代環境條件之分期與交疊來探討。傳統環境條件指工業化時代之前的農業社會環境，其時屬於地域、族群及傳統文化方面的元素對家宅形式影響較大，家宅環境大多是對應於族群與地域的特色而規劃營造，歷經幾百年的緩慢演化而趨定型。現代環境條件則是工業化後的新社會生活思維導入的一切環境變異，現代醫學觀念〔註1〕、新的工藝技術〔註2〕、以及跨文化和開放的現代知識體系等〔註3〕，均是現代家宅環境變革的重要推力，環境的變異同時改變了昔日傳統社會時代的家宅生活模式。

〔註1〕現代醫學，是從病源、傳染途徑去瞭解生病的原因，如對過去所不解的瘟疫，現代醫學不再將其視爲「鬼神」的作用，而是細菌或病毒所造成。
〔註2〕現代營建技術，包括鋼筋水泥構造、高層樓營造技術等。
〔註3〕現代知識體系，包括電氣學、聲波學等。

第一節　日據前台灣家宅的傳統文化影響

　　相較現代生活環境影響因素的複雜，台灣工業化之前的傳統家宅環境條件 的影響因素顯得單純許多，主要是：地域、族群及文化傳統。即使是現代化的社會，都市家宅的規劃與營造，仍然不能脫離主要的文化要素的影響。以下就台灣的漢人聚落與其特有的風水思想來介紹。

一、漢人社會與禮教觀念的形成

　　台灣的地理位置，位於中國大陸福建省的東南海上，東臨太平洋，東北有琉球列島，東南隔巴士海峽遙望菲律賓群島；西面隔約 150 公里的台灣海峽，與中國大陸的福建廈門和福州相望〔註4〕。

　　自明中葉（公元 15 世紀）以降，不斷有福建沿岸居民橫渡台灣海峽（黑水溝）到台灣定居。據一七二○年（康熙五十九年）《臺灣縣誌》〈海道〉載：

> 臺灣地極東南，上通江浙、下抵閩廣，來往商艘，歲殆以數千計。
> 其海道之遠近、平險，不可不察也。邑治自鹿耳門而外，波濤萬頃，
> 一望無際；其往內地之船，皆以黎明開洋。寒食後，南風盛發，由
> 鹿耳門揚帆而去，經東、西吉（海中浮嶼），傍午至澎湖，泊水垵澳，
> 利南風也；秋分後，北風凜烈，出鹿耳門，必由隙仔（澳名，在鹿
> 耳門外之北）開洋，亦經東、西吉而至澎湖，泊網垵、內塹、外塹
> 等澳，利北風也。若金雞、時裏、媽宮等澳，則南北風皆可灣泊。
> 自澎往廈開洋，則以傍晚為定期；越早，而內地之山隱然現於目前，
> 然此風順而論也。〔註5〕

　　可知至少在〔清〕康熙時，中國東南沿海居民對航行往來於台灣的航線已掌握得很清楚，尤其是來自福建廣東沿海的，已熟悉乘船往返台灣與大陸間的航道。這也構成清代台灣成為漢人為主體社會的重要因素。

（一）漢人移居的歷程與分布

　　由於地理位置相近及海上交通安全無虞下，閩粵移民者不斷進入台灣。

〔註4〕　歷史學者戴國輝對於台灣地理的描寫，顯示台灣、大陸、日本及菲律賓之地
　　　　緣關係。見氏著《台灣總體相》，台北：遠流出版公司，1991 年 1 月二版，頁
　　　　15。
〔註5〕　見〔清〕王禮主修，《台灣縣誌》（台灣史料集成，清代台灣方志彙刊，第四
　　　　冊），台北：行政院文化建設委員會，2005 年，頁 13。

其發展路線初期（十七世紀）是先從西海岸的河口、海灣等處形成聚落定居下來，從事農耕之外也與原住民發生交易或爭鬥。

明末清初，當時台灣人口是相當的稀疏，具有相當開發潛力，所欠缺的就是勞動人口。所以早期閩、粵移民及原住民大抵是雜居共處，合作開發。〔註6〕此時的閩粵移民者多數集中在彰化以南沿海地區和北部的淡水河出海口附近，如基隆、淡水、鹿港、安平、打狗等沿岸港灣形成聚落。生活在海岸地區原住民則受到漢人壓迫，漸漸往內陸退去，或被同化。

至清代乾隆五年（1740）之後，入台者增加很快，人數已達數十萬人，為了爭取生存空間，漢人沿著河川往內陸開拓，做面的發展，在南部平原以至北部平原，處處建立小聚落。聚落與都市之間的距離遙遠，物質的交流受到阻礙，於是沿著這些聚落與港市連絡方便的河川流域便產生都市，如台北、桃園、新竹、苗栗、台中、彰化、員林、北斗、嘉義、鳳山。〔註7〕

清同治十三年（1874）欽差大臣沈葆楨督辦台灣軍務，奏准開放福建居民自由到台開墾後，掀起另一波大陸移民高潮，此時期拓墾者為了取得山地的豐富資源，及便利原住民和漢人雙方交易，於是在溪流邊，山腳與平地的交會處產生了交易市場，如新店、三峽、大溪、南庄、二水、玉井、旗山等山腳地帶的小市鎮。

漢人移居的過程是以西部為主，這因閩粵移民者，從西岸登陸。另外從台灣的地形來看易於開墾的平原地分部於中南部，彰化、嘉南一帶，是早期聚落分布之處，利於植稻及甘蔗。清代中晚期（同治）因世界經濟轉向茶葉及樟腦貿易，促使著向台灣山地開墾，促使山地聚落的形成。在日據前漢人已成為台灣社會人口的主體，人口在已達二百五十四萬五千七百三十一人〔註8〕，並遍及台灣各地。

〔註6〕早期臺灣的開發，福佬、客家及番人的關係，大抵符合尹章義所說的A、B、C三型，開發之初，需要大量勞動力，彼此相容，多半呈現A型的狀況。某地開發殆盡以後B型漸次出現，衝突代替合作。福客關係屬於B型，而番漢關係則兼具B型和C型。光緒朝的開山撫番時代，則C型為多。見尹章義，〈臺灣開發史的階段論和類型論〉，《臺灣開發史研究》，頁14。

〔註7〕有關台灣聚落的形成，可參見藤島亥治郎，《台灣的建築》，頁113與陳奇祿，〈中華民族在台灣的拓展〉，《中國的台灣》，中央文物供應社，1980年，頁12。

〔註8〕台灣漢人人數從清雍乾時期（1723～1795）開始穩定成長到日據時期（1926年），人口已達3百75萬人。參見井出季和太著；郭輝編譯，《日據下之臺政：臺灣治績志》，台北：海峽出版社，2003年，頁，2。

（二）禮教意識與家宅形式

日據時期前，台灣屬於農業社會，百分之五十八的漢移民人口從事農業生產，〔註9〕耕作方式主要沿襲原鄉福建、廣東一帶密集而且需要大量人力的家族式耕作，同時沿襲了以倫理輩份統合家族人力資源的家長制管理模式。福建閩南地區為了聚集家族以滿足精耕農業的人力條件，和居住模式，發展出適屬於家長制的合院居住形式，隨著移民傳續於台灣。。這種形式的房子，具有前後、左右、上下等的尊卑觀念。為了清楚瞭解合院住宅的形成，有必要就這種文化系統的禮法觀念做以下的討論：（1）禮法觀念的形成與空間規劃、（2）合院的禮法配置與實踐。

1、禮法觀念的形成與空間規劃

在中國漢人傳統的封建禮法中，主要規範之一是嚴正男女之分，家居生活尤其注重內外之分與尊卑關係。這些規定可見於古代六經之一的《禮記》，如其中一篇〈內則〉有云：

> 男女不言內，女不言外，非祭非喪，不相授器。其相授，則女受以篚，其無篚，則皆坐奠之而後取之。外內不共井，不通寢席，不通乞假，男女不通衣裳，內言不出，外言不入。〔註10〕

可見古代貴族家庭生活男女分辨之嚴，依照性別有不同的生活空間，概括地說，女子在內，男子在外。另在《周易》〈家人〉這一卦中也提及：

> 女正位乎內，男正位乎外，男女正，天地之大義也。家人有嚴君焉，父母之謂也。父父，子子，兄兄，弟弟，夫夫，婦婦，而家道正，正家而天下定矣。

這種尊卑觀念和內外之別，深刻的反映在漢民住宅的空間規劃與建築實體上。女子是被規範在「內」部份，男子則活動於「外」，並不能互相混雜。北宋司馬光《書儀》〈居家雜儀〉記載著：

> 八歲，女中不出中門。婦人無故不窺中門……男僕非有繕修及有大故不入中門。入中門，婦人必避之，避之不可避，亦必以袖遮其面。

據杜正勝考證，認為中門，當即清代的垂花門，或儀門。大門內第一座儀門

〔註9〕 見矢內原忠雄著；周憲文譯，《日本帝國主義下之台灣》，台北：海峽學術出版社，2002 年，頁 109。
〔註10〕 見孫希旦撰《禮記集解》，台北：文史哲出版社，1990 年，頁 735。

相當於漢唐以下的中門，男女奴僕工作的分界線。〔註11〕空間上的內外則有了界線，也有自己的屬性及功能。內是家人活動之所，外則屬社交雜役之事。另外爲體現人倫秩序，則有尊卑之分，其依據「倫常」觀念及其秩序規則來決定。倫常分爲「家族倫常」及「社會倫常」，家族倫常以族長爲中心，族人爲次中心，依長幼次序，逐層推衍成倫理關係網絡；社會倫常依據個人身份地位來決定貴賤。這種二元價值觀念，在空間上也就概然劃分了上下、前後、左右的位序。

　　「空間」規劃主要依據漢民傳統對自然的觀念及其現象的詮釋，住宅空間以正廳爲核心，以中軸線（分金線）朝向爲房屋座向，由此分出正偏、左右、前後及內外的空間屬性，規劃原則如下：

　　（1）距中軸線近者尊，遠者卑，即所謂「正偏」。

　　（2）在中軸線左側者尊，右側者卑，即所謂「左右」。

　　（3）以廳堂爲界，前爲「堂」，後爲「室」，即所謂「前後」。

　　（4）以正廳爲基準，視其相對距離，近者爲「內」，尊，遠者爲「外」，卑，即所謂「內外」。此外，空間之尊卑亦反映於高度上，尊者其台基及屋脊亦高，反之則低。〔註12〕

　　這「中軸對稱」和「深進平遠」爲原則的格局，自周代以來已成爲中國傳統居室的典範。〔註13〕從外形來看中國的住宅建築都是極簡單的長方形匣子所成組。四合院幾乎是最起碼的組合；每一個組合都反映了天命的觀念，都是一個小的宇宙。從個體建築的高低大小，可以分辨出主、從；尊、卑，可視爲人間禮制的反映。〔註14〕。

2、合院的禮法配置與實踐

　　台灣傳統漢人家宅形式命名最常見者，爲「三合院」、「四合院」一類合院形式的住宅。其房舍之正面均朝向中庭，平面爲「ㄇ」之形者稱爲三合院，平面爲「口」、「日」及「目」等字形者稱爲四合院，是由廳堂〔註15〕及兩道

〔註11〕見杜正勝，〈內外與八方——中國傳統居室空間的倫理觀和宇宙觀〉，《空間、力與社會》，台北：中研院民族所，1995年，頁233。

〔註12〕台灣傳統建築空間規劃原則之描述，參見林會承，《傳統建築手冊》，台北：藝術家出版社，1995年，頁31。

〔註13〕見杜正勝，〈內外與八方——中國傳統居室空間的倫理觀和宇宙觀〉，《空間、力與社會》，台北：中研院民族所，1995年，頁224。

〔註14〕見漢寶德，《中國的建築與文化》，台北：聯經出版社，2004年，頁22。

〔註15〕廳堂：也稱爲「正房」，爲合院建築之主體。其中央一間稱爲「正廳」（或「公

廂房〔註16〕所組成。廳堂通常是奇數間（一、三、五、七間）中央的正廳較寬，兩側次間、稍間較窄，屋脊高度也以正廳最高，左右兩側廂房則平行相對，屋脊較正廳為低。〔註17〕合乎「中軸對稱」和「深進平遠」為原則的格局。

空間配置通常以正廳為中心，左右均為房間。以兄弟排行分「房」配屋的原則是：座落於合院左邊的房間屬於排行較長的大房，右邊是二房。這是稱為「三間起」的基本合院形式。這三室有同一高度的屋脊，也是一家當中最高的。兩端房子稱為「落鵝」間〔註18〕，左右各有一室時，屋脊比上述三室低，在大房右邊的稱為左五間，二房左邊的稱為右五間，形成一廳四房的形式，叫做「五間起」。〔註19〕這種房間的配置和家族的安置，顯然表明了長幼有序的關係。

傳統合院家宅，其空間是具有彈性，如當家族人眾多，可依需要而擴張建築組合。另外當祖父死亡分割財產，仍可依據新的倫常輩份重新分配住處空間。譬如長子成為家長，則改住左室而長媳掌廚。這都是基於禮法意識下，滿足家族式生活，遵循著長幼有序及尊卑有別的空間實踐。

二、風水觀念與家宅理念

明末清初自中國大陸遷台定居的漢移民，其遷移出處主要來自福建省及廣東省。這些移民入台後的食衣住行、社會組織、語言、信仰等所有文化傳統與生活方式均沿襲其原鄉傳統，自古盛行的風水思想也如影隨形於台灣生活中。「人為的家居空間基本上是文化現象，其形式及內容受到所屬文化環境

廳」、「神明廳」、「祖先廳」），為建築組群之核心，具有供奉祖先、神明牌位及接待賓客等功能。左室：正廳左側之房間，為家長之居室。廚房：為家長之妻子掌理。閒間：正廳右側之房間，為家中長輩之居室，若無長輩，則擺置雜物。

〔註16〕廂房：為晚輩之居室，依左尊右卑、內尊外卑之秩序分配房間，若晚輩成年娶妻後，則將其中央之一間改為客廳，稱為「私廳」。

〔註17〕台灣傳統漢人民居形式之描述，參見楊裕富，《空間設計：基本原理》，台北：田園文化，1998 年，頁 94。

〔註18〕落鵝即主屋與次屋之屋頂落差，為客家地區之稱法，又稱作落規，故稱正身左右屋脊降低的邊間為落鵝間，「鵝」有翹脊之意。內部多作為廚房。參見李乾朗，《台灣古建築圖解事典》，台北：遠流出版社，2003 年，頁 62。

〔註19〕傳統五間起形式之描述，參見林會承，《傳統建築手冊——形式與作法篇》，台北：藝術家，1995 年，頁 17～31。

影響甚鉅」〔註 20〕住宅建築在同鄉移民共構共享的背景下完成，體現的不僅是群體共享的價值、信仰、世界觀及象徵系統等具族群意義的文化規則，其建築之「體」（外形）與「用」（使用者及居住者、使用方式）本身也是一種文化現象。

（一）風水觀念的流行

　　台灣家居選址除了自然地理環境的考量外必須考慮風水地理的運用，就是說傳統時代以風水術來觀察自然環境，選擇有利於人居住的環境。風水主要是指古代人們選擇建築地點時，對氣候、地質、地貌、生態、景觀等各建築環境因素的綜合評判，以及建築營造中的某些技術和種種禁忌的總稱。〔註 21〕這是現代人以科學的眼光來重新審視風水意義。但傳統風水觀其實是「天人合一」觀念的展現。風水家們把自然的景象，看為宇宙間生命現象的呈現。風水書《雪心賦》言及：

> 體賦於人者。有百骸九竅。形著於地者。有萬水千山。自本自根，
> 或隱或顯。胎息孕育，神變之無窮。生旺休囚，機運行而不息。地
> 靈人傑，氣化形生。〔註22〕

　　這是中國人將自然與人體作類比，將風水穴位視同人體上的穴位，《地理人子須知》言及：

> 穴者，蓋猷人身之穴，取義至精。楊公云：「譬如銅人針灸穴，穴穴
> 始當。」朱子云：「定穴之法，譬如針灸，自有一定之穴，而不可有
> 毫釐之差。」〔註23〕

　　若人體穴位是具有護衛身體的功用，則風水穴位也應當具有此效力。尋風水穴的原則，就是要觀察有生氣的山川形勢的准則，大自然圍護穴的局面，就是中國人為去世者尋葬地，為在世者求宅地的理想環境。這吉穴如何與人產生關係，這就是「氣」產生作用，在〔晉〕郭璞所著的《葬書》認為：

> 人受體於父母，本骸得氣遺體受蔭，蓋生者氣之聚，凝結者成骨，
> 死而獨留。故葬者反氣納骨，以蔭所生之道也。經云：氣感而應，

〔註20〕見 Rapoport Amos,*House Form and Culture*,p.46.
〔註21〕有關現代風水的論述，參見程建軍、孔尚朴著，《風水與建築》，台北：淑馨出版社，1994 年 7 月初版，頁 2。
〔註22〕見〔唐〕卜則巍，《雪心賦正解》卷一，新竹：竹林書局，2005 年。
〔註23〕見〔明〕徐善繼、徐善述，《地理人子須知》（卷三‧穴法），台北：武陵書局，2000 年，頁 140。

> 鬼福及人，是以銅山西崩，靈鐘東應；木華於春，粟芽於室。蓋生
> 者氣之聚；凝結者成骨，死而獨留；葬者反氣納骨，以陰所生之法
> 也。〔註24〕

因此中國人認爲子孫與先人的連繫在於氣的感應，子孫運勢的好壞與先人遺骸得氣的好壞有關。自然環境如何影響到人，從《黃帝內經》〈至眞要大論篇〉的說法似乎可以得到解答：

> 本乎天者，天之氣也；本乎地者，地之氣也。天地合氣，六節分而
> 萬物生矣。

其認爲人是受天地之氣而生成，可以感外在環境而影響到人的健康，除了人自身的防禦，氣也可間接從死去先人的遺骸及所居的宅邸影響到人。人本身的養氣，可從各類的導引術、鍊丹及藥膳中去獲得。至於陰宅與陽宅，我們可以找生氣風發的地方，假想其似丹爐鍊藥，並作用於人。在《風水選擇序》中曾云：

> 風水之說必求山水之相向以生地中之氣，氣之聚散初未易之以形跡
> 指陳，所謂精光時露一分者也。辟則修養之法，積善生液，鍊液生
> 氣，以長生者矣。蓋氣液猶山水也，積之鍊之而七返九環，以成丹
> 者。

無論是風水或是鍊丹者，都是要將氣，儘量聚集在一處。《葬書》曰：「氣乘風則散，界水則止」。古人聚之使不散，行之使有止，故謂之風水。風水之法，得水爲上，藏風次之。凡是天地二氣完全調和的地方，才是對我們人類生活最有利的地方，生存在這的人都能得到繁榮。因此選擇風水好的地方，或建房屋，或建寺廟，或建墳墓，乃是人生最要緊的大事。〔註25〕

在台灣自清以來，民眾即重視風水。例如在林會承的《台灣傳統建築手冊》統計在本省住宅及寺廟中，明顯地依據「形家風水」觀念興建者，計有下列各處：

（1）完全符合者：淡水忠寮桂花樹八號李宅等。（2）樂山特別明顯者：台北士林芝山巖楊宅及臥龍街柯宅、新竹北埔天水堂及慈天宮、竹東隴西堂

〔註24〕見〔晉〕郭璞，《葬經》（收錄在《地理天機會元》，台中：瑞成書局），頁91。

〔註25〕日據時期，日人針對台灣舊有的風水習俗所作的調查及看法。參見鈴木清一郎著；馮作民譯，《台灣舊慣習俗信仰》，台北：眾文圖書公司，1994年5月，一版二刷，頁44。

及武功堂等。（3）有明顯朝山者：蘆洲李宅（指向觀音山）等。（4）以穴名
流傳者（包括金門及其它地區）：淡水僅山寺、潭子摘星山莊、台北城（以上
爲水蛙穴），鹿港文武廟、台北松山（以上爲鯉魚穴）、台北林安泰宅（蛇穴）、
萬華龍山寺（美人穴）、台北霞海城隍廟（蜂巢穴）、鹿港日茂行（蝦穴）、新
竹六家（烏鴉穴）、金門奎閣（蜘蛛穴）等。〔註26〕爲了討論風水流行，勢必
就（1）台灣的地理龍脈、及（2）清代建城的風水考量，兩方面進行考察。

1、地理龍脈的探討

　　台灣的龍脈觀念在清代已經形成，可從當時的方志可見一般據《重修台
灣府志》〈山川〉所記載：

> 臺郡負山面海，臺山自福省五虎門蜿蜒渡海，東至大洋中二山，曰
> 關潼、白畎；是臺灣諸山之龍起處也。隱伏波濤，穿海渡洋，至臺
> 之雞籠山，始結一腦；磅礴繚繞千餘里，或山谷、或平地，諸山屹
> 峙，不可紀極。

　　清代台灣方志，對於台灣地理的理解，從山川的脈絡敘述，而連結上福
建，成爲其治下的地方行政區域。即各府境內之山，乃從府的祖山所發脈；
而此府的祖山，亦由府境內之山的一支所結，也就是由府的祖山發脈而出。
最後，府的祖山，連結到三大幹龍而至整個宇宙中最神聖的天下祖山崑崙山。
依照風水家的觀察「龍脈」的走向，我國山脈自崑崙山而下，分爲三支，台
灣雖爲一海島，卻可說是南支中的尾端，南支是長江與粵江的分水嶺，自川
黔而東來，蜿延於湘贛、粵桂之間，到福建的武夷山俯瞰東海，再自武夷山
入海「過峽」在昂首躍起所形成台灣。入台灣後則轉身而似回頭遙望大陸上
的祖山，由於轉身，台灣的龍脊在東，平原在西，面向大陸。高聳中央山脈
互於島軸上，使得台灣島包含各種氣候的地區，而且屏障了西部平原，使島
上山脈起伏，枝腳糾結，在實質環境上出現了變化，形成了大小不同的各種
福地的局面。〔註27〕從方志來看，清代的台灣城市都具「負山臨海」的特色。
〔註28〕這可以說是龍脈的觀點影響著傳統漢人建城格局、聚落的選擇與家宅

〔註26〕見林氏著《台灣傳統建築手冊》，頁13。
〔註27〕見漢寶德，《風水與環境》，天津：天津古籍出版社，2003年，頁52。
〔註28〕在清光緒二十年，薛紹元所纂的《台灣通志》〈形勢〉一章中對於台灣各城市
　　　　記載多有負山臨海特色，如鳳山縣，深山大海，形勢雄壯。艋舺當雞籠、龜
　　　　崙兩大山之間，沃壤平原，兩谿環抱，村落衢市，蔚成大觀。宜蘭縣，三面
　　　　負山，東臨大海，三貂、金面掖其左，擺支、蘇澳、草嶺益其右，員山、玉

的形式。

2、清代台灣建城的風水考量

地方志中記錄有關風水的述說，這是中國全國各地是一種很普遍的現象。特別是華中、華南各地所記載最多。文化習俗於此兩地延長線的台灣各地方志亦有同樣現象。在台灣的地方志地理篇的山川形勢的解說，可以看出受風水的龍脈思想影響很深，其中參雜很多風水術語。〔註29〕如《台灣采訪冊》中對台灣府城龍局的敘述。

> 府城龍脈，自馬鞍山發下，平洋二十里，直至東門進城。由卯乙入首，分枝結府學、道、府署等處。主龍直結紅毛樓，震龍兌向，左邊武廟，右邊縣署，左右高起為砂，兩界水繞聚明堂，其主龍之結，確證明矣。論其來龍行度，起則高而不昂，伏則續連不斷，正合龍形之行步也。紅毛樓係龍之頭首，由東至西，有直奔大海之勢。安平鎮即是龍之珠，龍頭不壓，動則水必泛，而珠必滾，是以前人起高樓鎮壓者，得其法也。〔註30〕

台灣府城龍局的敘述所言，就是中國的堪輿地理書，提到的「地理五訣」，龍、穴、砂、水、向，是堪輿家觀察環境所用的術語，將山脈比喻作龍，把山脈直呼作「龍脈」，也就是《管氏地理指蒙》〈象物〉所說：「指山為龍兮，象形勢之騰伏」〔註31〕，砂是指風化後的淺山或微凸物體，穴是養息場所，水是養份供給來源，根據龍、砂、穴、水本身條件及相互間的關係來決定基地的方向。可知傳統的文人體系認知上視風水是理所當然。

另從噶瑪蘭廳志也記載著噶瑪蘭建城的風水考量，當時辦理噶瑪蘭（宜蘭）建城設治事宜的通判〔註32〕楊廷理本欲依舊有民舍朝向將城市建為坐西朝東。這建議經由台灣總兵武隆阿到現場勘查後轉報在案，城基東向幾成定

山枕其後。

〔註29〕見土屈达憲二，〈如何解讀臺灣都市的風水——風水思想與清代臺灣的城市之研究〉，《哲學雜誌》第 3 期，1993 年 1 月，頁 80。

〔註30〕見高賢治主編，〈台灣采訪冊〉，《台灣方志集成：清代篇——第一輯（27）》，宗青圖書出版有限公司，頁 6～7。

〔註31〕見管輅，《管氏地理指蒙》，台南：世峰出版社，1995 年，頁 36。

〔註32〕明朝設于地方各府，為府之副職，位知府、同知之下，其秩正六品，無常職，無定員。清代規定府通判與同知分掌清軍、巡捕、管糧、治農、水利、屯田、牧馬管事，以佐助知府處理政務。參見張政烺主編，《中國古代職官大辭典》，河南人民出版社，1990 年，頁 879。

局，後因淡水同知〔註33〕朱潮爲了愼重其事，請了一位堪輿家梁章讀來到宜蘭勘察，他事後建議

> 按此地乃台灣山後及東之區。其西南諸峰，環繞朝護；北起雞籠尖峰，從遙暗拱；東面海岸，復有砂堤百里爲關欄。且海水汪洋中，特起龜山，蔚然青秀，位於寅位。龍氣從乾轉辛而發，落脈平陽，突起員山，居於申方。從庚而轉，拓開平原數十里，真大有爲之地也。其水源支分兩派，從坤申方來。一由北方出烏石港；一由巳方出濁水溪。若西向東，則山頭打碎，賓主無情。坤申之水血汗淋頭，寅申暗貴，兩峰反爲劫地。大局水分八字出口，誠恐將來俗悍民习，有不虞之患也。必須作坎向離，爲四正四極之位，水倒青龍方去，兼寅申兩位，暗貴得宜。倉庫在寅申之方，後主端照前賓朝顧。雖青龍水分，但龍溝合法，交度有情，微隱秀案。青龍水既旺盛，白虎子山兼寅申。星峰自坎離者，水宮旺地，是官祿地旺。長居申最喜，白虎近盛高聳，而西方金旺生水，扶主身強。青龍一方水去從金，會佳期。巳方劫位乃金母，是金初生之位，更得天官照臨。就此建造城廓，土鎮中央，四星四壁。水在東方旺於城，官祿顯耀，文武和衷，物阜民安，文運中興，化行俗美。里仁之風，計日可待。
>
> 〔註34〕

此事件有通判楊廷理、台灣總兵〔註35〕武隆阿、淡水同知朱潮及堪輿師梁章讀等人。前三人爲朝廷品官，代表著清政府的政令執行及教化者。對宜蘭建城基於堪輿所作的決定，已反映著各府縣廳城代表，從知府、同知、知縣、通判等上級官吏對風水的好壞也極爲關心。

在清代恒春築城過程，也反映出國家官員對風水的重視。當時欽差大臣沈葆楨在〈請瑯橋築城設官摺〉（1874 年 12 月）奏摺裡明示以「素習堪輿家言」的劉璈來負責築城事宜。

> 接見夏獻綸，劉璈，知已堪定車城南十五里之猴洞，可爲縣治；臣

〔註33〕 明朝州同知從六品，府同知正五品，都轉運鹽使司同知從四品。清朝有轉同知，事繁之府亦設爲副長官正五品，設廳之區又多用爲長官。參見張政烺主編，《中國古代職官大辭典》，河南人民出版社，1990 年，頁 464。

〔註34〕 見陳淑均，《噶瑪蘭廳志》，台北：文建會，2006 年，頁 98。

〔註35〕 清朝綠營軍之高級將領，僅次于提督正二品。參見張政烺主編，《中國古代職官大辭典》，河南人民出版社，1990 年，頁 784。

> 葆楨親往履勘，所見相同……劉璈素習堪輿家言，經盡審詳，現今
> 專辦築城，建邑諸事……。〔註36〕

在清代築城的計劃必須要有大臣相度地勢，可見風水考量在官方態度上是相當重要。除了方志及官方文獻所記載的建城的堪輿實例，台灣民間也盛為流傳風水地理傳說，從日據時期一直到現在為止，有關風水傳說故事的探錄頗為豐富〔註37〕。這些傳說故事是在各地區流傳，甚至互相影響的敘述模式，對於家鄉的地理、家運的興衰以一種特殊的風水模式思考，形成村庄的命運共同體。〔註38〕

（二）傳統家宅的風水格局

台灣除了城鎮聚落、村庄，皆講求風水格局外，家宅本身也非常注意風水的要求。為了確切瞭解風水學對於家宅影響，首先就（1）家宅的身體觀、及（2）家宅禁忌觀，來檢視台灣傳統環境因素的風水原則。

1、家宅的身體觀

台灣漢人的家宅風水除了要如何藏風聚氣外也要懂得趨吉避凶，在《雪心賦》言及：

> 穴裡風須迴避，莫教割耳吹胸。面前水要之玄，最怕衝心射脅。……
>
> 探頭側面，代有穿窬。拭淚搥胸，家遭喪禍……。〔註39〕

這是體現「人」、「宅體」及「環境」的關係。宅體是人與環境的中介點，可以模擬自然界的穴場，來藏風聚氣。因此傳統的合院住宅發展出以ㄇ字形或口字形的住宅實體。

〔註36〕見沈葆楨，《福建台灣奏摺》（台灣文獻叢刊第二十九種），台北：台灣銀行，1959 年。

〔註37〕從《民俗台灣》、《臺灣風物》、《臺北文物》、《臺灣文獻》等的雜誌中及近年來各縣市文化局從事鄉鎮的民間文學搜集整理出版，這些民間文學集中，有著數量龐大，內容豐富的風水傳說。參見唐蕙韻，《中國風水故事研究》，中國文化大學中文研究所博士論文，2004 年，頁 41～44。及張昀浚，《臺灣民間風水傳說研究》，國立台北大學民俗藝術研究所碩士論文，2004 年 6 月，頁 25～30。

〔註38〕命運共同體，乃指村民是一體的，他們受共同的時、空因素的制約，這一理念與傳統的宇宙觀有密切的關係，人絕非宇宙獨一無二的存在，須與自然界與超自然界保持和諧的關係。見林美容，〈由地理與年籤來看臺灣漢人村庄的命運共同體〉，《臺灣風物》，第三十八卷第四期，頁 140。

〔註39〕見〔唐〕卜則巍，《雪心賦正解》卷二，新竹：竹林書局，2005 年。

台灣傳統民宅格局是以正身、對稱、層層相抱爲原則，類似一個人伸手環抱。它們的作用皆在凝聚生氣不讓風吹走，亦即藏風。聚生氣的穴使祖先尸身保佑子孫；一如聚生氣的廳堂使牌位象徵的祖靈呵護後代。其實台灣民宅的「護龍」一詞即明白的顯示風水的含意；左右廂也俗稱「左龍右虎」等。〔註40〕

除了宅體仿自然界理想穴場的形式外，宅體也人身體尺度的延伸。傳統合院家宅是以身體爲基型。兩者藉由類比的方式取得連繫。如屋頂（冠帽），正廳（頭），正身（身），門（口），窗（眼），伸手（手），耳房（耳），間（肩）等。這種以身體意象的命名方式，反映出合院家宅是一個相互連結。所以當家宅條件缺乏，狀況不良時猶如人體遭病，只不過在名稱上改成風水不好的凶宅。〔註41〕在傳統合院建築名稱賦予了人身體各部位的相對應，也產生禍福與共的生命共同體。另外中國家宅風水術也將宅主之生年加入此體係，在清代《八宅明鏡》中言及：

> 人之生命不同，宅之宜忌各異。故祖孫或盛或衰，父子或興或廢，
> 夫婦而前後災祥不同。兄弟而孟仲休咎迥別，或居此多坎坷，或遷
> 彼得安康。實皆命之合與不合，有以致此也。〔註42〕

這是除了身體的比擬外也加入人身體的生命律動，更加緊宅體與宅主生命的聯結。

2、家宅的禁忌觀

台灣的家居除考慮龍脈的走向，也注意住宅本身的內外形式及外在自然造物與人工造物對於住宅的「沖」、「射」、「壓」、「煞」空間格局，產生「宅法禁忌」爲造屋時必須考慮，其包括內形（建築之配置、形式、構造）。從風水中的沖射禁忌，當空間被擬人化，利用環境因子對人體的有利或不利因素，可以對應出對宅體的吉凶觀。〔明〕王君榮《陽宅十書》言及：

> 凡宅住屋，莫要屋角，水射其門，門射來水，主聾啞之人。凡宅屋
> 後，莫開車門，不要直射，謂之穿心殺。〔註43〕

〔註40〕 見關華山，〈臺灣傳統民宅所表現的空間觀念〉，《中央研究院民族學研究所集刊》第49期，1980年，頁190。

〔註41〕 洪如峰，《傳統中國人身體投射風水環境的知識體系之文獻探討》，東海大學建築研究所碩士論文，2000年，頁84。

〔註42〕 〔清〕箬冠道人，《八宅明鏡》，台北：武陵書局，1996年，頁19。

〔註43〕 〔明〕王君榮，《陽宅十書》〈論宅內形第八〉，台南：正海出版社，2006年，

　　由於大門為人口的類比象徵，因此遭受來水沖射有口啞不吉聯想。這是宅體被視為人體的象徵，許多與人體有相對應關係的禁忌也跟著衍生出來，另外當一切有對宅體不利的因素時，自然也被聯想到會對人體產生不利，成為極須避免的禁忌，如從宅體的各部空間、宅體的周圍環境、宅體的方位以及干支符號配合陰陽五行生剋觀念，來推演出宅主的身體疾厄或者是家運興衰的禁忌法則。〔註44〕這些都是傳統造屋所要注意的風水原則。

　　西方學者拉普普（Amos Rapoport）認為，中國風水的觀念藉「地卜律」（the rules of geomancy）深深融入整個文化裡，指引著道路，水流的方向，住屋的高度、形式和配置乃至村莊和墳墓的座落，它們常散布在吉祥的山頭附近，這種環境被認為是有神奇的力量。〔註45〕這可說是漢人社會中很重要的觀念，台灣傳統家宅格局實受宅法禁忌影響甚鉅，如屋頂須遵守「前高，後低；前短，後長」，屋簷所涵蓋的面積，須較台基範圍大，否則稱為「流淚石令」，是不吉利。〔註46〕另外還有廁所的位置、竈口的方向、門前景觀、門口方位等也實受宅法禁忌影響。

第二節　現代都市家宅形成的背景

　　台灣在日據時期開始進入工業化時代，都市人口大量聚集〔註47〕，一種非家族式的生活開始形成，夫妻為主的家庭生活取代了家長制的家庭生活，中產階級的生活習慣漸成為主流。這一階層都受到日本殖民教育洗禮，其接受現代化下的知識觀念，對於衛生、物理、科技有了相當的瞭解，這都使得傳統家長制下的合院文化傳統與居住形態受到極大挑戰。同時之間，日人以殖民者權威強力指導都市計畫與公共衛生建設，使得傳統漢族家宅顯露更多不合時宜的窘絀，都市家宅形態在這一階段的重大環境變遷中於焉誕生。

　　　　頁 122。

〔註44〕有關宅法禁忌分類，參見漢寶德，《風水與環境》，天津：古籍出版社，2003年，p190-192。

〔註45〕見 Rapoport Amos, *House Form and Culture*（Englewood:Prentice-Hall,1969）p.51.

〔註46〕見林會承，《台灣傳統建築手冊》，頁 97。

〔註47〕在 1940 年，台灣前五大都市人口數有，台北市 353,744 人；高雄市 161,418；台南市 149,969；基隆市 95,354；台中市 87,119。見溫振華，〈日據時期的都市化以台北市為例〉，《歷史月刊》第 15 期，頁 136。

一、商業社會與資產階級的興起

　　經濟活動是人類基本營生行為，各類生產方式與經濟形式都有不同的環境條件和生活命題，採集、漁獵、游牧、農業和商業的生產方式雖非線性相替的生產或經濟形式，但也標誌著技術發展與生活形態相隨變異的趨勢。西方工業化的影響帶來的物質生產與勞動技術的進步，使得人類日常生活也發生重大變革。

（一）商業資本社會的形成

　　清代台灣的社會經濟形態，係屬自給型的農業社會。因區域間的運輸不良、幣制混亂、市場狹小、以及產品不標準化無法開拓國外貿易。這些都是當時台灣社會制度及結構尚未達到資本主義的標準，譬如衛生、教育、交通、度量衡制度以及金融與財政機構均尚未產生或徒具形式。〔註 48〕這時台灣的資本形態還是處在初期商業資本，主要是地主與佃農，亦即僅限於地區社會內部交換的生產關係，經濟活動尚未完全資本主義化，產業資本家的企業尚未存在。〔註 49〕

　　日人佔據台灣以後，成立鞏固的近代政府，在總督兒玉源太郎和民政長官後藤新平（1898～1906）時期，為完成資本主義平台，在台灣引進近代政府的各項經濟政策，諸如保障投資安全的各種基礎事業。當台灣局勢稍安定後，在既有的經濟基礎下進行一連串計畫並擴充市場的行政方案。如在土地方面，為使國土充分利用及增加稅收，接續自清代劉銘傳以來就開始土地調查與土地稅的改革，用以保證並保護私有財產的穩定，鼓勵增加生產，並用以提供市場。〔註 50〕為了促進國外貿易還有引進一套統一的度量衡，連結臺灣市場與日本市場，使得殖民母國與殖民地產生臍帶關係。在信用借貸方面，

〔註48〕雖然在十九世紀中葉，英美商人開始在台灣製造茶、砂糖、樟腦，從淡水、基隆與台南等地出口，曾引起少許的改變。但當時除了少數外國人投資之工廠雇用農村勞力外，經濟完全是自給型態。見張漢裕、Ramon H, Myers 合著，〈臺灣在日據初期（1895～1906）之殖民地發展政策──官僚資本家企業之一例〉《臺灣文獻》第 16 卷第 3 期，臺灣省文獻委員會，1965 年 9 月，頁 195。

〔註49〕見矢內原忠雄著；周憲文譯，《日本帝國主義下之台灣》，台北：海峽學術出版社，2002 年，頁 42。

〔註50〕據矢內原忠雄研究指出，在台灣的土地調查事業中，日本政府支出三百七十九萬九千四百七十九圓，消滅了大租權，使得人民的土地所有權得以確立。參見矢內原忠雄著；周憲文譯，《日本帝國主義下之台灣》，台北：海峽學術出版社，2002 年，頁 24。

建立中央銀行從事信用業務，發行通貨鈔票，並促進新的金融業務。另外在交通方面，台灣與日本之間的航運也大幅改善，島內因縱貫鐵路的開通，使得時間及運輸費亦明顯降低。公共衛生事業的努力使死亡率逐漸降低，同時提高了勞動的效率。教育方面則建立語言、醫學與職業學校，以增加技術人力的供應。〔註51〕

在一八九九年至一九一○年間，日人在台灣的各項基礎建設漸趨完成，並開始發生效用，社會與經濟結構大爲改觀。台灣社會的資本活動形態大爲發展，各種企業相繼設立而且擴大，生產關係逐趨資本主義化。要言之，此時已由單純的商業資本轉向產業資本的經濟型態發展。同時間日人也在台籍子弟中積極培養新的「精英政權」與合作關係，〔註52〕這批新「精英政權」成爲統治者與民眾溝通中介者與執行者，對於國家政權所領導的資本主義發展的成功，起了關鍵作用。

（二）資產階級者與洋樓的興建

一八六○年以前，台灣經濟以種植米、糖並與大陸貿易往來爲主，當時社會上最有地位的人，就是地主和從事陸台貿易的「郊商」。開港以後，台灣的貿易對象更擴及外國，貿易商品也由米等糧食作物，轉爲以茶、糖及樟腦等經濟性商品爲主。位於下游的商人（俗稱「買辦」）因與外商交易，熟悉市場行情，常由外商僱員轉爲自行經營而致富，個中佼者如李春生〔註53〕、陳福謙〔註54〕等均曾叱吒一時。

〔註51〕 有關貿易、金融、交通、衛生及教育的說明，參見井出季和太著；郭輝編譯，《日據下之臺政：臺灣治績志（卷一）》，台北：海峽出版社，2003年。另參見張漢裕、Ramon H, Myers 合著，〈臺灣在日據初期（1895～1906）之殖民地發展政策——官僚資本家企業之一例〉《臺灣文獻》第16卷第3期，頁198。

〔註52〕 日本人鏟除傳統式精英及其物質基礎，以及教育官僚體系。該系統使傳統精英得以享有政治上與意識形態上的壟斷權，並以親日派商人來取代台灣的傳統精英。這對於一個反商業的台灣傳統社會而言，是一個革命性行動。見高棣民，〈殖民地時期台灣資本主義的根源〉《台灣政治經濟學諸論辯析》，台北：聯經出版社，1994年，頁159。

〔註53〕 李春生（1838～1924），初爲英商買辦，後自營茶葉致富，成爲僅次板橋林本源家的北台第二富翁。參見許雪姬總策畫，《臺灣歷史辭典》，台北：文建會，2004年，頁382。

〔註54〕 陳福謙（1834～1882），其投身商場之際，正值1860年代台灣開放港口通商，茶、糖、樟腦成爲臺灣重要的輸出品，陳福謙憑著對南部蔗糖產銷的熟悉，控制了打狗一半以上的糖產，並從與洋商接觸的經驗中，了解國際貿易的經營，其將台糖直銷日本，或由洋商以轉運方式，運至世界各地，陳福謙由是

　　當時上游商人爲保障茶和樟腦的生產貨源，往往擁有武力，以防止當時所謂「番人」的原住民之騷擾。這些擁有私人武力集團的豪族，逐漸受到清朝政府的重視，爲吸收或援引爲統治助力，往往授予官爵以賄其心。其時霧峰林朝棟〔註55〕、新竹林汝梅〔註56〕、士林潘永清〔註57〕、苗栗黃南球〔註58〕、板橋林維源〔註59〕等，均爲當時豪強。

　　若依據《舊慣會經資報告》（一九○五年刊印）之記載，日據初期擁有資產在四千至一萬元者，爲台灣一般中層階級者。有五十萬元以上資產者，則爲當時台灣的大資產家。如板橋林維源、台北李春生、新竹鄭如蘭；中部之阿罩霧林烈堂、林季昌、新庄仔吳鸞旂、清水蔡蓮舫；南部之苓雅寮庄陳中和等。〔註60〕其中林維源、林烈堂、林季昌爲傳統型之豪紳，李春生、陳中

　　　　成爲打狗的首富。參見許雪姬總策畫，《臺灣歷史辭典》，台北：文建會，2004年，頁855。

〔註55〕　林朝棟（1851～1904），台中霧峰人，爲福建提督林文察之子。1884年清法戰爭，率相勇協助劉銘傳禦敵，深得劉銘傳器重。1885年台灣建省，劉銘傳任台灣巡撫後，委託其經辦處理中路營務，更給予經營樟腦的特權。爲墾荒局局長，負責開拓荒地，招撫台灣原住民。統領「棟軍」兼全台營務處，後平亂有功，清政府破格嘉許賞穿「黃馬掛」。日據後內渡中國，爲兩江總督劉坤一的麾下，率棟軍戍海洲。晚年在廈門經營樟腦生意，後歿於上海。參見許雪姬總策畫，《臺灣歷史辭典》，台北：文建會，2004年，頁488。

〔註56〕　林汝梅（1834～1894），新竹人，1880年福建巡撫岑毓英架設大甲溪橋，傾力相助，頗受賞識。1882年給墾南庄一帶土地，得移屯三灣之竹塹番社之協助，招撫獅頭駄、獅里英、田厝、田尾四番社；次遷三灣臨南庄，墾務大爲進展。參見許雪姬總策畫，《臺灣歷史辭典》，台北：文建會，2004年，頁475。

〔註57〕　潘永清（1820～1873），台北士林人，1873年歲貢，咸豐間分部員外郎。今之士林街則由其籌劃興建。參見許雪姬總策畫，《臺灣歷史辭典》，台北：文建會，2004年，頁1219。

〔註58〕　黃南球（1840～1919）苗栗南庄人，1863年集股創辦「金萬成」、「金協成」等墾號。時福建巡撫岑毓英委以招撫「生番」並以「新竹總墾户」名義專辦內山墾務，授五品銜。1889年與姜紹祖等合組「廣泰成」墾號，墾闢大湖、南湖、獅潭等處，伐木熬腦，銷售海外，遂成巨富。日據後，1900年日人任其爲新竹廳參事，1902年獲紳章。參見許雪姬總策畫，《臺灣歷史辭典》，台北：文建會，2004年，頁928。

〔註59〕　林維源（1840～1905），台北板橋人，1863年因平戴潮春事件有功，被授與三品銜。1876年代表林家捐獻50萬元，響應福建巡撫丁日昌設立海防，得內閣中書官銜。1884年捐助清法戰爭善後經費50萬兩，被授與內閣侍讀，後陞爲太常寺少卿並授命爲團練大臣。1886年出任幫辦墾務大臣。1887年創立建昌公司。1895年馬關條約後，避走廈門。參見許雪姬總策畫，《臺灣歷史辭典》，台北：文建會，2004年，頁495。

〔註60〕　見林滿紅，《茶、糖、樟腦與台灣之社會經濟變遷》，台北：聯經出版社，1997

和則是以茶、糖、樟腦等經商而致富的買辦型豪紳。無論是傳統型之豪紳，或者是買辦型之豪紳，其財富都是日據時期台灣民間企業的重要資金來源。

傳統型豪紳，在進入日據時期後，角色地位與資本形態也開始轉變。除繼續維持資產者的身份外，也因日人據台後取消大租戶的權利，獲得大租權公債之補償，於是由土地財產家轉變為新經濟社會的資本家，類此之例者如林獻堂（1881～1956）〔註 61〕；此外，也有與統治者關係良好，獲得專賣制度等與政府權利有關事務而成為新資本家者，如林熊徵（1888～1948）〔註 62〕。其他多數的傳統資產者，則以股票制度的游資動員作用，以個人資本提供給日本資本家企業經營，成為放利資本者，他們並無企業經營的實權，處於日人資本家的從屬地位。〔註 63〕

除了前清資本家繼續發展外，另外在日據時期，也出現一批新資產階級。這是一八九八年到一九○五年間，日人在台灣進行土地調查與改革，將日益沒落之不在地地主的大租戶所有權予以取消，並確立真正經營者小租戶的所有權，使得清代時期混淆的所有權關係以及加諸土地的人際束縛隨之解除，土地得以自由買賣並受到法律保障，於此產生一批因釋出土地而擁有剩餘資金可以從事市場交易的富農階層，亦即小租戶。這項政策同時造成了農村土地的分化，以及小農經濟的形成。〔註 64〕

此外，也有一些新崛起的實業家因從事某些特殊的商業活動，諸如專賣、土地投資、水利設施或疏濬河道，以及參與日人企業的投資等等，因而致富。

年，頁 175～176。

〔註 61〕 林獻堂（1881～1956）台中霧峰人。曾任霧峰參事、區長，並於 1905 年被授紳章。1914 年呼應板垣退助的同化會，1919 年加入新民會，並任會長。參見許雪姬總策畫，《臺灣歷史辭典》，台北：文建會，2004 年，頁 501。

〔註 62〕 林熊徵（1888～1946），字薇閣，板橋人。1905 年乙未之役與家族成員內渡。1913 至 1914 年再回林家析產，熊徵兼挑兩房共得 6 萬石租，號永記，成立大永興株式會社。1909 年在日人的慫恿下成立林本源製糖株式會社，任副社長、社長。1929 年任漢冶萍有限公司董事，1933 年 1 月任株式會社華南銀行總理。在公職方面曾任台北廳參事、大稻埕區長、台北州協議會會員、台灣總督府評議會員。參見許雪姬總策畫，《臺灣歷史辭典》，台北：文建會，2004 年，頁 494。

〔註 63〕 見矢內原忠雄著；周憲文譯，《日本帝國主義下之台灣》，頁 104

〔註 64〕 有關日據時期小農經濟的形成，參見柯志明，《米糖相剋——日本殖民主義下台灣的發展與從屬》，台北：群學出版社，2003 年，頁 44。

日人據台後，一些上層官紳遷回大陸，或是選擇隱遁。而下層仕紳則為日人所拉攏，被延聘擔任地方行政事務的中堅份子，其中大多數為地方富商、地主或新興實業家，成為新的領導階層。這些人當中，出身自清代時期小租戶的農村地主，因無法離開鄉村社會，常擔任村落保長職位，本就一直是村落中的領導階層。日據後取消大租戶並實施保甲制度後，更加鞏固其地方領導地位。因此清代時期舊有的地方領導階層，仍相當穩定地延續到日據時期，並受到日人的重視及保護，在政治、社會與經濟上的地位更形穩固。

這些日據時期崛起的新資本家或中產階級，通常有較一般農民高的教育程度，並佔有高於地方性的行政職位，因此更有機會接觸外來的現代化事物，包括新家宅的營建，他們通常在其地方上具有崇高地位，也是一般人仿效的對象。日據時期新興的台灣資本家常為了顯示其經濟能力和社會地位，在致富後開始營造富有之家的形象。

日據時期後，多數豪宅一改以往的純漢式傳統合院形式，紛紛以西洋式樣住宅為主。這些西式住宅的出現，意味著此其台灣社會之中產階級對西方文明的接受程度，也顯示這些社會新領導階層的生活形態已漸趨西化，尤其是住宅建築上經常以殖民建築樣式為建築模仿對象，反映出他們想要學習殖民者生活方式，以洋樓作為資本的象徵。表現出異於傳統台灣漢人生活態度與價值取向，刻意宣達其身份地位的優越感，營造出宏偉氣派的印象。

任嘉義廳參事官職的劉神嶽（1862～1921）在 1910 年所建的柳營別墅，立面以紅白相間水平條紋裝飾；中央建築體上的屋頂使用日本瓦，造型亦類似日本傳統屋頂；兩旁突出角狀建築體上則覆蓋著法國形式屋頂，使用的是銅材；平面上圍繞的開放長廊，當時俗稱走馬廊，以歐式柱列裝飾著，模仿著外廊殖民地樣式。〔註65〕

這些形式都可在日據時期所興建的宅第中發現，如任柳營鄉村庄長的劉焜煌（1852～1920）在 1909 年所建劉焜煌宅、受日人任命為州協議員的陳中和在 1920 年所建的陳中和宅、在 1913 年所建的鹿港辜顯榮宅、任義竹庄長的翁清江在 1910 年所建義竹翁清江宅、1922 年所建的大林甘蔗崙陳宅、1928 年所建的塗厝里默園陳宅、1931 年所建的高雄內惟李氏古宅等。〔註66〕

〔註65〕柳營別墅之描述，參見沈祉杏，《日治時期台灣住宅發展》，台北：田園文化，2002 年，頁 120。

〔註66〕見本文之〈附錄二〉。

二、現代知識的養成與新知識份子的出現

學校是知識的傳遞場所，日據時期，日人在台灣建立了現代化教育體系，排斥台灣的私塾教育，使得受新教育青年對於舊時代的觀念認為是過時且迷信，對於日常生活則以現代知識作為標準。現代知識的養成也改變受知識者的生活態度，另外日人在台的殖民教育是以菁英教育為主，知識份子通常是地方顯達之姿出現，其言行舉止，皆為地方上的指標。

（一）殖民初等教育與內容

日人據台之初，為能有效明確傳達政府的政務命令，亟需培養一批通曉日語的臺灣人。在這樣背景下，一八九五年七月，在士林芝山岩首先成立的「芝山巖學務部學堂」，招收台灣人為日語練習生，這也是日人在台的國民教育之濫觴。這些語言學校，雖具備近代學校「集眾教學」特徵，但無近代培養國民精神教育的實質內容。直到一八九六年三月，先後設國（日）語傳習所和國語學校，才漸有近代學校規模。〔註67〕一八九八年，國語傳習所改稱公學校，其「臺灣公學校規則」（府令第 78 號），第一條開宗明義指出：「公學校之本旨在對本島人子弟施德教、授實學，以養成國民性格，同時使精通國語」。〔註68〕根據大正十一年（1922）「新臺灣教育令」第五條規定：〔註69〕

（1）公學校修業年限六年，但依地方情況得縮短。

（2）入學年齡六歲以上。

（3）修業年限六年之公學校得設二年之高等科。

（4）高等科入學資格限定為修業年限六年之公學校畢業生，或具有同等以上之學力者。

〔註67〕「國語傳習所規則」（明治 29 年府令第 15 號）第一條規定國語傳習所的目標在於：「教授本島人國語，以資日常生活之用，並養成本國精神」。該規則對於國語傳習所的編制、學期、上課時間、上課科目和內容、教科書和參考書、入退學、考試，以及畢業等，均有詳細的規定。見周婉窈；許佩賢，〈臺灣公學校與國民學校國語讀本總解說〉，《日治時期台灣公學校與國民學校國語讀本：解說・總目・索引》，台北：南天書局，2003 年，頁 6。

〔註68〕見周婉窈；許佩賢，〈臺灣公學校與國民學校國語讀本總解說〉，《日治時期台灣公學校與國民學校國語讀本：解說・總目・索引》，台北：南天書局，2003 年，頁 8。

〔註69〕有關新台灣教育令第五條規定之論述，參見周婉窈、許佩賢，〈臺灣公學校與國民學校國語讀本總解說〉《日治時期台灣公學校與國民學校國語讀本：解說・總目・索引》，頁 14。

（5）公學校得置補習科。

（6）補習科之修業年限及入學資格由臺灣總督府規定。

日據公學校教育或國民學校，相當於今日的國民小學教育的階段，以六至十二歲學童為對像。公學校的授課內容大致為：〔註70〕

（1）修身、國語、算術、體操是始終固定有的科目。

（2）漢文從一九○三年起列入教科，然一直可有可無，一九三七年廢除。

（3）理科於一九一二年出現，從此固定下來。

（4）手工及圖畫（後改稱圖畫）和實科（後改稱實業）於一九一二年出現。

（5）唱歌雖然一開始即出現，但可從缺，一九一九年起才成為固定科目。

日人殖民教育引進近代新式教育的方式與內容，如運動、圖畫及唱歌等科目。起初台灣人也懷疑這些新式教學課程，到了一九一○年代後期，它已經得到台灣人廣泛地接納。〔註71〕在初等教育的科目中以國語科最為重要，除了語言的練習與文字的寫法課程外，也加入資助國民精神之涵養課程於國語讀本中。〔註72〕大正十二年（1923）出版的國語讀本，其內容大約有七大類：（1）日本歷史、文化、地理；（2）天皇關係（愛國教育）；（3）實學知識（近代化）；（4）臺灣事物；（5）道德教育；（6）勞動者（盡忠職物）；（7）中國事物。等其中以六十八課的實學知識份量最多，其次是台灣事物六十七課、日本事物五十七課、道德教育四十六課。而實學知識又可細分為：科學知識、衛生、日用知識、世界知識、近代事物與建設、經濟制度與觀念

〔註70〕見周婉窈、許佩賢，〈臺灣公學校與國民學校國語讀本總解說〉《日治時期台灣公學校與國民學校國語讀本：解說・總目・索引》，頁22。

〔註71〕一位住在台灣東部的先生嫌惡地回憶1910年代後期他在書房的經歷：「那些地方最不健康，老師有長長的指甲，兒童沒有任何的體育課、運動，毫無樂趣，父親後來把我弄出來，謝天謝地。」見派翠西亞・鶴見（E. Patricia Tsurumi）著：林正芳譯，《日治時期台灣教育史》，宜蘭：仰山文教基金會，1999年，頁144。

〔註72〕從明治三十四年（1900）起，臺灣總督府發行《臺灣教科用書國民讀本》，共12卷，其後經過四次修定改版。若分為五期，分別為1900-02；1913-14；1923-33；1937-42；1942-1944等五期，並稱為（臺灣總督）定國語讀本。尤其是第三期讀本影響最為深遠，此期讀本使用時間最久，前後達十五年之久。且這時期臺灣兒童入學率大幅度提高，1923年入學率為28.60%，至1937年達到46.69%，也就是有近乎半數的臺灣兒童接受日本式小學教育。見周婉窈、許佩賢，〈臺灣公學校與國民學校國語讀本總解說〉《日治時期台灣公學校與國民學校國語讀本：解說・總目・索引》，頁59。

等六大類。〔註73〕可見日據時期的台灣初等教育是提供現代知識最佳的場所。派翠西亞・鶴見（E. Patricia Tsurumi）認爲「公學校教導學生衛生、秩序和合作的價值，社會教育計劃教導成人及兒童，相當程度地深入鄉村生活。習俗的皇民化或許未曾眞正觸及在十八、十九世紀從華南帶來的傳統中國文化的核心，但他確實造成台灣鄉村居民生活許多實質的改變」。〔註74〕這是都市家宅環境改變的重要因素，針對人的觀念予以改造。

（二）現代知識份子的形成

所謂現代知識分子，即是受過現代教育，具有現代知識素養者。日據台灣初等教育雖然是現代知識的啓蒙階段，但若無中等教育及高等教育的延續，則要培養知識菁英是相當困難。日據初期，殖民政府在台灣所採取的是「雙軌教育系統」，因此台灣中等教育雖在國語學校〔註75〕實施，但其程度則比日本人的中學還低。在殖民者眼中，台灣並無培養中、高等幹部的必要，因此中、高等教育就未受到應有的重視，反之，日人欲把台人置於社會底層，初等教育的實施則受到相當的重視。

矢內原忠雄認爲台灣殖民教育的不平衡，要到一九一九年日本殖民政府頒布「台灣教育令」後才慢慢修正過來。〔註76〕一九二二年，日本殖民政府

〔註73〕實業知識的課文有，〈電報〉、〈產業工會〉、〈天氣預報與暴風警報〉、〈電的世界〉、〈茄子與小黃瓜〉、〈母親的教誨〉、〈電影〉、〈郵遞〉、〈昔日之旅〉、〈埤川的故事〉、〈香蕉與蜜柑〉、〈商業問答〉、〈分工〉、〈貨幣〉、〈物價〉、〈銀行〉、〈親切與誠實〉等等。見周婉窈、許佩賢，〈臺灣公學校與國民學校國語讀本總解說〉《日治時期台灣公學校與國民學校國語讀本：解說・總目・索引》，頁66。

〔註74〕據一位國民學校教師在1969年的訪問說道：「……因爲日本人使人民注意清潔。我們從學校一年級起就學到這件事，這就是爲什麼（日治時期）早期沒有人會天天洗澡，而現在，不洗澡是件不可思議的事」。見派翠西亞・鶴見（E. Patricia Tsurumi）著：林正芳譯，《日治時期台灣教育史》，頁133。

〔註75〕國語學校分爲師範部、國語部及實業部，師範部的目的，是對日本人及台灣人養成公學校教員：國語部的目的，是對臺灣人傳授以國語爲主的中等普通教育：實業部的目的，是對臺灣人傳授有關農業電信及鐵路的中等程度技術教育。見矢內原忠雄，《日本帝國主義下之台灣》，頁170。

〔註76〕其「教育令」要點如下：(1)停辦國語學校，設立台北和台南師範學校。(2)公立台中中學校，改稱公立台中高等普通學校，作爲台人中等教育機構：新辦台北女子高等普通學校。兩校修業年限都比日人的學校和高等女校短一年。(3)開始創辦獨立的實業學校，但日人和台人的就學系統不同。(4)在專門教育方面，改台灣總督府醫學校爲醫學專門學校，新辦農林專門學校和

再度頒布新教育令，宣稱解除日人和台人間的教育系統差別，只有初等教育，常用國（日）語者，收容於小學校，不常用國語者，則收容於公學校，中等程度以上的學校，完全改爲共學制度。高等學校也在一九二二年創辦；一九二八年，專門學校有醫學專門學校一所、高等農林學校一所、高等商業學校一所、高等工業學校一所，台北帝國大學也於此時開辦。〔註 77〕近代歐美國家常以高等教育爲「精英教育」，而且受過高等教育者常佔百分之一〇以上。在殖民統治下臺人的高等教育只占百分之〇·〇四實爲偏低。〔註 78〕爲彌補殖民教育之不足，留學教育漸成替代的方式。

　　日據時期台灣留學教育者，因擁有台灣島內所欠缺的高等教育頭銜，留學歸國後，常成爲地方及社會上的精英份子。尤其在日據後期，留學人數增多，也漸取代只在台灣島內受殖民教育的社會精英，而成爲社會領導階層的主體。〔註 79〕另外留學教育者，一方面脫離島內的教育格局，一方面進入不同文化及生活習慣的國家。勢必會在留學者心理產生重大影響，從飲食、衣著、居住及作息進行改變。〔註 80〕這些將成爲台灣社會理想價值取向。

　　知識份子較一般民眾開明，一方面受較高學歷教育，使得知識程度比一般民眾高，也比較易於接受新觀念，另方面收入較一般民眾來得高〔註 81〕，

商業專門學校，各校都專收台人，但他們的年限和程度都較日人爲低。

〔註 77〕見矢內原忠雄，《日本帝國主義下之台灣》，頁 170～188。

〔註 78〕據吳文星對於日據時期受過高等教育的台籍人數共二、五〇八人，只占一九四三年臺人六、一三三、八六七人的〇·〇四％，遠低於近代歐美國家之標準。見吳文星，《日據時期臺灣社會領導階層之研究》，台北：正中書局，1992 年，頁 114。

〔註 79〕歷史學者吳文星認爲：「日治時期臺灣留學教育塑造了爲數可觀的高級知識份子，其人數竟超過臺灣島內殖民精英教育機關所培養的六倍以上。其影響所及，日治後期，留學返臺的社會精英漸取代只接受臺灣島內殖民教育的社會精英，而成爲社會領導階層的主體。」同上註，頁 125。

〔註 80〕黃朝琴（1897～1972）曾在臺灣民報發表其遊學美國的心得，從美人戲、參觀博物館、植物園、住旅社之經驗，除對女子的開放令其咋舌外，餘無不對美國生活及行爲給予贊揚。黃氏在參觀過美國墓園後，如對於臺灣的葬法認爲是不太科學，應取法於美國式葬法，以便後代祭墓，於經濟上管理上實在裨益不少。參見黃朝琴，〈遊美日記（五）〉，《臺灣民報》第一百十七號，大正十五年八月八日。

〔註 81〕在 1908 年之際，一個開業醫師每月收入少則二、三百日圓，多則有達五百圓左右者。臺籍教師初任月俸爲十二至十七日圓，最高俸亦不過四十五日圓。兩者雖爲知識份子，但收入則相差也有十倍左右，本文所指的知識份子是以醫生爲主，爲當時的社會精英份子。參見吳文星，《日據時期臺灣社會領導階

使得其易於享受到現代化的生活。如服飾方面以穿洋服及留西裝頭為尚。在《臺灣人士鑑》，將一九三○年代前期所取樣的二一二名醫生中，有照片者一五六人，分析出其中著洋服者一三七人，著制服者十人，著和服者四人，著唐裝者四人，照片不明者一人。〔註 82〕至於嗜好方面也以五六一人為樣本，除一般較為靜態的活動，如讀書、音樂、園藝、棋藝、詩作、收藏等，還包括動態的登山、網球、游泳、騎馬等，這些具有中產階級及以上品味。〔註 83〕

三、現代公共衛生形成與都市計畫

　　台灣現代化都市的興起始於日據時代，主要原因一方面是為移居的日人改善當時在台的居家環境；另一方面是由於流行病與風土病一直侵襲台灣居民的健康，也阻礙了日本殖民的進度。

　　台灣漢人傳統信仰認為瘟疫是鬼神作怪，所以有很強烈的王爺（瘟神）信仰〔註 84〕，直到現代醫學發達後才發現病源來自細菌，並經由蚊蠅、老鼠為媒介傳播。日人為了有效防止細菌傳播，透過教育、警察及保甲實施衛生教育，並由政府力量執行都市改正計劃，公佈實施家屋細則，建立上下水道以確保飲用水安全。日據時期公共衛生觀念及其建設影響個人衛生習慣及家居環境的變遷甚多，以下分頭詳述。

（一）公共衛生的形成

　　台灣因位處亞熱帶地區，古來以「瘴癘」之地著稱，清代地方志書與諸家筆記每指台灣「水土多瘴氣，來往之人恆以疾病為憂」，或「水土多瘴，人民易染疾病」〔註 85〕。除了台灣島風土病之外，也有不少熱性傳染病由鄰近華南和南洋地區傳入，隨著閩粵移民或交通貿易而來，使台灣早期成為四時

層之研究》，頁 98。

〔註82〕 見陳君愷，《日治時期臺灣醫生社會地位之研究》，師大歷史研究所碩士論文，1991 年，頁 67。

〔註83〕 見陳君愷，《日治時期臺灣醫生社會地位之研究》，頁 68。

〔註84〕 王爺，或稱千歲爺、府千歲，係祀人魂鬼魄。往昔王爺之祭祀尤盛，稱「王醮」，設壇祈願息災植福。俗說「三年一醮」，蓋本省昔日瘟疫猖獗，而祀王爺為惡疫之神，稱「瘟王」，足見信仰之一班。參見吳瀛濤，《台灣民俗》，台北：眾文圖書公司，2000 年元月再版，頁 76。

〔註85〕 見周元文，《重修台灣府志》（台灣文獻叢刊 66 種），臺灣銀行經濟研究室編，1958 年，頁 242。

疾病流行之地。〔註86〕

　　日人佔據台灣以後，使他們最傷腦筋的，除台灣人的反抗以外，還有瘟疫。據日人記載，甲午戰役後，日本軍隊六千一百九十人在一八九五年三月二十一日登陸澎湖，至五月初旬發生霍亂者達一千九百四十五人，其中死亡者竟達一千二百四十七人。登陸台灣本島的日本近衛師團也極受霍亂、瘧疾、赤痢、傷寒、腸炎、腳氣諸症之苦，據報當時患者有二萬六千零九十四人，死亡四千六百四十二人。〔註87〕為了有效的控制臺灣，日人據台首要任務除了平定各地「匪亂」外，就是那些看不見的敵人「瘟疫」。

　　日據初期防疫困境，實反映殖民政治尚未穩定，迄至一八九八年總督府實施民政未及兩年，更換樺山資紀、桂太郎、乃木希典三位總督，直到後藤新平以民政局長之職，隨新任總督兒玉源太郎來台赴任之後，提出治台新方針是「無方針主義」，或稱為「生物學的原則」〔註88〕，依國家行政力量介入，才使得台灣的防疫得到初步成效。

1、公共衛生觀念與流行

　　日據時期台灣公共衛生（public health），是根據明治初年日本醫學界的認知而言，其師法德國的醫學理論，以達爾文的生物學原則（biologicalism）定義生理上的「健康」，即所謂健康者必須要能在「優勝劣敗」的競爭過程中存活與延續，而政府亦要以醫學或政治的手段，協助其人民在此一競爭生存下來，此即「衛生」的本質。〔註89〕

〔註86〕　見范燕秋，〈鼠疫與台灣之公共衛生（1896～1917）〉，《國立中央圖書館台灣分館館刊》，第 1 卷第 3 期，頁 60。

〔註87〕　見井出季和太著；郭輝編譯，《日據下之臺政：臺灣治績志》，台北：海峽出版社，2003 年，頁，24。

〔註88〕　「生物學的政治」乃是一種能折衷、有彈性的政策制定，準備一種社會與物質環境以適應變化。後藤主張一種適宜的環境，惟有在仔細研究此殖民地後才能獲得。新政策或從現行政策作新的改變時，必須保證可以為當地環境所能接受才去做。見張漢裕、Ramon H, Myers 合著，〈臺灣在日據初期（1895～1906）之殖民地發展政策──官僚資本家企業之一例〉《臺灣文獻》第 16 卷第 3 期，頁 198。

〔註89〕　日據台灣對公共衛生觀念的起源及發展，參見劉士永，〈「清潔」、「衛生」與「保健」──日治時期台灣社會公共衛生觀念〉，《台灣史研究》，中央研究院台灣史籌備處，2001 年 10 月出版，頁 47～48。及范燕秋〈日治前期台灣公共衛生之形成（1895～1920）：一種制度面的觀察〉，《思與言》第 33 卷 2 期，1995 年，頁 215～218。

　　當時台灣公共衛生的作法，除了反映出日本流行公共衛生觀念的具體作為，藉由國家力量（警察）強力監督人民實施衛生清潔。〔註90〕另外「瘴氣論」〔註91〕和「水媒論」〔註92〕兩種疾病流行理論也加強著國家力量介入公共衛生的實施方式。在這兩種觀念影響下，健康條件決定於流動的水和空氣、降低空氣中的有機物，以及避免高溫悶熱的環境，如此為避免疾病流行，須提供流動過濾之淨水供給、通風且有適當避蔭之住宅，以及能降低有機物數量之市街規劃和管理。〔註93〕

　　在現代醫學觀念的影響下，為了有效遏止疾病的傳播，台灣的殖民政府一開始就積極改善環境衛生。如台灣總督府衛生工程顧問技師，英人巴爾頓（W. K. Burton）〔註94〕踏勘全台，協助殖民政府規劃都市的上、下水道工程。巴爾頓建議採用英國治理香港與新加坡的模式，規劃台北市區及上下水道。〔註95〕巴爾頓的規劃中指出，除了提供淨水之外，台北城內急需有排水設施，以減少城內的「瀦水」並降低「瘴毒」。他也主張，為防夜間瘴毒

〔註90〕 在 1939 年 2 月 7 日；2 月 19 日；6 月 27 日的《台灣日日新報》記載指出，為了遏止瘧疾等傳染病蔓延擴展，各派出所管轄區內，以派出所為單位編制大隊，以保為單位編制小隊，以甲為單位編制班。在保正、甲長、壯丁團員等的帶領下，出動管轄區內的保甲民，以義務勞動的方式，掩埋招來蚊蠅的水窪，修護下水溝，採伐造成瘧疾傳染的竹叢後，加以整理，栽種蔬菜等青果類，清掃住宅及其周圍環境。參見洪秋芬，〈台灣保甲和「生活改善」運動（1937～1945）〉，《思與言》第 29 卷第 4 期，頁 149。

〔註91〕 「瘴氣論」是在十七世紀時由賽登漢（Thomas Sydenham）等人根據古希臘學說提出的疾病理論，「瘴氣論」認為是溫度、溼氣與有機物混合後所產生的「毒」。這種「瘴氣論」引發疾病的觀念直到二十世紀還是普遍被接受。參見林思玲，〈宏觀歷史研究初探：日治前期台灣閩南傳統居住環境之衛生改良——在衛生工程與傳染病防治方面〉，《閩南文化學術研討會》，金門縣：金門文化中心，2004 年，頁 412。

〔註92〕 1854 年，英國流行病學家斯諾（John Snow）調查 1848 年英國霍亂流行的原因，他在倫敦發現了數百名罹患霍亂的死者與輸送幫浦之間關係，提出霍亂藉由污水傳染的特性，也就是「水媒病」的特徵。參見林思玲，〈宏觀歷史研究初探：日治前期台灣閩南傳統居住環境之衛生改良——在衛生工程與傳染病防治方面〉，《閩南文化學術研討會》，金門縣：金門文化中心，2004 年，頁 413。

〔註93〕 劉士永，〈「清潔」、「衛生」與「保健」——日治時期台灣社會公共衛生觀念〉，《台灣史研究》，第 8 卷第 1 期，頁 58。

〔註94〕 巴爾頓（W. K. Burton），英國人，1856 年生，1887 年前往日本東京工科大學講師及內務省技師，1896 年來臺擔任總督府衛生工程顧問技師，因受風土病所侵，於 1899 年在東京過世。

〔註95〕 見井出季和太著；郭輝編譯，《日據下之臺政：臺灣治績志》，頁 30。

突然瀰漫，房舍應以兩層式建築為佳，並建議種植向日葵與尤加利樹以防瘧。〔註96〕這些建議作法與當時傳染醫學「水媒論」與「瘴氣論」相契合。

在一八九〇年代，日本國內的衛生觀念吸收歐洲「細菌理論」（bacteriology），更明確指出某些疾病產生原因，更加強環境改良與疾病預防的關係。在一九一〇年，更將「細菌理論」學說納入台灣的公共衛生體係。〔註97〕除了繼續重視衛生工程、建築形式規劃，以及個人衛生行為矯治等執行環境衛生與清潔隔離法外，同時也加入切斷病疫傳染途徑、消滅病菌和增加人體免疫力等作為。〔註98〕這樣的公共衛生觀念及實施已使得台灣不再是四時疫疾的流行之地，民眾的健康則大為躍進。

2、防疫的成效與作為

日據台灣之後，最嚴重的一次鼠疫〔註99〕發生在一八九六年十月二十八日，這是由於一八九四年，香港發生鼠疫流行，二年後一八九六年侵入台灣，之後二十二年間在台灣各地不斷流行，在此期間中患者三萬餘，死者二萬四千餘，到一九一七年才得完全肅清。〔註100〕當時已知鼠疫桿菌與老鼠身上帶有病毒跳蚤有關。經由對於疾病研究，才能針對傳染方式執行環境衛生改善的方針。除了用警察力量對患者的隔離、發生地區之房屋拆毀焚燒、老鼠的驅除、海港的檢疫等，另外也提出改善傳統民宅型式建議，使之有充足的光線與流通的空氣，並且應該嚴格執行清潔法，才使疫情得以控制並根除。

〔註96〕 巴爾頓曾提出瘧疾預防的意見書，認為是由地中所出瘴氣侵害以至。因此認為家屋建築必須二樓造，最重要的是人睡眠必須在二樓。見黃俊銘，〈從日據初期家屋建築的相關法規看殖民地台灣理想家屋的原型〉，《中華民國建築學會第七屆建築研究成果發表會論文集》，台北：中國文化大學，1994 年 11 月 27 日，頁 338。

〔註97〕 近代德國「細菌理論」的釋義，參見劉士永，〈「清潔」、「衛生」與「保健」——日治時期台灣社會公共衛生觀念〉，《台灣史研究》，第 8 卷第 1 期，頁 56。

〔註98〕 對於病因學說運用於台灣公共衛生的實際作法，參見劉士永，〈「清潔」、「衛生」與「保健」——日治時期台灣社會公共衛生觀念〉，《台灣史研究》，第 8 卷第 1 期，頁 67。

〔註99〕 鼠疫（Plague），日本一般皆稱 Pest 譯名「百斯篤」或黑死病。相傳鼠疫發源於印度，歐洲自五百年來有數次大流行，而並以黑死病（Black death）之名震撼歐人。台灣民間久已有「老鼠症」或「香港病」病名之流傳，以知在此以前似有鼠疫發生之形跡。

〔註100〕 對於鼠疫的釋名、發展及在台灣流行時間及死亡人數，參見李騰嶽，《台灣省通志政事志衛生篇》卷三第四章，台灣省文獻委員會，1980 年，頁 212。

〔註101〕

「瘧疾」（Malaria）俗稱寒熱症，曾是台灣最普遍的地方性疾病，即「風土病」。在未發現其病源以前，則多視為瘴氣（Miasma）之所由生，故有沼澤熱（Sumpffieber）或瘴氣病（Paludismus）等之名稱。〔註102〕。在一八九七年已證實瘧疾是由瘧蚊所傳播，日據初期只採取了滅蚊與防蚊的消極作為，譬如穿戴防蚊裝備來防止蚊子叮咬。到一九○一年後才開始積極研究瘧疾，並開始實施驗血與藥物治療。為了進一步瘧疾預防作為，在一九一三年四月台灣總督府公布「瘧疾防遏規則」，規定在瘧疾防遏地區除了對該地區住民施行診療外，並針對居住環境進行清潔，包括有填平池沼水塘、砍伐雜草林、清潔水溝等。〔註103〕在一九二九年以後，因患瘧疾的死亡率已降至每萬人十以下。〔註104〕

其它如霍亂（Cholera）曾在一九○二、一九一二、一九一九、一九二○，四年發生較大的流行，到一九二一年以後就大體完成了防疫體制。天花（Small pox）在日據初期頗有患者，因強迫種牛痘，自一九○三年以後就呈銳減。〔註105〕

日據時期台灣的流行疾病大致受到控制，不但死亡率降低，升降的幅度也減小，生命安全得以保障。日據時期台灣人口數增加一倍半，〔註106〕人口

〔註101〕見林思玲，〈宏觀歷史研究初探：日治前期台灣閩南傳統居住環境之衛生改良──在衛生工程與傳染病防治方面〉，《閩南文化學術研討會》，金門縣：金門文化中心，2004年，頁419。

〔註102〕古時台灣被視為瘴癘之地者，概以是疾盛行故。府志載：「南淡水之瘴，作寒熱，號跳發狂，病後加謹，即愈矣。北淡水瘴，瘠黜而黃，脾泄為痞，為鼓脹……故治多不起，據此，即當時本省瘧疾蓋多發於北部，而尤以北淡水所發為惡性也。」參見李騰嶽，《台灣省通志政事志衛生篇》卷三第五章，頁286。

〔註103〕見林思玲，〈宏觀歷史研究初探：日治前期台灣閩南傳統居住環境之衛生改良──在衛生工程與傳染病防治方面〉，《閩南文化學術研討會》，金門縣：金門文化中心，2004年，頁421。

〔註104〕因罹患瘧疾而致死者，根據日人之統計資料顯示，在一九○六年至一九一一年間，是排名死亡原因之第一位，少時數千人，多時達一萬餘人，後來由於瘧疾防止工作之進展，死亡人數及死亡率即逐年下降。參見行政院衛生署編，《台灣地區公共衛生發展史（一）》，台北：衛生署，1995年，頁216。

〔註105〕對於台灣霍亂、天花等疾病的流行與控制，參見陳紹馨，《台灣的人口變遷與社會變遷》，台北：聯經出版社，1992年3月，頁77。

〔註106〕據陳紹馨研究指出，日據半世紀間的人口增加實在很大。總人口在1898年到1943年的48年間增加一倍半。見氏著，《台灣的人口變遷與社會變遷》，頁99。

學者陳紹馨認爲：「此種情形能使人漸擺脫天命思想，從朝向過去漸轉爲朝向將來，作種種開發計畫而逐步推行。朝向過去的人們崇拜祖先，祭祀儀禮是最重要的事情；朝向將來的人們著重在子孫，下一代的保養教育是最重要的事情。」〔註107〕

（二）都市計劃與環境改良

台灣近代最早都市近代化政策，開始於清代劉銘傳之「近代化政策」，惟成效並不明顯，因此向無具體法令制度可言。一八九五年台灣依據中日馬關條約，於該年六月成爲日本所支配第一個海外殖民地。日人於統治初期，立即對於傳統中國式都市進行改造，包括引入歐美型之近代都市計劃制度等，使隨後之都市發展模式及都市景觀有極大改變。

日人在台的殖民情況，一如當時歐洲國家在其殖民地遇到的問題一樣。早期歐洲各國的都市規劃與法令公佈，也是因其殖民者生命財產遭受到傳染病嚴重打擊而出現。日人統治台灣最先遭遇的問題，便是傳染病的威脅，所以全面性的衛生工作，遂在各都市和鄉村展開。衛生改善的目的，除了保護在台的日人外，便是在塑造一個有利的統治環境，而這種與衛生有關的都市計劃，是民政長官後藤新平治台的一項基礎工程。其目的是在提高都市居民的產業效率和實質生活水準，避免都市的混亂與不便。〔註108〕日據時期台灣的都市計劃的步驟，初期是以改善公共衛生及道路，漸次轉爲整體性的「市區計劃」。

1、都市計畫的形成與法規公佈

台北市與台中市的下水道改良工程於一八九七年開始進行。一八九九年頒訂了「台灣下水道規則」，又爲了便於取得土地，同年還頒定「律令第三十號」，限建與管制土地使用；一九〇〇年八月，總督府更制定「台灣家屋建築規則」，一九〇〇年九月年公告「台灣家屋建築規則施行細則」。有如此周延的相關措施配合，才於同年發布同時針對台中市與台北城提出的臺灣第一個都市計劃。〔註109〕是因應亞熱帶氣候特性及不見天日之街道傳統，以及應付當

〔註107〕見陳紹馨，《台灣的人口變遷與社會變遷》，頁110。

〔註108〕日本對於台灣衛生改善目的之論述，參見葉肅科，《日落台北城：日治時代台北都市發展與台人日常生活（1895～1945）》，台北：自立晚報，1993年，頁55。

〔註109〕對於日據時期的都市計劃的配套措施及法令頒布，參見賴志彰，《蓬萊舊庄：台灣城鄉聚落》，台北：立虹出版社，1997年，頁54。

時鼠疫、瘧疾、霍亂等流行病及風土病的橫行。初期的都市政策是以日本人居住地爲優先，並不及於漢人所居之地。〔註110〕

　　台灣都市計劃的執行，如同公共衛生以國家力量介入。殖民政府對城市基礎設施、建築細節、乃至城市計劃土地使用訂定的一系列法規直接對台灣城市進行前所未有的改造運動。

　　一九一○年「臺灣總督府市區計畫委員規程」依法公佈以前，已經有不少城鎮擬定『市區改正計畫』，但此時期的市區改正所能依循的法令內容極爲含糊籠統，如對於清代時期遺留下來的城壁、城門拆除與否的困擾。直到一九○四年公佈「工事上臺灣總督的認可要件」才使得含糊籠統的困擾得以解決。但基於各地需有市區計畫委員會，故總督府於一九一○年（明治四十三年）公佈「臺灣總督府市區計畫委員規程」，並組織了台灣總督府市區計劃委員會，作爲全島市街統一改善工作之政府諮詢機構。〔註111〕在一九一○年台灣總督府的「市區計畫委員會」成立後，一九一一年下令規定凡是符合下列三要件的城鎮皆需申請市區改正計畫的擬定：（1）地方機關所在地之市街；（2）戶數在一千戶以上的市街；（3）新設之市街地。此後直到一九三六年爲止，已經有九個市與四十二個街庄區有擴大的市區改正計劃。〔註112〕

　　一九二一年台灣總督府追隨日本本土所頒布的「城市計畫法」與「市街地建築法」，在台灣進行研擬的工作，直到一九三六年才公佈「台灣都市計畫令」及施行細則，這個計畫內容不僅包括城市計畫、土地重劃、地域及地區的限定及對建築物的限制。〔註113〕以下將如前所述有關都市計畫重大的法令案列表整理。

〔註110〕據黃蘭翔的研究日據初期的都市計劃是局部性且以日人居住地爲優先。見氏著，〈日據初期台北市的市區改正〉，《台灣社會研究季刊》，第 18 期，1995年 2 月，頁 210。

〔註111〕關於一九一○年（明治四十三年）「臺灣總督府市區計畫委員規程」之制定過程，參見楊志宏，《日據時期臺灣建築相關法令發展歷程之研究》，中原大學建築研究所碩士論文，1996 年 6 月，頁 131。

〔註112〕1900 年首先是台北市、台中市，1905 年再有新竹、台北全面擴大，1906 年是彰化、嘉義兩個都市，1907 年有基隆，1908 年有高雄，1910 年花蓮港，1911 年有台南及台中市全面擴大等的大中型都市的市區計劃。大正年以還針對全省小市街作計劃。參見劉惠芳，《日治時代宜蘭城之空間改造》，成大建築研究所碩士論文，2001 年，頁 82。

〔註113〕關於一九三六年「台灣都市計畫令」及施行細則之制定過程，參見楊志宏，《日據時期臺灣建築相關法令發展歷程之研究》，頁 152。

表 2-1　重大都市計畫法令規章頒布時間表

時　　　間	法　令　規　章	類　別
1899 年 4 月 19 日	台灣下水道規則	律令第 6 號
1899 年 6 月 20 日	台灣下水道規則施行細則	府令第 48 號
1899 年 11 月 21 日	市區計畫上公用又ハ官用ノ目的ニ供スル爲豫定告示シタル地域內ニ於ケル土地建物ニ關スル件	律令第 30 號
1900 年 8 月 12 日	台灣家屋建築規則	律令第 14 號
1900 年 9 月 30 日	台灣家屋建築規則施行細則	府令第 81 號
1904 年 2 月 6 日	工事上台灣總督ノ認可受クル件	訓令第 56 號
1910 年 5 月 3 日	台灣總督府市區計畫委員規章	訓令第 65 號
1936 年 8 月 27 日	台灣都市計畫令	律令第 2 號
1936 年 12 月 30 日	台灣都市計畫令施行細則	府令第 109 號

　　綜合言之，日據初期的市區計劃，較著重於下水道建設、道路擴展等的衛生與交通的改善工事，以及舊有市區進行局部的都市改善。後期臺灣都市計畫令公佈後才有整體規劃並將尚未發展的新市區納入計畫範圍。

2、台灣都市環境變化

（1）上下水道全面分道措施

　　一八九五年日人來台後，對於台灣印象是城市街道狹小陰暗且多曲折，缺乏上下水道設施，霍亂、瘧疾、鼠疫等時常流行。在日人眼中，當時台灣所謂的「支那式」城鎮是相當污穢。〔註 114〕

　　台灣的環境衛生問題自清代以來即已存在，直至日據時期日人正視此問題後，其目的仍是希望徹底改善生活環境的品質、杜絕傳染病的蔓延，其最根本即是環境衛生的改良。一八九六年（明治二十九年）四月，後藤新平被日本內務省延聘爲衛生局長並擔任台灣總督府衛生顧問一職，同年六月至台

〔註 114〕依日據當時日本衛生對實查紀錄云：「臺府街市，房屋周圍或院內，流出活水，又到處瀦留成沼，或人與犬豬雜居，雖有公共廁所之設備，而往往到處散放糞便，唯市中日本人鑿井之噴水，以鐵管供給飲用水，而其桶器極爲不潔。娼婦到處暗出，其染惡性梅毒以入第三期，侵蝕至骨者，市內甚多。又臺南府地方，雜亂廢棄物自不庸論，即糞尿亦到處散放堆積，街路兩旁之排水溝，污水積滯，惡臭沖鼻，由城外頓入城內時，爲臭氣刺激，幾至嘔心。」見井出季和太著：郭輝編譯，《日據下之臺政：臺灣治績志》，頁 24。

灣視察，返日之後根據此行考察認爲，要杜絕疫病之流行，最要緊的是普及全島的衛生設施，最基本的措施便是「建設上下水道」，而此建言日後便成爲台灣總督府治台最重要的衛生改良政策。〔註115〕

　　台灣早期無自來水之設，民家多用井水，或用河流之水。日據後於一八九六年八月即著手開設淡水自來水道，至一八九八年三月竣工，四月起配水使用。同年六月並開始建設基隆自來水道，由一九〇二年五月起配水。台北市始則專用鑽井，後來因市街發展，人口增加，旋告水量不足乃以二百萬圓之初步預算，自一九〇七年起開始汲取新店溪水以建設水道。後因工事擴張，總工費約四百五十萬圓，至一九〇九年四月始告竣工配水。以後高雄、嘉義、台中、台南、花蓮港、澎湖等地亦相繼開設。訖一九四一年止，全島自來水道計有一百二十七處，給水人口達八十八萬九千一百零六人，約值總人口之百分之十五，對於計劃給水區域內之人口給水率，則爲百分之六一‧四。〔註116〕

　　台灣早期民宅，也多缺水溝設備，有則亦多簡陋不完全，雨時常有污水溢入屋內，或於住宅近邊積留，成爲蚊蟲棲殖之所。此爲環境衛生執行上，亦必須著手改善之項目。日人於一八九九年四月發佈「台灣下水規則」，同年六月公佈「台灣下水規則施行細則」，將水溝分爲公共及私設二種，公共者由地方廳管理，私設者則由個人負責。但新建或改建私設下水溝時，均須受地方政府之許可，竣工時亦須受政府派人檢察。一九〇四年三月並制定「下水溝築造設計標準」以行之。此時公共下水溝之開設，均係依據英人衛生顧問巴爾頓之提案，仿新加坡之開渠式而設計。首由台北、台中、台南三大市街逐次建設。〔註117〕

（2）住宅之改進

　　日據初期，因於台灣霍亂與鼠疫大肆橫行，希望以強制方式，改善實質環境衛生問題，將台灣在最短的時間內改善成爲理想的居住地。

　　當時市街的衛生狀況極爲惡劣，日人將原因歸咎於中國傳統市街與住屋，認爲傳統的中國式住屋，採光、通風、排水等衛生條件不良，而傳統的

〔註115〕關於後藤新平之建言並成爲衛生改良之政策，參見劉俐伶，《台灣日治時期水道設施與建築研究》〈第二章臺灣日治時期水道設施與發展概述〉，國立成功大學建築學系碩士論文，2004年，頁2～12。

〔註116〕對於日據時期台灣裝設自來水水道之時間及給水率的描述，參見李騰嶽，《台灣省通志政事志衛生篇》卷三第七章，頁375。

〔註117〕見李騰嶽，《台灣省通志政事志衛生篇》卷三第七章，頁414。

街路又多為自然發展形成，道路寬窄不一，街面狹窄，且轉折點多，實有必要重新規劃。於是促成相關法令制定。如一九〇〇年八月總督府公告「台灣家屋建築規則」，及一九〇〇年九月年公告「台灣家屋建築規則施行細則」，皆注重衛生的要求，尤其對鼠疫之預防，還規定適合熱帶地區之建築標準、取締違法的新建房屋、舊房屋改建、修補或拆毀等項。據井出季和太的統計，當時已經實行者有臺北、基隆、新竹、台中、彰化、台南、嘉義、斗六、麻豆、高雄、屏東、花蓮港之十二市街，其他都市亦約略施行。〔註118〕前述兩項公告，可視為對住宅建築限制法令，如為了防止地面濕氣的侵襲，新住宅的居室樓板需離地二尺以上（1900年9月「臺灣家屋建築規則施行細則」第五條），並設窗保持空氣流通，減少瘴氣發生。還規定新住宅須設置窩溜式廁所，廚房或畜舍也要依其規定建造，並且限制設置的地點。防止蚊蠅的入侵，在住宅的出入口加設門扇，增進室內環境的衛生品質。（1900年9月「臺灣家屋建築規則施行細則」第八、十、十一條）為避免門前積水，造成戶外環境髒亂，要求街屋將屋頂雨水以天溝收集直接導向落水管而排入下水系統中。（1900年9月「臺灣家屋建築規則施行細則」第九條）及為防範火災，屋頂需鋪設不燃性的建材，做為斷阻火勢的蔓延。（1900年9月「臺灣家屋建築規則施行細則」第一條）。〔註119〕日據時期日人製定的臺灣家屋建築規則，可視為現代都市家宅的原型。

（3）都市公共空間的改善

　　與昔日清代的城市相較，日據時期的都市是在「衛生」與「健康」的觀點上去規劃。透過歐美現代都市計劃，在棋盤或者是放射狀的計劃道路下，使得街廓更為整齊寬闊，並在都市裡安排有公園、博物館、圖書館、現代衛生市場、屠宰場、火葬場、墳場、公共浴場等，使得都市機能更具現代化，一般民眾的休閒娛樂得以滿足。

　　日據時代的道路規劃是以「幹道要寬、路線要直、坡度要緩，住宅街道重點放在步行者的交通，不需要注重車馬之交通，要使步行者覺得舒適且安全」〔註120〕。整個街區計劃，可分為三個階段：第一階段為棋盤網狀規劃（1900

〔註118〕見井出季和太著；郭輝編譯，《日據下之臺政：臺灣治績志》，頁31。
〔註119〕見《臺灣總督府報》，明治33年9月30日之府令第81號，〈台灣家屋建築規則施行細則〉。
〔註120〕見賴志彰、張興國，《蓬萊舊庄：台灣城鄉聚落》，頁72。

～1910）；第二階段為「圓環」與「放射狀」道路交織規劃（1911～1935）；第三階段為以環狀連絡幹道運輸觀念來規劃（1936 年以後）。〔註 121〕自西部縱貫鐵路於一九○九年開通後，〔註 122〕各都市的火車站漸漸發展為街肆，並成為新式建築與現代化的櫥窗。這是現代化都市特色之一。另外日據時期行政中心也是有別於昔日清代官衙形式，其藉由西方古典的樣式建築來表達，形成「口」、「H」、「日」字的建築平面，並且有中央高塔與兩側翼塔，在正中央入口處作出外凸的軒亭或玄關。於是行政中心成為高大量體的都市地標，且常仿文藝復興或巴洛克古典建築的風格，具有權威性象徵。〔註 123〕

都市公園之設施，與清代舊城最大不同，給與民眾休閒娛樂之處。臺灣的都市公園始於一八九九年的台北圓山公園。之後增設全臺各都市，其蒐集熱帶植物，設備運動場、游泳池等。在一九三四年底，全臺主要公園有二十三處。〔註 124〕

公園內部安排，早期將博物館、圖書館一起併置，而且有人工湖、置小島、有湖心亭，甚至還可划船，為都市生活憑添休閒雅致。除了讓居民遊憩之外，日據時期公園也被塑成儀典性空間，建國神社、招魂社及總督或民政長官的銅像也安排於內，有意識形態的控制意圖。〔註 125〕

〔註 121〕見賴志彰、張興國，《蓬萊舊庄：台灣城鄉聚落》，頁 72。

〔註 122〕見井出季和太著；郭輝編譯，《日據下之臺政：臺灣治績志》，頁 117。

〔註 123〕見李乾朗，《台灣建築百年》，台北：室內雜誌社，1998 年，頁 28。

〔註 124〕見井出季和太著；郭輝編譯，《日據下之臺政：臺灣治績志》，頁 33。23 處公園及興建時間如下：屏東公園（1902）、台中公園（1902）、彰化公園（1905）、台北市公園（1908）、宜蘭公園（1909）、嘉義公園（1910）、南投公園（1912）、大溪公園（1912）、北投公園（1912）、草屯公園（1915）、台南市公園（1917）、新竹公園（1921）、白河公園（1923）、斗六公園（1925）、高砂公園（1900）、文昌公園（1909）、台中水源地公園、東勢遊園地、虎頭山碑公園、壽山公園、鼓山公園（1904）、花岡山公園（1912）、澎湖公園（1911）等這些公園多半在市郊近便之處，參見賴志彰、張興國，《蓬萊舊庄：台灣城鄉聚落》，頁 62。及《日據前期：台灣北部施政紀實（衛生篇大事紀）》，台北市文獻委員會，1986 年，頁 120。

〔註 125〕日據時期公園內部安排，參見賴志彰、張興國，《蓬萊舊庄：台灣城鄉聚落》，頁 62。日人對台思想控制，是透過空間的刻意營造而建構的。以台北城為例，台北偏東北的道路朝向，連接台灣神社，再神聖化神社所在的山域大屯山彙，進而更改清季福州至雞籠的地理脈絡，而移植大屯山彙與琉球列島的連線，最後至日本母國。如此日本內陸至台灣中央的新地理脈絡，顯示了日本統治者對漢人地理脈絡的低調處理，因而這將使日本國家神道的意識形態統治，更得以合理化，讓漢人的「地理人道」觀念，得以扣接日本「敬神尊皇」的

　　進入日據時期後，可以發現傳統類型的環境因素已逐漸淡化，尤其是族群及風俗的因素，逐漸爲現代性觀念元素如現代醫學觀念、新興建築的營造技術及現代知識與科學觀念取而代之。

教義，來達成殖民地國民教化的工作；但是另一方面，對於都市計劃有所阻礙的地方地理形象觀念，則有意無意之間予以破壞與貶低。參見陳連武，《風水──空間意識形態實踐：台北個案》，淡江建築研究所碩士論文，1993年，頁81。

第參章　都市家宅的空間與私人生活

　　家宅空間，意指人對「家」〔註1〕的功能所做的場域配置。每個功能場域
為何如此安排，並非隨機選擇的結果，而是因其居家文化而形塑的空間格局。
家宅的空間形式也反映著生活形態，例如交誼廳、神佛桌廳等空間大小及佈
局配置，均反映著人際交往和祭祀活動在居家生活中的地位。

　　隨著現代觀念的輸入，私密空間的意識和小家庭組織的形成，標誌著
「家」不同於往昔農業社會的生活意義和生活形態的變化。以下將就家居空
間的分配及其形式，探討並比較傳統家居與現代的家居的不同，由空間配置
的變化發現現代家居生活形態的轉變。

第一節　都市家宅的空間發展與因素

　　日據時期是台灣從農業轉向工業化生產的關鍵年代，其都市生活是以西
方個人主義為主流的小家庭結構和生活模式。小家庭，或稱核心家庭是人類
家庭構成中的最小單元，形式為一對夫妻與他們所生的未成年子女所共同組
成。在工業化以後的現代社會中，傳統家庭的家族功能逐漸萎縮，代之而起

〔註1〕　通常我們談到「家」，其中所指涉的常是幾個不同的概念，包括家（home）、
　　　　家庭（family）、住宅（house），同時具有多重的意義詮釋。住宅指的是一個
　　　　有實體的空間，是環境的一部份；家則是居住者和他們居住地方之間的一種
　　　　有意義的關係；家庭通常指家中有血緣關係的親人。雖然家並不等同於住宅，
　　　　但實際上來說，要去經營以及營造一個家的意義與感覺，卻需要實質空間作
　　　　為基本的條件。而住宅中所隱藏的空間秩序的結構，便是它作為我們空間秩
　　　　序中心的角色。參見陳麗珍，《解讀居家中女性的自我與異己》，中原大學室
　　　　內設計學系碩士論文，2003 年，頁 17。

的是社會上其他等同家族功能或人力資源互助的機構與組織。現代家庭的主
要社會意義與功能逐縮減為生育與教養子女，夫妻關係成為家庭的核心關
係，兩代共同生活的家庭既適合工業社會的生活需要，同時也讓子女接受最
基本的社會教養，遂成為最適應並通行於現代社會的家庭結構。〔註2〕日據時
期透過日人的殖民教育及留學教育帶來的新生活觀念，也影響台灣的家庭生
活觀念，都市的家不再以「家族」為單位，而以夫妻家庭作為家的核心單位，
並據以實施空間規劃，家庭生活中自始有專屬的個人空間和私密的可能。

一、近代西方家宅的發展趨勢

（一）私密化

黎辛斯基（Witold Rybczynski）在「Home:A Short History of an Idea」一
書中，認為隱私與家庭生活是布爾喬亞時代的兩大發現。〔註3〕無論就實體或
情緒方面而言，家庭形貌均已改變，它變得較小，更重要的是變得較不公開。
由於住在屋內的人少了，不僅房屋的規模變小，屋內氣氛也受到影響，這時
的房屋成為一種個人的、親密性行為的處所，不再是與一群人共處的公共場
所。〔註4〕

十八世紀後，西方近代家庭生活中，對於家庭成員隱私的注重逐漸提
升，為了避免因走動而干擾到家庭成員的作息，於是在平面中產生通道以連
接個別獨立的房間，有了房間以外的外部通道，就不會像歐洲中世紀住家平
面，因為沒有外通道的安排，而導致必須直接穿越房間以到達其他房間的情
形。〔註5〕為了使個人的隱私得到保障，不為外人所窺得及家人干擾，在住
宅形式中，一方面建築外牆與抬高地基以增加住家隱密度，另一方面則在住
家平面中安排獨立的私人空間。〔註6〕房子內部因通道確保了各房間的獨立
性，也能使家庭的社交待客空間與家庭私人生活空間不致混淆。至此，住宅
已變成純粹私人生活空間。

〔註2〕 關於工業化影響下的家庭結構與住宅形式，參見沈祉杏，《日治時期台灣住宅
發展 1895～1945》，台北：田園文化，2002 年 9 月，頁 80。
〔註3〕 這兩大發現自然而然出現於以布爾喬亞階級掛帥的荷蘭，到 18 世紀，這兩種概
念已經散播到北歐其它地方，包括英國、法國與德國等。參見 Rybczynski
Witold ,*Home:A Short History of an Idea*（New York:Viking Penguin Inc. ,1986）,p.77.
〔註4〕 Rybczynski Witold ,*Home:A Short History of an Idea*,p.77.
〔註5〕 Rybczynski Witold ,*Home:A Short History of an Idea*,p.77.
〔註6〕 見沈祉杏，《日治時期台灣住宅發展 1895～1945》，頁 78。

（二）機能化

近代西方因考慮隱私權的家宅設計，使家庭生活成為家宅的重心，房子的舒適性相形受到更多重視。因此，空間安排的理性化與功能性，是近代家宅形態的另一重要特色。

這種住屋不僅劃分出專供進餐、娛樂與休閒活動之用的公共室（圖書室、書房、畫廊、撞球室與花房），同時也包括家人專有的私室。〔註7〕孩童有他們本身的臥室（依據性別區分），甚至還有附帶的育嬰室與教學室。臥室數目的大量增加，不僅顯示新的睡眠安排，也顯示家庭與個人的新區隔。住屋內的活動依垂直畫分，下層為公共使用區，上層為私人使用區。〔註8〕這使得家庭成員不受到外來訪客的干擾，可以在自己的房間從事安靜的工作，如縫紉、閱讀、寫作，及整理家務。

另外黎辛斯基（Witold Rybczynski）在「Home:A Short History of an Idea」一書中，也提到人總是渴望擁有屬於自己的房間，而這種渴望代表的並不僅是單純的個人隱私問題。它顯示個人感知的不斷提升，顯示個人內在生活逐漸豐富，也顯示一般人以實際方式表達這種個性的需求。〔註9〕

經由中產階級的茁壯與生產的機械化，人們越來越注重舒適性，並以自己的喜好來佈置自己的家。住家中的空間依照實用、專門化與功能性等來安排設計；依此而形成許多細分的專有功能空間，如客廳、臥室、餐廳、浴廁、書房、廚房、儲藏室等等，各具有功能與性質不致混淆。另一方面，都市家宅的裝飾趨於平實，太浪費的空間逐漸消失，如餐廳與客廳合而為一或是餐廳、客廳與家庭室合而為一的簡化做法，或者乾脆省略不必要的空間如花房、圖書室、撞球室等，使得住家平面的安排越來越理性化。

二、西化空間的發展因素

（一）傳統家宅與都市生活的衝突

日據時期臺灣工商業興起，人口開始趨向都市流動，農村人口外移，都市人口集中。都市因土地取得不易，住宅向高層化發展而且人口集中，為了減輕負擔，往往一棟房子出租給好幾戶人家，同屋雜居的戶數有時甚至高達

〔註7〕 見 Michelle Perrot, ed.,*A history of private life* IV（Cambriage:Harvard University of Press,1990），p.379.

〔註8〕 Rybczynski Witold ,*Home:A Short History of an Idea*,p.110.

〔註9〕 Rybczynski Witold ,*Home:A Short History of an Idea*,p.111.

十六戶人住同一房子。〔註 10〕住戶大多是一夫一妻爲主的核心家庭，或是二代同堂的折衷式家庭，甚少有族居的情況。都市的房子多是依路、街、巷而建，且須符合都市住宅的建築規則，所以傳統合院住宅似乎不再能符合都市化生活要求。

傳統家宅空間主要是依據倫理位序及禍福吉凶的風水觀來規定空間的形式、大小及方位。其空間形式無論是「一條龍」、「三合院」、「四合院」，都是以「廳」和「房」組成的家居空間群。空間的安排上正廳位於正身的中央，主要是供奉祖先神位，爲家人儀式活動的神聖空間。〔註 11〕大房位於正廳的左邊，二房位於正廳的右邊，遵循著左尊右卑的原則。各房的左、右間，依次爲五間、座仔均爲私人起居間。灶腳間位於伸手頭與正身垂直相交處，爲炊事、洗身軀的服務空間。閒間仔位於伸手的中央，爲起居間接待客人的公共空間。尾間仔位於伸手的尾間，爲儲藏、栓牛的附屬空間。埕位於正身的前方，爲曬東西日常活動的公共空間。廁所則位於正身的背面或豬椆的內部。〔註 12〕這種房間的配置和家族的安置，顯然表明了長幼有序的關係。爲了達成「中軸對稱」和「深進平遠」爲原則的倫理格局，勢必需要較大的建地面積，這是片地黃金的都市地區較難達成。

在這樣的空間配置中，除了各房專屬的房間外，廚房、廳堂、中庭都是共用的公共空間，家人的生活空間亦混合一體，家內成員不能保有個人的私密空間。傳統合院或是店鋪的房間爲一長條空間形式，臥室的排列方式均以線狀排列。但線狀排列易使部份房間因無法採得直接光，而顯得昏暗。解決之道就在臥室與臥室之間採半隔間方式，以採得間接光，但此種空間的私密性容易受到各臥室之間的干擾，是其缺點之一。另外，傳統建築中，有不少兩、三進的民宅，其外圍牆壁及主要合院的外壁皆是磚砌，屋圍之內的裝修材卻全是木材、木柱、或板壁等隔音效果相當不良，使得各房之間的隱密性

〔註10〕見黃良詮，〈台北的雜居家屋〉，《民俗台灣》（三），台北：武陵，1990 年 3 月，頁 19。

〔註11〕台灣傳統合院建築中以正身最爲重要，這與敬天思想乃至崇拜自然同爲構成中國民族的根本思想是崇拜祖先乃至孝道思想。因此，中國以祭祀祖宗爲人道大義、治國之要道，爲突顯其重要性則於正身之正廳供奉祖先神位，定時舉行祭祀。參見木尾原通好著；李文祺譯，《台灣農民的生活節俗》，台北：台原出版社，1989 年 7 月版，頁 94。

〔註12〕見陳文尚，《台灣傳統三合院式家屋的身體意象》，台北：私立中國文化大學地學研究所，1993 年，頁 41。

大打折扣，這是缺點之二。〔註 13〕這種空間不完全分化的狀況，在在說明其「家庭」概念：對外是壁壘分明的團體，對內則不必講求個人私密。這與工業化社會後的種種都市生活觀念顯得格格不入。

都市住宅格局也難以符合傳統家宅的風水觀念，譬如家宅大門的方位、竈、井、坑廁的位置均需與宅主本命配合。譬如傳統家宅風水書《八宅明鏡》對於大門方位有如下規定：

> 大門宜安於本命之四吉方。不可安於本命之四凶方。又須合青龍坐山
> 之吉方以開門。又宜迎來水之吉以立門。三者俱全，則得福。〔註14〕

但現代都市大多是直線街道為主，事事難以符合傳統家宅風水要求，而予以適當的調整，甚至予以放棄風水上的要求。

針對傳統合院空間與現代都市生活觀念的不適應，在日據時期改建的合院也逐漸作了調整，鬆動了傳統格局的安排。如傳統合院中，祖廳等重要空間配以大開口門窗，一般房間則配以較小開口門窗，如此一來才能在兩者之間形成對比，形成空間重要性的差別。同此之時，民眾對採光與通風等居住舒適條件的要求提高，此時合院住宅的一般房間，已經採用與重要空間大小幾乎同等的開口，如此一來，一般房間與祖廳等傳統住宅主要空間的差別已大大降低。

基於都市公共衛生的理由，對於傳統合院住宅後的竹林及前面的水池，予以鏟除及填平來消除蚊蚋的危害。這使的藏風聚氣的風水觀念，在都市的住宅環境不再具有影響力。再者，民眾的信仰與價值開始多元化，傳統空間中的佈置擺設也改變了，不在遵循既往慣例與模式。如基督教家庭，因為基督教信仰而將祖先牌位與佛像等略去不用。另外在日據末期的皇民化運動下，以神室代替祖廳，神室內不再設置祖先牌位，而是日式神龕，其位置也不設於住宅內重要的位置。〔註15〕

〔註13〕對於傳統住宅隱密性的缺點討論，參見劉詩彥，《台灣近代身體史的轉變初探（1949～2003）──以浴室的誕生與轉折談公私領域的分化》，國立清華大學社會學研究所碩士論文，2004 年，頁 30。

〔註14〕〔清〕箬冠道人，《八宅明鏡》，台北：武林出版社，1996 年，頁 60。

〔註15〕1934 年台灣總督府因應局勢，強調「敬神崇祖」，提出「國有神社，家有神棚」的口號，企圖使臺灣所有家庭都奉祀「神宮大麻」。本來「大麻」或「神棚」的安置場所，只要「清淨明朗」即可，並非得限於特定場所。後來強調安置於「廳堂」，乃著眼於廳堂是台灣人家庭中的精神生活中心，就如同寺廟是台灣人社會的精神生活中心一樣。參見蔡錦堂，〈日據末期台灣人宗教信仰之變

合院住宅內的中心空間（中庭），是傳統民居重要空間之一，也因日據時期，民眾對不同功能的室內空間的需求量提高，使得合院住宅的中庭逐漸縮小成爲採光庭，或甚至完全省略不用。在日據早期歷史式樣建築時期，爲了使建築體表現出西洋古典建築那種宏偉穩重的感覺，於是採用單一屋頂的住宅形式，將合院住宅的中庭加蓋。其形狀是視整體設計與需求而定，它不一定處於中軸線上，也不一定擁有完美的幾何形狀。〔註16〕另外多層住宅也是適應日據時期都市生活而產生的形式。傳統住宅幾乎少有多層形式，這是因風水理論中視高樓多凶的緣故。

> 樓上爲天，樓下爲地。天剋地。主卑小不吉。上下兩向，主忤逆招盜。上高過於下，自縊服毒。凡正堂之上，不可安樓，廳堂亦忌。惟後堂可以安之。獨高於眾，四面風吹，住樓下人不吉。屋邊有高樓壓本屋，左壓左凶，右壓右凶。〔註17〕

但因都市人口大量集中，亟需立體空間的容量，對於家宅風水禁忌則酌予忽略，這是功能強調的具體實例之一。

傳統住宅的空間位序，在日據時期的家族生活中雖然還保持著，但已經漸漸被功能強調的思想鬆動，常常因爲與功能相抵觸而被犧牲。如上所說都市的建築基地狹小、私密觀念的提升、家宅建築規則的限制、不同功能的室內空間的需求量提高及考慮因動線的方便性而使家中長輩（父母親）使用空間位序較低的一樓空間。這些都是傳統空間位序思想被鬆動的原因之一。這些改變，我們都可以在日據時期所建的住宅中發現（參閱本文〈附錄三〉）。

（二）日據時期的住宅改善運動

明治維新時期，日本住宅建築受世界潮流影響，進行多次的住宅改良運動，這些革新運動的發生，除了受到歐陸住宅革新運動的影響外，日本本身因工業化而造成社會、經濟與土地等的內部結構改變，亦導致住宅改良運動的產生。住宅改良運動的目的爲尋找出一種新的居住形式，一種結合日本傳統基礎與現代化的住宅形式。其目標有：

（1）使用家具，代替席地而坐臥的生活習慣。

邊──以「家庭正廳改善運動」爲中心〉，《思與言》，第 29 卷第 4 期，1991 年，12 月，頁 69。

〔註16〕對於傳統合院中庭空間變遷的描述，參見沈祉杏，《日治時期台灣住宅發展 1895～1945》，頁 252

〔註17〕〔清〕箬冠道人，《八宅明鏡》，台北：武林出版社，1996 年，頁 99。

（2）取代舊式住宅中的客人至上觀念，新住宅中應以家人生活空間爲主。

（3）新住宅的設計應以實際功能的考量出發並摒棄不必要的裝飾。

（4）住宅內的庭園應不只做爲觀賞用，還應加上實際功能。

（5）家具的設計應配合新的住宅空間形式，並強調實用的功能與樸素的外表。

（6）應致力發展一些城市中新產生的住宅類型，例如花園城市與多層集合公寓住宅。〔註18〕

這是西化生活的改良運動，促使日人的住宅形式發生改變，產生所謂的「中廊下型」形式的住宅，說明了當時的日本中上層階級過著和洋兩重生活。〔註19〕

日據時期來到台灣的日人，基本已習慣和洋生活。可從一九三〇年的《臺灣建築會誌》第二輯三號，住宅專號中羅列有台北帝國大學教授平坂恭介、中央研究所技師山口謹爾、南洋倉庫株式會社三卷俊夫、臺灣日日新報社大澤珍吉、中央研究所技師加福均三、台北高等商業學校教授佐藤佐、台北帝國大學教授山本亮、總督府翻譯官森新一、中央研究所技師富士貞吉、中央研究所技師中澤亮治、台北第一高等女學校長清水儀六等對於臺灣住宅的意見，可以說是代表著日本中上層階級在台生活的意見。其關注範圍大致是：

（1）對洋風與和風生活樣式的看法

（2）對家宅風水的看法

（3）對臺灣溼熱氣候的住宅的看法

（4）對廚房與浴室的看法

（5）對設置前門玄關與後門玄關的看法

（6）對中流住宅的客廳之看法

〔註18〕見西山卯三，《すまい考今學——現代日本住宅史》，東京：彰國社，2000年9月，頁185。

〔註19〕自明治以來日本人生活文化與住居形態開始有了改變，洋風座椅的生活方式便進入日本的所有生活空間，從客廳、事務所、百貨公司、餐廳、鐵道等亦即是公共性的社會生活，就是穿洋裝、穿鞋、坐椅子的生活方式。一但回到家裡，脫了鞋子穿上和服，過著榻榻米的家居生活。上流階層將公共性的社會生活帶進私人家居生活中，在住家基地內蓋了西洋館以作爲待客的空間。在西洋館的後側就是屬於私人生活的和式家居空間。參見陳錫獻，《日治時期臺灣總督府官舍標準化形成之研究（1896至1922）》，中原大學建築學系碩士論文，2002年，頁88。

（7）對小孩房的看法

（8）對廁所設備以及污水處理的看法

（9）有關其它如餐廳、寢室、壁廚的看法等九項問題。〔註20〕

由以上舉列內容可見，日人對於和洋折衷生活的基本態度是肯定的，而且較多的偏重以科學衛生觀點看待住宅空間的設計，備受重視的住宅配備主要是衛生設備，包括浴室、廁所、廚房，並且已視小孩房間爲住宅空間的基本設置。這些住宅家居生活空間的看法，顯然受到西式現代生活的影響。至於家宅風水，大多持懷疑的態度，甚至是斥爲迷信。

日本大正年間在台灣所推動生活改善運動〔註21〕，也是以洋式生活爲軸。據王世慶研究指出，從大正三年（1914）同化會推行社會生活風俗改善運動到昭和十二年（1937）九月宣布皇民化運動，其內容可分爲八方面：

（1）在個人生活起居風俗改善方面

（2）住宅居住方面

（3）公共衛生方面

（4）革除陋習改善風俗方面

（5）祀神祭典方面

（6）推行日語

（7）皇民教化方面

（8）改善農村產業生產方面等八個方面。〔註22〕

其中針對於生活習慣的改正，有斷髮、放足、穿洋服洋裝、獎勵穿鞋、

〔註20〕見〈住宅感想記〉，《臺灣建築會誌》第二輯三號，頁7～21。

〔註21〕日據初期，致力於鎮壓平地及山地之台灣住民，除開發台灣產業，強固財政，擴建鐵路公路交通網，推行初等教育、衛生、防疫及推行斷辦和放足運動外，甚少推行社會生活風俗之改善措施。直到大正3年2月7日，板垣退助來台，倡設同化會。是年11月黃純青創設樹林同風會，開創基層社會生活風俗改善運動。大正五年經台灣總督府之獎勵擴及全台灣，大正八年田健治郎接任第八任總督，其治台方針係採取同化政策。大正九年廢原來之堡、區、街、庄，公布實施市街庄制，設立市役所、街庄役場，確立市街庄爲地方團體，強固基層行政組織。此間各街庄紛紛成立各種教化團體，倡導改善生活、風俗及「國語普及」，組訓基層男女青年、家長、主婦推行實踐改善運動，對台灣街庄、村落社會之結構、社會環境、社會生活、風俗改善影響甚大，實爲臺灣皇民化運動之前奏。參見王世慶，〈皇民化運動前的臺灣社會生活改善運動：以海山地區爲例〉，《思與言》第29卷第4期，1991年12月，頁6。

〔註22〕王世慶，〈皇民化運動前的臺灣社會生活改善運動：以海山地區爲例〉，《思與言》第29卷第4期，1991年12月，頁30～41。

大掃除、不用手擤鼻涕、不隨地吐痰等。對於住宅居住，則以衛生為首要目標，主要改善房屋之窗戶、廁所及浴室等。窗戶的改善，時間大約在昭和十一至十二年（1936～1937）間，由管區員警透過部落會、生活改善實行會、部落振興會等會員推行之。規定每戶至少修改二個以上之窗戶，將傳統住宅之磚石柱窗改裝玻璃窗並附以紗網，以便通風採光及防蚊。〔註 23〕

　　廁所衛生的改良，始自大正末年起，為同化會推行的改善事項之一。昭和五年（1930），臺北州警務部曾編印「便所の話」小冊，宣導傳統的尿桶、屎桶及開放式廁所之衛生缺點，容易散佈病菌發生傳染病，勸導民眾改用設陶器之改良廁所。有下水道之設備完備者，則宣導改為「水洗便所」（沖水廁所）。至昭和十、十一年（1935～1936）間，則積極獎勵改建各戶之廁所，安裝大小瓷器便器以利衛生及採肥。在浴室的改善方面，也於昭和十至十二年（1935～1937）間，經生活改善實行會、部落振興會，勸說各家庭設浴室，有的且漸次採用日本式洗澡槽（風呂桶）。〔註 24〕經日據時期的住宅改善運動，台灣都市家宅的空間相較於傳統家宅空間，更顯得明亮、衛生。

第二節　都市家宅空間的形成與樣式

　　傳統家宅空間已不再能符合時人的需求，有能力者紛紛要求改建。〔註 25〕日據時期因應都市計劃，各種土地政策及家屋建築規則，提供了台灣都市家宅的原型。但從傳統合院空間思維要轉變成具有現代性家居空間，有一段轉換適應期。日人以其本國在明治以後發展的「中廊下型」住宅形式為日人在台宿舍建築藍本，被時人視為理想家宅的形態，台灣本地中上資產者迎合風氣，聘請日本建築師及營造商為其家宅做設計，其空間不外是融合閩式、日

〔註 23〕對於改善房屋窗戶，參見王世慶，〈皇民化運動前的臺灣社會生活改善運動：以海山地區為例〉，《思與言》第 29 卷第 4 期，1991 年 12 月，頁 30。

〔註 24〕對於改善浴廁設備，參見王世慶，〈皇民化運動前的臺灣社會生活改善運動：以海山地區為例〉，《思與言》第 29 卷第 4 期，1991 年 12 月，頁 31。

〔註 25〕當時要建造現代住宅（中流向の住宅），建坪 42 坪之建築費約 2 千圓至 3 千圓之間，參見《臺灣愛國婦人》，第 83 卷 10 月號，大正四年（1915），頁 12。大阪商船株式會社高雄支店長宿舍，建坪 71 坪 91，需 1 萬 3 千 4 百 60 圓，參見《台灣建築會誌》第 4 期 4 號，頁 40。台中地方法院長官宿舍，建坪 89 坪 75，需 1 萬 3 千 2 百 36 圓，參見《台灣建築會誌》第 6 期 2 號，頁 113。楊子培住宅，建坪 112 坪，需 6 萬 8 千 6 百 56 圓，參見《台灣建築會誌》第 6 期 2 號，頁 115。

式及西式的綜合體。以下就中取其十二例在台日人住宅〔註 26〕及二十例本土住宅來說明。

一、日士紳家宅空間的形成

　　日據時期的日人在台的官舍、私人住宅及公司團體員工宿舍，均具備「續間座敷」〔註 27〕的空間形態。即現今客廳的座敷，是祭祀、招待客人的場所與現今起居室的次間是鄰座敷的備用空間，合起來所形成的大空間。這是日本明治時期在近代化過程中從日本傳統住宅原型演變而成的住宅形式，〔註 28〕並為當時日本都市住宅的住宅典型。〔註 29〕台灣在日據時期雖大量跟進日式宿舍模仿其建築形式，但也並非完全接受來自溫帶氣候區域的日本現代住宅形式，而是在考慮台灣本土自然氣候及風俗習慣的條件下，做出適應性的修改。

（一）日式住宅標準化

　　日人在臺興建官舍的主要目的有二：一是因應來台日人的居住問題，二是日本當局有意改造台灣人的居住方式。日人進入台灣後，對台灣傳統的住

〔註 26〕所舉例子以日本高等官舍為主，不涉及判任（委任）官宿舍。一般的判任官多為單身來台（未結婚或未攜帶家眷），且為殖民地官吏的基層公務員，所分配的官舍不若及高等官官舍，不論是建築坪數、空間設備都無法與高等官相比，無法滿足家庭之需求。參見陳錫獻，《日治時期臺灣總督府官舍標準化形成之研究（1896 至 1922）》，中原大學建築學系碩士論文，2002 年，頁 126。

〔註 27〕見薛琴，《台北市日式宿舍調查研究專案報告書》，台北市政府民政局，2000年，頁 88。

〔註 28〕日本傳統住宅空間深受其神社建築影響，是七世紀時大和民族統一島內其它各民族後，在出雲所建立的神社，其特色在於利用動線在小而單純的幾何平面中，創造出最大深度的空間結構。參見關維雅，〈中日合院型住宅空間結構之比較研究〉，《建築學報》第四期，中華民國建築學會出版，1991 年 4 月，頁 26～27。另日本近代建築史家西山夘三，認為日本近代都市住宅，是在明治以後，日本本土封建制度的身份限制得到改善，但仍有形無形在住宅上呈現貴賤之分。上流階級的邸宅有最高住宅的意味，中流階級模仿上流階級形成中流住宅，而資本主義社會的發展使人民層級分化形成更多樣住宅。（2000，西山夘三，頁 26）另外這時期也是日本的風土住宅逐漸注入新的洋風生活，呈現極大變革的時期。他所反應的不僅是住宅形式的改變，而是日人生活模式由傳統榻榻米的和式生活，轉變接受西洋穿鞋及使用桌椅的生活。（2000，薛琴，頁 91）

〔註 29〕見郭永傑，〈日據時期官舍住宅使用後評估〉，《建築學報》第一期，中華民國建築學會出版，1990 年 3 月，頁 34。

宅並不滿意，認為其通風採光欠佳，衛生條件亦差，不適合居住。但最初被派到台灣做城市規劃或建築設計的專家並不多，興建的建築亦簡陋，直到累積經驗後，在台的日式住宅才有了新的發展空間。而為了改變台灣人的居住方式，改善居住品質，陸續頒布了各項法令，嚴格規定管理。更趁著天然災害震毀大批房舍之際嚴格執行興建新的日式住宅。這種住宅的通風採光良好，衛生方面也較佳，所以一般人也樂於接受這種住宅形式。再加上皇民化運動的推行，使住日式宿舍成為一種尊貴象徵，蔚為風潮，造成當時日式宿舍大量興建，而成為日據時期住宅興建的主要形式。〔註30〕

　　基於第一種理由，為了解決來台日人的居住問題，勢必移植日本居住形式到台灣。當時日本國內正值大正時期的住宅改良運動，流行採納西洋住宅長處的日式「文化住宅」〔註31〕，其具有日式與洋式生活的雙重性格。〔註32〕日本在台灣所興築的宿舍與日本國內經由明治維新以來所發展成的「中流住宅」基本上相同，都屬於所謂的「中央走廊型住宅」。〔註33〕這類住宅特徵，

〔註30〕　關於日人在台興建官舍主要目的討論，參見薛琴，《台北市日式宿舍調查研究專案報告書》，台北市政府民政局，2000年，頁94。

〔註31〕　對於日本國內的住宅改良運動，參見黃蘭翔，〈昭和初期在台日人殖民地官僚住宅之特徵〉，《台灣史料研究》第13號，財團法人吳三連台灣史料基金會，1999年5月，頁121。

〔註32〕　在日本國內，自明治維新以來，逐漸地吸收西洋的居住建築與生活方式，發展出上流支配階級的「和洋二館」與中流階級的「和洋折衷住宅」形式。換言之，西洋建築與生活樣式為日本人所接授，並表現在「公共生活」上，另一方面，回家之後與家人相聚的「私人生活」卻過著和式的生活。參見黃蘭翔，〈昭和初期在台日人殖民地官僚住宅之特徵〉，《台灣史料研究》第13號，財團法人吳三連台灣史料基金會，1999年5月，頁122。

〔註33〕　傳統和風建築的座敷（廳堂）或居間（起居間），於房間與庭院之間，通常會設有緣側（外廊）。若將數間房間的緣側相連作為通道，就能達到不必經其他的房間，就能進出所要去房間。但原本的緣側存在是為了使房間與庭院間有一緩衝空間。若有人從緣側經過，就會打斷房間與庭院的聯繫關係。所以將緣側或是廊道置於房間的背部，隔以牆壁或拉門，就可以不打擾其他房間，通往所要去的房間。如此一來，相對於座敷或居間的正面的緣側，就產生了背面有木板廊道的背面廊道型的平面配置。若加以發展，於廊道另一側，附加上如納戶（倉庫）、廁所、女中室（幫傭婦女房）、台所（廚房）等不太需要陽光的附屬空間，或是排列那些正面擺不下的居間，那麼原先稱為背後的廊道就成了中央廊道，而所謂的中央走廊型的平面配置就自然的發生了。大正初期的中流住宅，大部分都是這種中央走廊道型的樣式。所以大正時期可說是中廊式住宅的確立期。參見西山卯三，《すまい考今學——現代日本住宅史》，東京：彰國社，2000年9月，頁180～181。另據陳錫獻研究指出，官舍建築從統治初期的「陽

開始去重視家庭中成員的獨立與自主精神和家庭中家人和諧相處的生活。
〔註34〕

　　除了接收來自日本本土的各種社會思潮的影響外，第二理由，因爲台灣特有的風土氣候與日本國內不同，使得日本本地的宿舍，直接在台灣使用後，出現很多不易在日本出現的問題。於是爲了解決台灣氣候潮濕多雨及暑氣所帶來的問題，將原來宿舍形式加以改善，增添防暑、防潮措施。

　　改善潮濕問題，包括：雨淋板的使用、將基座抬高、並增設通風口。一方面將木造屋身抬高避免濕氣直接對木構造屋身造成危害，另一方面透過通風口進行自然換氣，以利防潮、防蟲。

　　改善日晒的問題，利用緣側避免陽光直射，屋內的起居空間，也以南向爲主，達到防暑的效用。此外爲了有利通風對流，室內隔間以推拉門代替固定牆面，或者在窗戶下另開氣窗等，這都是爲了適應本土氣候所作的改良。
〔註35〕爲了達到殖民者有利的居住環境，日人統治者，逐年頒定法令以期

臺殖民地樣式」，經過日本人對住宅的觀念改變與對空間使用性的提高之後，在1920（大正9）年所興建的官舍逐漸以「中廊下」的空間形式作爲高等官官舍爲主的空間處理手法，1922（大正11年）臺灣總督府公佈官舍標準化之後更形確立。見氏著，《日治時期臺灣總督府官舍標準化形成之研究（1896至1922）》，中原大學建築學系碩士論文，2002年，頁105。

〔註34〕當時住宅改善同盟會的提出住宅改善方針：（1）日本將來的住宅空間應漸次改爲椅子式形式（2）住宅得隔間、設備、應亦改過去以待客爲本位的觀念，應朝向以家庭爲本位的想法爲準（3）住宅的結構與設備，應去虛飾，重視衛生與防災等實用性（4）過去庭院太偏重觀賞本位，應重視保健與防災等實用性質（5）傢俱以簡單牢靠爲宗旨，比照改善的住宅形式（6）獎勵大都市中，依地域的不同，設置共同公寓及田園都市。參見薛琴，《台北市日式宿舍調查研究專案報告書》，台北市政府民政局，2000年，頁92。另昭和時期，日本住宅建築受世界潮流影響，進行多次的住宅改良運動，這些革新運動的發生，除了受到歐陸的住宅革新運動影響外，日本本身因工業化而造成社會、經濟與土地等的內部結構改變，亦導致住宅改良運動的產生。住宅改良運動的目的爲尋找出一種新的居住形式，一種結和日本傳統基礎與現代化的住宅形式。其目標有：（1）使用傢俱，代替席地而坐臥的生活習慣。（2）取代舊式住宅中的客人至上觀念，新住宅中應以家人生活空間爲主。（3）新住宅的設計應以實際功能的考量出發並摒棄不必要的裝飾。（4）住宅內的庭園應不只做爲觀賞用，還應加上實際功能。（5）傢俱的設計應配合新的住宅空間形式，並強調實用的功能與樸素的外表。（6）應致力發展一些城市中新產生的住宅類型，例如花園城市與多層集合公寓住宅。參見西山卯三，《すまい考今學──現代日本住宅史》，東京：彰國社，2000年9月，頁185。

〔註35〕池田卓一在《新時代的台灣建築》，提到台灣官舍建築爲磚造的封閉式建築居

改善住宅。

在一八九六年（明治二十九年），台北縣知事橋口文藏制定，〈台北縣家屋建築規則〉，首先針對在台日本人，從「構造材料」、「家屋排水」、「家屋通風」及「家屋衛生」等，提出的管制措施。一八九九年（明治三十二）年六月二十七日，當時任台北市區計畫委員長的村上義雄向總督府提議制定〈家屋建築規則〉，作爲全島家屋建築的規範。〔註36〕在〈台北縣家屋建築規則〉基礎上增加「防火觀念」，顯示出重視都市型家屋防災的觀念。總督府於一九〇〇（明治三十三）年九月三十日發佈〈臺灣家屋建築規則施行細則〉，此施行細則深受橋口文藏〈臺北縣家屋建築規則〉與村上義雄〈家屋建築規則〉的綜合體。〔註37〕此「施行細則」於一九〇七（明治四十）年七月三十日經歷

多，在建築物與圍牆之間會有一段緩衝空間，其原因是爲了解決通風上的問題。另外在建築物的周圍後有寬達 1.8 米以上的緣側。室內空間以隔間越少越好的設計方式，運用紙帳子、欄間等，均是爲了解決通風、避免強烈的日曬和解決溼熱的氣候環境。另參見薛琴《台北市日式宿舍調查研究專案報告書》，台北市政府民政局，2000 年，頁 95。

〔註36〕〈家屋建築規則〉對於家屋建築的限制有：一、建築家屋敷地須於公道兩側高度起填高五寸以上土方，家屋下方地表須敷設厚度二寸以上之水泥、混凝土或柏油、敲等適宜之不潤溼性材質。但亦不妨敷設堅牢之瓦或石材，此等場合應用水泥、灰泥等類填充材料敷合。二、依家屋之構造須有適當之地形，木造家屋須設側石一段。六、家屋出入口須備門扉，其他各式須爲換氣及採光設置必要之窗戶。又樓板下須設風窗。七、廁所須設於距井口二間以上，臭氣不至進入室內或他人家屋之處。糞池須用陶器其它不透水性材質，其周圍須以灰泥敲等材料向糞池做適當之勾配。八、家屋之簷端須設導引雨水入下水之簷構及落水管。參見黃俊銘〈從日據初期家屋建築的相關法規看殖民地臺灣理想家屋的原型〉，頁 339。

〔註37〕〈臺灣家屋建築規則施行細則〉所作修正有：第五條、家屋高度除地方長官特別限制外。家屋下地盤至屋簷需爲 12 尺以上，家屋內居室之地板須離地面 2 尺以上，地板下設風窗以流通空氣及達掃除之便。第六條、家屋設置天花板應高於樓板 8 尺，且爲達掃除之便應在天花板設有出入之適當構造。第七條、家屋居室之通風及採光面積應爲室內面積十分之一以上。第八條、廚房，浴室等用水場所應爲磚、石或混凝土造，且應有排放廢水至下水溝的構造。第十條、廁所樓板應高於建家地盤 2 尺以上，其應爲磚、石或混凝土造。而廁所內部應塗水泥、灰泥或其他不滲透性材料。第十一條、廁所應爲窩溜式構造且需距離井戶 2 間以上。廁所之尿屎池應爲陶器或其他不滲透性材料構築，需埋入地下且周圍以 6 寸以上之水泥或混凝土包覆。廁所地板面積應以水泥或混凝土作成適當洩水坡度。參見楊志宏，《日據時期臺灣建築相關法令發展歷程之研究》，中原大學建築研究所碩士論文，1996 年，頁 61。

第一次大幅的修正增訂，增加了有「建蔽率」與建築限制的都市觀點。〔註 38〕
臺灣家屋建築規則為明治時期發佈對於家屋、官廳家屋管制規範，主要以管
理家屋的構築方式及環境衛生為首要工作，自發佈以來之家屋的修改增築皆
依循此原則，此規則及其相關規定亦隨時間變遷也陸續研擬修正，歷經明治、
大正至昭和初年之法令增訂修改，甚至到一九三六（昭和 11）年八月二十七
日臺灣總督府公佈《都市計劃令》公布，以及《臺灣家屋建築規則》宣布廢
止，臺灣家宅的建築管制可說已有相當具體的建築規範基礎。〔註 39〕

（二）日式住宅的空間運用

從移植日式宿舍到為了適應台灣本島的環境，可說台灣日式住宅已成為
當時台灣都市家宅的典型。筆者試著從十二例在台日本宿舍，做整理與分析。
這些在台的日式宿舍，都具有中廊下型的和洋折衷住宅特色，顯現出當時在
台的日人和洋生活的雙重性，重視家庭生活及成員內的個人隱私，並且在住
宅內設有廁所、浴室及廚房等現代化設施。另外為適應台灣炎熱的天氣，除
了日式住宅原本的緣側（外廊）可使室內較涼快之外，加建陽台、花架、平
台、四面開窗，甚至興建二樓建築使一樓空間涼快等〔註 40〕，這些都是台灣
日式宿舍為適應台灣的本土的氣候所作一些空間的改變。

1、玄關空間

日式住宅有一特別空間「玄關」（Genkan）〔註 41〕，也就是住宅的正門，
除具有與室內的中介功能外，在玄關也普遍設有鞋櫃，為了脫鞋入室，這是

〔註38〕 建蔽率的觀點有：一、家屋總建坪數不得超過基地坪數的四分之三。四、未
鄰接道路家屋，其周圍應留有 12 尺以上空地，且應設有寬 6 尺以上之私設通
路連接道路。參見楊志宏，《日據時期臺灣建築相關法令發展歷程之研究》，
中原大學建築研究所碩士論文，1996 年，頁 62。

〔註39〕 見楊志宏，《日據時期臺灣建築相關法令發展歷程之研究》，中原大學建築研
究所碩士論文，1996 年，頁 68。

〔註40〕 關於適應台灣炎熱氣候所作的日式官舍之改良，參見黃蘭翔，〈昭和初期在台
殖民地官僚住宅之特徵——以《臺灣建築會誌》所載日式住宅資料為主〉，《台
灣史料研究》13 號，吳三連台灣史料基金會，1999 年 5 月，頁 144。

〔註41〕 玄關指日式住宅主要入口門內的小廳，其地面尚未抬高，入內才上階。是室
外與室內重要的聯繫空間，亦是訪客進入室內空間之前，賓主之間最初的應
對的場所，除了有供人脫鞋、掛置雨衣，以及儲放鞋具的功能之外，也是居
住者彰顯身分品味的空間之一。參見郭雅雯，《日治時期台灣日式住宅平面構
成之研究》，雲科大空間設計研究所碩士論文，2003 年，頁 33。及李乾朗，《台
灣古建築圖解事典》，台北：遠流出版社，2003 年，頁 212。

防止將戶外的泥巴污物帶進室內的防髒功能。從〈附錄一〉之日-1 例到日-12
例，都具有小入口式玄關特性。

圖 3-1　井手薰住宅的入口玄關

關　玄

（資料來源：《台灣建築會誌》2 輯 3 號）

　　上圖為井手薰住宅之入口玄關，其入口是單柱瓦簷式入口玄關，雨淋
板為面牆，地板高於地面且有階，右面為內門入口，左面為木欄杆為屏，
階上靠牆置一盆栽，左面木欄杆外栽有花木。此為在台日式住宅的基本單
元。〔註42〕

　　另外日式玄關擁有內外多層屬性，如在基隆某日本商人住宅，其玄關可
細分為三個層次。陌生訪客只能達到第一層玄關，在雨庇下的室外空間等待
著，重要客人則可以進到第二層玄關，脫去鞋子，到應接室去。至於家人則
可以進入到與中廊相連的第三層玄關。〔註43〕在十二例子中，除了第一例具

〔註42〕此入口玄關基本單元，還可見〈附錄三，E-4〉大島金太郎宅之玄關，為單柱、
　　　瓦簷式入口玄關，雨淋板為面牆，地板高於地面且有階，左邊屋角以圓柱支
　　　稱，地板、柱台及階以磚砌成，正面為入口，柱台上置一盆栽，屋外周圍栽
　　　有花木。〈附錄三，E-1〉河東住宅之玄關，是車寄式的入口玄關，面磚為牆，
　　　地板高於地面且有階，階前兩側置有兩盆栽，屋旁周圍栽有花木。〈附錄三，
　　　E-16〉高橋住宅之玄關，為水泥圓形簷頂式入口，洗石子為面牆，地板高於
　　　地面，兩邊有奇石、盆景及樹木植栽，頂有電燈。〈附錄三，E-15〉深川住宅
　　　之玄關，為瓦簷式入口玄關，面是以雨淋板為牆，兩邊是樹木扶疏，左面是
　　　壁燈，右面是橫隔與直條為屏。
〔註43〕見本文〈附錄一，日-1 例〉在基隆的日本商人住宅。

有多層性玄關外，其餘十一例只有單層性玄關，如三井物產株式會社台北支店長社住宅（日-2）、井手薰住宅（日-3）、高橋住宅（日-4）、河東住宅（日-5）、尾辻國吉住宅（日-6）、淺井新一官舍（日-7）、小原時雄住宅（日-8）、白倉好夫住宅（日-9）、粟山俊一官宅（日-10）、大島金太郎官舍（日-11）、大阪商船株式會社高雄支店長宿舍（日-12）。可見多層性玄關，在台灣的日式住宅較為少用。另外台灣的日式住宅中玄關都是小入口型，對於家庭內部的隱密性無形當中提升不少。〔註44〕

　　2、外廊與庭園空間

　　在台的日式官舍仍保留著日式外廊（緣側）的建築單元，具有強烈的日式造型風格，在日據時期以日本住宅文化為原型的住宅中常見，並配合者住宅週邊的日式庭園，這主要是適應台灣炎熱天氣，使住宅有利於通風及隔熱效果。

　　在〈附錄一〉及〈附錄三〉的比較，至少基隆日本商人住宅、尾辻國吉住宅、河東住宅、井手薰住宅、大島金太郎住宅、高橋住宅及深川住宅均有庭院的設置。

圖 3-2　深川氏邸之庭園

（資料來源：《台灣建築會誌》2 輯 3 號）

〔註44〕玄關空間也影響台灣的住宅文化，台人住宅普遍的設置有玄關的空間及脫鞋進入室內的生活習慣。

上圖爲深川住宅的緣側及庭園，其地板抬高，且具有開放性的特徵，庭園中奇花異石的佈置頗具心思。但隨著現代化與都市化的影響，這種對外開放的生活態度逐漸轉爲對外封閉的居住行爲，繞著日式房間的外廊，有些使用玻璃窗、有些則使用雨淋板〔註 45〕對外隔絕，不再像傳統日式緣側的完全對外開放，在日據時代末期，日式外廊已經漸漸消失。〔註 46〕但其家居庭園的建築單元，逐漸爲現代住宅所吸收。

3、社交空間

應接室、書齋等這些空間，在和洋折衷住宅中被用做社交待客，其裝飾風格大都以洋式風格爲主，如沙發（藤椅）、地毯、織品簾幕、盆景及西式座燈飾等等。〈附錄一〉在台日式宿舍之十二例中，都有應接室、書齋等社交空間的設置，可見在台的日式住宅的社交空間極爲普遍。

圖 3-3　粟山俊一宅之應接室及書齋

（資料來源：《台灣建築會誌》2 輯 3 號）

〔註 45〕雨淋板在台灣始見於日治時期，以木板層層重疊，呈水平狀釘在樑柱上，形成外牆，具有防水及隔熱功能，原盛行於北美洲加拿大一帶，19 世紀傳至北海道，近代日本住宅多採用此法，台灣的日式火車站、倉庫及住宅亦大量使用，不過因本地高溫潮濕的氣候，雨淋板易遭白蟻腐蝕的缺點。參見李乾朗，《台灣古建築圖解事典》，台北：遠流出版社，頁 192。

〔註 46〕日式緣側的消失的討論，參見沈祉杏，《日治時期台灣住宅發展》，台北：田園文化，2002 年，頁 25。

上圖為粟山俊一住宅之應接室及書齋，擺有藤編椅三張，中間置一張藤編圓桌上覆以深色絲質方巾，地板鋪有花紋地毯，其應接間與書齋相通以布簾相隔，牆角放置盆栽，牆上掛有圖框。

在日據時期因為家庭在社交功能中仍扮演重要角色，所以大部份上流社會家庭都擁有部分這些空間。在日據後期，隨著家庭私生活性質的加重，這些空間漸漸消失，偶而還可以看到書齋與休閒嗜好室的存在，但用途也從社交功能轉成私人實際使用功能。如井手薰住宅，將一般中廊下型住宅，在入口附近配置衛生設備取消，其待客空間不再擁有衛生設備，另外將待客空間設置在二樓，較其一樓家庭生活空間來得悶熱。此住宅之格局安排，顯現其對於家庭日常生活空間的重視。〔註47〕

4、家人私屬空間

家庭空間部份，除了次間、座敷及居間等傳統日式空間外，我們在台灣日式官舍 12 例中，也可發現女主人室及兒童房的出現，表示著女性及兒童在家庭的地位的提升，如河東住宅之夫人室（日 5 例）及尾辻國吉住宅的子供室（兒童房）（日 6 例）。

圖3-4　尾辻國吉氏宅之子供室

（資料來源：《台灣建築會誌》2 輯 3 號）

〔註47〕見本文之〈附錄三，日-3〉。相同實例有〈日-5〉河東住宅、〈日-7〉淺井新一官舍、〈日-11〉大島金太郎官舍、〈日-12〉大阪商船株式會社高雄支店長宿舍。

上圖為尾辻國吉宅之子供室，其正面及右側設有單人寢床四張，寢床分上下兩鋪，有一木梯供其上下，正面牆上設有架子可供收納棉被及日用物品。

雖女主人室及兒童室，出現獨立空間並不常見，但因有內部走道的設置，使得每個房間都具有獨立性，這也使得家庭成員的私密性增加。〔註48〕

5、服務空間

廚房與衛浴空間，隨著自來水及電氣科技的進步，這些原本被排斥在外的空間也開始納入住宅內部空間。在台日式官舍例子，可以發現廁所與浴室是分開，設在住宅的角落，如〈日-2〉三井物產株式會社台北支店長社宅之廁所位在西北邊二偶、西邊一角，廚房在西北邊，浴室在西南處、〈日-3〉井手薫住宅之浴廁位在西北角，廚房在西南角，近家庭生活空間、〈日-6〉尾辻國吉住宅之浴廁位在東北角，廚房在東邊、〈日-7〉淺井新一住宅之浴廁在東南角，廚房在東邊、〈日-8〉小原時雄住宅其浴廁是位在近入口處及西北角各一，廚房則位於西南角落、〈日-9〉白倉好夫之浴廁、廚房位於住宅東邊、〈日-10〉粟山俊一住宅之浴廁位於近入口處及西北角各一、廚房位於此住宅之西邊、〈日-11〉大島金太郎住宅之浴廁、廚房位於住宅之東南角落、〈日-12〉大阪商船株式會社高雄支店長宿舍之浴廁在西北角、廚房位於住宅之西邊。

上述的在台日式住宅中，除〈日-2〉三井、〈日-8〉小原時雄及〈日-10〉粟山俊一之廁所有近入口處，是屬於社交空間範圍內，其餘（也包括前三者之另一家庭所使用的廁所）均與入口處呈最遠的距離。

如下圖，是粟山俊一住宅之平面，其除了在入口附近配置衛生設備，使客人擁有自己的廁所。另外還有家庭生活空間所使用的廚房、風呂場（浴室）、洗面所、廁所及寢室與住宅入口處距離最遠。廚房、衛浴空間納入住宅內部空間，除了節約便利功能外，也表示對於身體私密性的重視，但因具有排除污穢的場所，所以一般都安排在家居的角落或邊緣。

〔註48〕 在〈附錄一〉之十二例當中，只有〈日-9〉白倉好夫住宅，無中央走廊外（玄關型），其餘十一例均有中央走道之設置（廊下型）。

圖 3-5　粟山俊一宅之平面圖

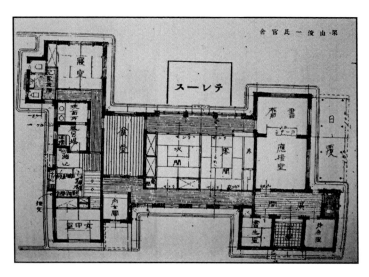

（資料來源：《台灣建築會誌》2 輯 3 號）

二、台士紳家宅空間的形成

　　日據時期台灣都市家宅空間並不完全依照西方標準或者日式標準來安排其家宅內容，而是混合本身的習慣創造出屬於自己的生活空間。筆者以二十例日據時期於台灣建造的都市家宅為分析對象。〔註49〕發現除陳朝駿宅（台 9例）、楊子培宅（台 11 例）及葉南輝宅（台 12 例）外其餘 17 例，具有台灣傳統住宅之原型。〔註 50〕雖具有傳統住宅的格局，但其內部的空間規劃已具有現代性的空間分化。另有外廊（veranda）空間形式，這是英人自印度殖民經驗所發展出的建築形式，其形式是在建物外牆前附加的半戶外空間。〔註 51〕

〔註 49〕　見本文之〈附錄二〉。
〔註 50〕　合院式的有台 2 例陳振方宅、台 4 例陳中和宅、台 5 例鹿港辜宅、台 6 例台
　　　　　北辜宅、台 7 例盧續祥宅、台 8 例林熊光宅、台 10 例李春生宅、台 13 例義
　　　　　竹翁宅、台 14 例大林陳宅、台 15 例高雄李氏古宅、台 16 例塗厝里默園陳宅、
　　　　　台 20 例萬華林宅，一條龍式有台 1 例柳營別墅、台 3 例劉焜煌宅、台 17 例
　　　　　龍潭里蕭宅、台 18 例二重村黃宅、台 19 例港西村餘三館陳宅。
〔註 51〕　外廊樣式是從印度本土的茅屋，到「盎格魯──印度式」住屋及任合在印度
　　　　　歐式的小房子，進而傳回英國成為布爾喬亞階級的休閒小別莊，並且移殖至
　　　　　新的殖民地或租界的領事館及官邸，成為展示優越身份的宅邸。參見江柏煒，
　　　　　《閩粵僑鄉的空間營造》，金門縣：金門國家公園，2004 年，頁 102。

這是日據時期洋樓宅邸，非常流行的建築式樣，可在這半戶外空間從事，喝茶、抽煙、休息、聊天、讀書及下棋等活動。展現出台灣士紳階層的洋化的家庭生活。以下按照內部通道、待客空間、服務空間及家庭空間，來分析日據台灣家宅對於私屬空間的運用。

（一）內部通道空間

台灣傳統合院住宅，對於各房間均可透過中庭（埕）空間達到連繫。中庭是無遮蓋的開放空間，農村的中庭常用來陳曬穀物等農作品或是兒童嬉戲的空間。但因傳統合院通常是家族合住的形式，易受其他家族成員的無意監看及因小孩吵鬧而影響，使得私密性不夠。日據時期因都市的發展，有漸趨於以夫妻兩人共組家庭的住宅形式為主，為了爭取內部空間的運用，及達到對各房間的隱密尊重，也逐漸取消中庭的建築單元。

1、廳堂通道

將中庭這部份加上屋頂，變成家庭內的公共領域大廳或神明廳，藉由廳堂通道可以聯繫其它各房間，但因其具有傳統的神聖性空間及莊嚴性，使得廳堂通道不致於像傳統中庭易受到吵雜及干擾。在柳營別墅（台1例）、劉焜煌宅（台3例）、陳中和宅（台4例）、鹿港辜宅（台5例）、台北辜宅（台6例）、陳朝駿宅（台9例）、李春生宅（台10例）、李氏古宅（台15例）等住宅實例均可見。

2、迴廊

迴廊是殖民地建築的重要單元，其具有柱列裝飾的西式外廊、外陽臺、內陽臺、平臺與屋頂露臺等向外開放的過渡空間，雖與中國人對外封閉的保守性格並不相符。但若將外廊的使用變成對內部空間的使用，不僅保有傳統中庭開放特性，空氣流通及日照充足的好處，因有柱列式迴廊的設置，使得隱密性功能增強。

如〈附錄二·台02 學田陳振方宅〉為例，陳振方宅，是在傳統合院格局增添迴廊的洋式風格，也使中庭與各房間有一緩衝空間，減少彼此干擾的機會。通常外廊的設置會配合中庭，中庭常是主人家放置水池及經營盆栽造景之場所，除了美化及遮蔽功能外也具有調節氣溫的效果，可作為平日休閒娛樂之用而不再是勞動儲存場所。

在柳營別墅（台1例）、學田陳振方宅（台2例）、陳中和宅（台4例）、鹿港辜宅（台5例）、盧纘祥宅（台7例）、林熊光宅（台8例）、義竹翁清江

宅（台 13 例）、李氏古宅（台 15 例）、塗厝里默園陳宅（台 16 例）等住宅實例均可見。

3、廊下（走廊）

這是受到西式及日式住宅的影響，透過內部走道避免破壞各房間的隱私性，這廊下單元可說是在日據時期形成，如楊子培宅（台 11 例）、林熊光宅（台 8 例）、葉南輝別墅（台 12 例）、龍潭里蕭宅（台 17 例）、二重村黃宅（台 18 例）、港西村餘三館陳宅等住宅實例均可見。

內部走廊除了日式中廊下型外，一條龍式的傳統住宅，經屋前設製置一封閉性走道，也可達到不干擾其它房間的連繫功能，加上小入口的門口設置，加強其對外得隱蔽性及建築的完整性。

（二）待客空間

一般傳統住宅的待客空間，是被安排在廳堂的空間，因屬於神聖空間及椅子的位置及形式都不利於久坐及談話，所以一般來講傳統住宅是較無待客文化，除了富豪之家外。嚴格地說，待客空間是源自重視社交活動的西方文化，所以應接室、書齋（書房）及客廳等待客空間其佈置，在當時是以洋式風格為主。

圖 3-6　楊子培的書齋

（資料來源：《台灣建築會誌》6 輯 2 號）

如上圖楊子培的書齋，其擺有木質扶手布面幾何花紋沙發椅兩張，中間置木質四腳方桌，後靠牆放置三面木質玻璃書櫃，地上鋪有花紋地毯，牆壁有花紋壁紙為飾，頂上垂有星形吊燈，門、書櫃、桌椅、天花板均以橫直線及方格作為整個房間的造形，不崇尚華麗與曲線。極具有現代主義風格。

在〈附錄二〉之台 1 例到台 20 例當中，劉焜煌宅（台 3 例）、陳中和宅（台 4 例）、鹿港辜宅（台 5 例）、台北辜宅（台 6 例）、盧纘祥宅（台 7 例）、林熊光宅（台 8 例）、楊子培宅（台 11 例）、李氏古宅（台 15 例）等都有應接室、書齋及客室的空間，其設計都在住宅入口旁，以走道、中庭或樓梯間來分隔家庭空間。但隨著對家庭空間的重視及空間多功能的運用，逐漸將待客空間合併使用，如柳營別墅（台 1 例）、陳振方宅（台 2 例）、陳朝駿宅（台 8 例）、李春生宅（台 10 例）、葉南輝宅（台 12 例）、龍潭里蕭宅（台 17 例）、二重村黃宅（台 18 例）、港西村餘三館陳宅（台 19 例）等。可見在日據時期台灣都市家宅的社交性待客空間已逐漸為家庭空間所取代。

另外在日據時期，受到日式住宅文化空間的影響，如座敷、居間、次間與茶間等，因為臺灣人本身的生活習慣並非席地坐臥，而且家族共同生活習慣中也沒有彈性使用空間的行為，所以這些不同的空間到了臺灣住宅文化中，漸漸形式化為一榻榻米佈置的空間，配合此空間的推拉門、隱藏式廚櫃（押入）等室內佈置方式也一起進入臺灣住宅文化中，這一榻榻米佈置的和室空間，用來招待親近的客人或是做為泡茶的房間。如林熊光宅（台 8 例）、陳朝駿宅（台 9 例）、楊子培宅（台 11 例）、李氏古宅（台 15 例）、龍潭里蕭宅（台 17 例）、二重村黃宅（台 18 例）、港西村餘三館陳宅（台 19 例）等住宅實例均可見。

（三）服務空間

傳統合院中，服務空間常常沒有固定位置，廚房通常被放置於正廳左邊的閑間，但有時只代表一隻活動的鍋灶，可以任意在院內的一角進行煮食的工作。而衛浴空間則通常被設置於主要建築外，與僕役服務空間相近，日常盥洗常使用一些活動式簡便的設備，如室內洗臉台、尿壺、便桶等，並配合僕役的服務使用之。隨著現代技術如自來水、電氣的發達，日據時期臺灣的廚房與衛浴等空間，漸漸在住宅內擁有專有的位置，甚至於使用在高樓。從台 1 例到台 20 例的台灣的現代住宅實例，除了劉焜煌住宅（台 3 例）內沒有設置廚房及衛浴、葉南輝醫師別墅（台 12 例）內無浴室外，其餘幾乎都設有

浴室、廁所及廚房等現代化的設備。

如〈附錄二‧台07盧纘祥宅〉之平面圖，在正身後方與廂房間設有兩套衛生設備，浴室則設在左廂後端，廚房則設在左廂的前端中間則隔著飯廳。另外在陳中和宅（台 4 例）將廚房別置於主建築之外，將浴室、廁所也獨立於主體建築之外由短橋連接。鹿港辜宅（台 5 例）及台北辜宅（台 6 例）則將衛浴設置在社交的待客空間裡，其家人仍用傳統的方式便溺。〔註 52〕可見當時台人在運用廚房、廁所及浴室等空間並無如台日式官舍將其置放在住宅的角落位置上，是遵循著屋主的習慣與觀念來放置，〔註 53〕但基本上現代廚衛設備已在日據時期確立了。

（四）家人私屬空間

傳統封建的中國父系社會中，住宅內女性空間沒有一定的地位，達官顯要家族可能擁有門禁森嚴的花廳內院，一般平民住宅中則無特定婦女使用空間，婦女多在家操持家務，廚房及院子便成為婦女空間的重要一環。此外院子或屋後常會鑿水井，以供飲用，水井旁自然也是婦女活動場所，她們在此汲水洗滌，並話家常。〔註 54〕相同地，兒童在合院住宅中亦無特定的使用空間，中國文化中的孩童附屬于父母，若不是與父母同睡，就是與家族中其他小孩共同使用一大通鋪。隨著現代化中民主與個人化等思想的盛行，家庭中婦女與小孩的地位提升，合院中禁足的花廳與大通鋪漸漸消失，待之而起的是婦女與兒童專有的私人空間。〔註 55〕

擁有夫人廳的有，柳營別墅（台 1 例）、劉焜煌宅（家中女眷臥室）（台 3 例），兒童房的有柳營別墅（台 1 例）、劉焜煌宅（台 3 例）、楊子培宅（台 11 例）、李氏古宅（台 15 例）等住宅實例均可見。

如〈附錄二‧台 11 楊子培住宅〉，其住宅中的二樓，有兩間的兒童房位

〔註 52〕對於鹿港辜宅與台北辜宅使用廁所描述，參見沈祉杏，《日治時期台灣住宅發展》，台北：田園文化，2002 年，頁 148。

〔註 53〕受到宅法禁忌影響，認為廁所應設在三合院的右邊（凶方）以污穢壓制凶方，參見本文〈附錄二〉，較明顯有學田陳振方宅（台 02）、陳中和宅（台 04）、台北辜宅（台 06）、盧贊祥宅（台 07）、陳朝駿宅（台 09）、葉南輝宅（台 12）。

〔註 54〕傳統婦女活動空間描述，參見李乾朗，《台灣建築閱覽》，台北：玉山出版社，1996 年，頁 66。

〔註 55〕對於婦女及兒童空間出現的討論，參見沈祉杏，《日治時期台灣住宅發展》，台北：田園出版社，2002 年，頁 255。

於平面中央的位置，可見在日據時期兒童的地位在家庭中的提升。當時台人的家庭生活，往往被規劃在住宅後部，或二樓等空間，但隨著中產階級日益增多，家庭生活逐漸取代了不頻繁的社交活動，在住宅規劃以三十坪內的小家庭為主，並取消了待客空間及僕役空間，成為當時現代都市家宅的趨勢。

第三節　都市家庭的誕生與私人生活

　　日據時期隨著經濟發展，都市人口不斷增加。〔註56〕土地取得不易的情況下，經濟能力不足者，為減輕家庭負擔，而展開與其他家庭共同生活在同一房子的「雜居生活」。〔註57〕黃良銓在《民俗台灣》曾記載台北的雜居生活實況：

　　在其一樓有四戶家庭，其中一戶住有大人（男）一人及小孩一人，男子從事印刷屋活字工，月收入為 40 圓，房租為 3 圓 20 錢。一戶住有三個大人（母親；姐；弟）及三個小孩，母親為裁縫師，月收入為 15 圓，姐為女侍，月收入為 40 圓，弟為商店員，月收入為 12 圓，共 67 圓，房租為 5 圓 10 錢。一戶住有大人（女）一人及小孩三人，女子從事洗衣婦，月收入為 30 圓，其長子為咖啡店服務員，月收入為 15 圓，共 45 圓，房租為 4 圓 10 錢。一戶住有大人（女）二人及小孩三人，一女為女工，月收入 30 圓，一女為女侍，月收入為 50 圓，共 80 圓，房租為 4 圓 10 錢。二樓有兩戶家庭，一戶住有大人（夫妻）二人及小孩三人，男子為洋服屋，月收入 60 圓，房租為 5 圓 50 錢。一戶住有大人（母親；兄；妹）四人，小孩 2 人，男（兄）為新聞社活字工，日收入為 2 圓，女（妹）為新聞社女工，日收入為 65 錢，共 99 圓，房租為 6 圓 20 錢。其兩層樓房子共住大人 13 人，小孩 15 人，可見其擁擠程度。〔註58〕

〔註56〕自民國十四年至民國二十三年，計十年間，五都市人口增加比率為，台北市 40.8%；台中市 61.9%；基隆市 32.8%；台南市 26.9%，高雄市 87.6%。而擁有人口二萬以上之市街，在民國十二年底為三市，十七街；至民國二十三年底，則增至九市，二十六街。參見井出季和太著；郭輝編譯，《日據下之臺政（卷一）》，台北：海峽，2003 年，頁 10。

〔註57〕特色是 1、各有神桌以及八仙桌或者是四仙桌，每家供奉有各家的祖先以及所信奉的神像。2、使用共同的廚房，但灶卻分開使用，小家庭就是用炭爐。3、住二樓的，一般都比住在一樓的富裕。黃良銓，〈台北的雜居家屋〉，《民俗台灣（三）》，民 79 年 3 月，頁 19。

〔註58〕見黃良銓，〈台北的雜居家屋〉，《民俗台灣（三）》，民 79 年 3 月，頁 21。

　　因空間固定沒有辦法容納更多的家庭成員，使得家庭組成漸以夫妻爲主的核心家庭〔註 59〕，打破以往家的概念，重新建立新道德及妻子角色轉換是日據時期台灣家庭的新課題，另外私領域則退居家庭之中，身體文明化與自我意識的建構都需在家宅的空間中實踐，也迫使得家宅空間重新劃分。

一、都市家庭的誕生

　　歐洲近代生活中已逐漸形成「市民家庭」〔註 60〕，其理想具有五個特點，一、勞動與生活完全分開，二、市民主婦的勞動是有局限性，三、在市民的家庭中與子女的關係有了根本的改變，子女不再被納入住戶的勞動程序，也就是戶主的職業世界中，是要教育子女。四、在市民家庭裡，要求把愛作爲選擇配偶的正確理由，這說明與傳統家庭秩序的徹底決裂。五、市民家庭的生活嚴格地清教化。〔註 61〕用這些標準檢視台灣近代發展，發現在日據時期，傳統家庭結構已出現鬆動，新階級與新職業陸續出現包括教師、醫師、律師等自由業。〔註 62〕他們因爲所過的生活和對生活的要求從等級生活的相互關係中游離出來，他們努力自信地宣傳，要建立道德和理智上的生活秩序。

〔註 59〕年輕一輩的到城裏做工、經商、當雇員、教師或其他專業人員時，通常只帶著妻兒同行。隨著城市化與工業化的發展，核心家庭的比例也越來越高。參見陳紹馨，《臺灣的人口變遷與社會變遷》，台北：聯經，1979 年，頁 504。

〔註 60〕一般認爲，18 世紀末期形成了一種新的市民家庭模式，它首先是在人數很少的社會階層中出現，此後逐漸成爲長期統治地位的現代家庭的模式。這類家庭只限定爲「核心家庭」，即限定爲由情感決定的父母和子女組成的共同體，它在家庭生活中和愛情中營造了一個親密的範圍，由有經濟保障的戶主支撐。婦女作爲主婦、妻子和母親必須保護它。對丈夫和子女來說，這個與外界隔離的私人領域爲在他們在外部世界維護自己、有理性地另塑一個世界創造了先決條件。見里夏德‧范迪爾門著；王亞平，《歐洲近代生活》，北京：東方出版社，2003 年，頁 252。

〔註 61〕見里夏德‧范迪爾門（Richard van Dülmen）；王亞平譯，《歐洲近代生活：家與人》，北京：東方出版社，2003 年，頁 262。

〔註 62〕所謂自由業，即教師、醫師、律師等，也是日本人比較多，不過台灣人醫師也屬不少。因爲醫學專門學校的前身，即台灣總督府醫學校，早於 1899 年 3 月開辦，專收台灣子弟。此外則因（1）台灣人頗多「相當的資産家」，他們具有醫師開業的財力；（2）醫師完全是自由職業，毋須等待官廳及資本家的雇用；（3）尤其是官界及實業界的進路完全爲日本人的獨佔所阻塞；凡此，都使台灣人知識份子階級主要去當醫師。見矢内原忠雄著、周憲文譯，《日本帝國主義下之台灣》，台北：海峽學術出版社，頁 116。

（一）家庭的價值與理想

　　夫妻關係基於「愛」而結合在一起，這是一種新戀愛關係，與過去父母決定的婚姻關係不同，強調心儀對象。〔註63〕在韓石泉回憶錄提到他與妻子的第一印象是：

> 初見不肥不瘦，亭亭玉立，雖非沈魚落雁之容，而清靜有如空谷幽蘭，一塵不染，高雅樸素…絕無浮華習氣，雖僅一面，已使余神魂顛倒矣。〔註64〕

　　可以因「愛」而組成幸福家庭，也可以因愛放棄家庭與愛人私奔。〔註65〕在日據時期就不乏這類對於愛情歌功頌德的小說作品，如尚未央〈老雞母〉、馬木櫪〈私奔〉等皆可見之。〈老雞母〉的女主角是一個寡婦，為了追求情欲的滿足，竟然珠胎暗結，於是悄悄生子，由別人撫養。〈私奔〉的女主角藥斃先生後，且與鄰人有苟且之情事，被人訴之於法。面對法官，女主角猶侃侃

〔註63〕新戀愛關係，可見於《臺灣》第3年第9號，黃朝琴「男女共學與結婚問題」；《臺灣青年》第3卷第1號，蘇儀真「新時代的婦女和戀愛結婚」；大正13年5月11日，《臺灣民報》第2卷8號，「我的戀愛觀（一）」；大正13年6月1日，《臺灣民報》第2卷9號，「我的戀愛觀（二）」；大正13年6月1日，《臺灣民報》第2卷9號，連光風「對於婚姻的我見」；大正13年6月21日，《臺灣民報》第2卷11號，車夫「戀愛的進化觀」；大正15年1月17日，《臺灣民報》第88號，蔡孝乾「從戀愛到結婚（一）」；大正15年1月31日，《臺灣民報》第90號，蔡孝乾「從戀愛到結婚（二）」；大正15年2月7日，《臺灣民報》第91號，蔡孝乾「從戀愛到結婚（續）」；大正15年2月14日，《臺灣民報》第92號，蔡孝乾「從戀愛到結婚（三）」；大正15年2月28日，《臺灣民報》第94號，蔡孝乾「從戀愛到結婚（三）」；大正15年3月14日，《臺灣民報》第96號，「考察彰化的戀愛問題」。另杜淑純女士談及其父親杜聰明對母親林雙隨的一見鐘情：「對爸爸來說，在遇到媽媽之前，他心裡唯一的女性面影就是阿媽，可是自從那晚相見之後，媽媽的身影笑貌就一直在他心中揮之不去。這種奇特的感覺，對一心一意讀書做研究，就像書呆子一樣的爸爸來說，當然也是來沒有過的。那晚同樂會結束後，大家就各自回臥艙休息，誰知半夜船在海上遇到暴風雨，爸爸翻來覆去總睡不著覺，而媽媽的影像也一直在腦海裏搖呀搖的」（杜淑純口述，《杜聰明與我——杜淑純女士訪談錄》，台北：國史館，2006年4月初版二刷，頁47。）

〔註64〕見韓石泉，《六十回憶》，韓石泉先生逝世三週年紀念專輯編印委員會印行，1966年，頁30。

〔註65〕在大正15年3月14日，《臺灣民報》第96號，「考察彰化的戀愛問題」裡刊載著彰化街長楊吉臣之子楊某、和臺中林某之子與潘、吳、楊、謝、盧五女之間發生了多角戀愛關係，而以吳氏的婚期迫近為機會，遂使他們一同欲私奔中國。在昭和5年9月21日，《臺灣民報》第331號有一則「女家論婚首重黃金，青年失戀投海自殺」。

而談：「我認定我的行動是正當，我只知道我是除掉我的幸福的破壞者。……除掉社會的惡魔凶徒，人人得以誅之，何待於我？我尚有什麼罪？」〔註66〕這類小說適時反映當時社會情境，譬如在《漢文台灣日日新報》〈街巷瑣談欄〉：

> 大稻埕建成街林根旺之姊張氏阿勤年二十一。自其夫歿後，不能守柏舟節。即與建和街何全生有私。一星期前因所歡將往宜蘭婦不忍割愛，竟外出良久乃返。及十七早復出。遂杳若非鴻矣。然膝下尚有弱子纔三歲。每日常思乳呱泣。抑何其忍哉。〔註67〕

尚未央，馬木櫪所寫的小說陳述了當時某些女子對愛情、對欲望的追尋，讓讀者去重視這個問題，並且理性客觀的去思考這個問題。

日據時期這類愛情小說，放在社會脈絡裏來看，作者們已提出新的兩性關係情節，女性已不是處於被動的位置，弱者的角色，而是敢愛敢恨的愛情勇者。〔註68〕

這種「愛情」的家庭生活秩序，男女不再是尊卑的位階關係，而是分工合作的志趣相投的結合，成為一種新潮流。小說、報紙也成為宣傳新愛情關係的最佳利器。〔註69〕

十七世紀以來西方對於私人生活的重視，是起自於布爾喬亞（中產階級），開始反思其過度涉入王國財政管理的意義，並學習貴族保有鄉野別墅的私人生活，他們逐漸離開他們所屬的政黨或社團撤退到家庭之內。結果，布爾喬亞（中產階級）逐漸發展出現今家庭制度與文化的雛型，同時也劃分家

〔註66〕 日據時期對於愛情小說作品分析與描述，參見許俊雅，《日據時期台灣小說研究》，台北：文史哲出版社，1995年2月初版，頁610。

〔註67〕 見《漢文台灣日日新報》，3317號，在明治四十二年五月二十二日的「街巷瑣談」專欄，曾刊載〈棄子私奔〉一文。

〔註68〕 見林芝眉在〈台灣人的婚姻與愛情〉一文對〈私奔〉評論寫道：「〈私奔〉的作者塑造了一個傳統的叛徒，具有突破道德的勇氣，何以能如此？因為她心中的欲情戰勝了一切面貌虛偽的對手，但她也付出極大的代價，兒所獲得的報償則從晶瑩別透的欲情裡，看見了真我，看見了真正的自由」《台灣文藝》，第88期，頁76。

〔註69〕 見班納迪克·安德森（Benedic Richard O`Gorman Anderson）在其《想像共同體：民族主義的起源與散布》一書中，特別提及報紙與小說是一個民族想像共同體的重要文化媒介；同時，他也強調，印刷品——商品是「孕生全新的同時性觀念的關鍵」。參見氏著，《想像共同體：民族主義的起源與散布》，台北：時報，1999年，頁28。

庭與工作場域的關係。〔註 70〕現代性的幾個關鍵特徵，包括家庭核心成員情感聯繫增強、鄰居和親屬重要性趨淡、個人自主意識增強，個人擁有追求幸福的自由的權力意識增強、性歡樂與罪的聯繫減弱、對身體隱私權的需求增強，這些在一七五〇年時在英國的中、上階級都已穩固建立。〔註 71〕在新家庭中家庭成員關係已開始轉變，如夫妻間和親子間發展出相當溫暖的情感關係、對性慾的日益開放的承認與接納等等。傳統社會，孩子在父母面前（尤其是父親），必須謹守份際，學習大人的模樣。然而，不久之後，一種相當不同的家庭氣氛產生了，小孩在家庭肖像畫（照片）中不再擺出疆硬、拘謹的姿勢，而擺出顯示與父母親密關係的姿勢和態度，這是一整套對自然、自然本能、隱私、核心家庭的情感特徵、兒童教育新態度的表徵，親密的私人關係的新價值因此獲得了基礎。

　　日據時期，我們看到基於愛的婚姻、夫婦間真正的伙伴關係〔註 72〕，以及對孩子全身心的關懷得日益理想化。「我多麼愛你」、「我們的寶貝女兒」、「我只能說我深深地愛你——最好的女人、最好的妻、最好的朋友」，這些話不見於傳統儒教社會，但日據時期的新家庭關係卻給新友愛婚姻發展空間。例如我們看到杜聰明與杜夫人（林雙隨）的愛情關係也有「只有我才可以使雙隨有最幸福的愛情生活」。〔註 73〕以及在吳新榮日記中對於過世妻子的思念與愛慕，〔註 74〕都可證明新友愛家庭在日據時期的台灣已形成。

　　這時期對兒童的照顧，也開始注意到兒童對於心靈探索的認知能力及其應有的權力。如在昭和六年一月一日的《臺灣新民報》第三百四十五號，刊載了「小孩的權利」左列小孩子三大權利，（一）有要求生得頂好的權利。（二）有應受相當養育的權利。（三）有應受相當的教育權利。在傳統臺灣社會裡因

〔註 70〕　有關 17 世紀西方私人生活出現之探討，參見王崇名，〈歐洲福利國家的整體史理解〉，《中央研究院民族學研究所集刊》第 80 期，1995 年，頁 135。

〔註 71〕　現代家庭的關鍵性特徵，參見勞倫斯·史東（Lawrence Stone），《英國十六至十八世紀的家庭·性與婚姻》，台北：麥田，2000 年，頁 7。

〔註 72〕　杜聰明從 41 歲開始到 70 歲替結婚新人祝辭及證婚約有 41 次，1933 至 1962 年，跨有日治、民國兩時代，其祝辭大約是夫妻要「在家庭以相敬、相愛、相讓、相互敬愛、相互讓助的精神來生活」可代表其時代對於夫妻的期待。參見《杜聰明言論集》，杜聰明博士還曆紀念獎學基金管理委員會，1955 年。

〔註 73〕　見杜淑純口述，《杜聰明與我——杜淑純女士訪談錄》，台北：國史館，2006 年 4 月初版二刷，頁 55。

〔註 74〕　見吳新榮著；張良澤編，《亡妻記》，台北：遠景出版社，1981 年，頁 121～176。

受教育資源相當有限，兒童的教育是被賦予可帶來提昇家族地位與福祉的機運，所以在傳統社會中也只有選其優秀者予以教育。〔註75〕日據時期兒童受教育，以公學校為例，在一八九九年，為校數一百零六間，學生數一萬零四百七十九人，到一九三五年，校數增加為七百五十三間，學生數達三十八萬零九百九十九人。就學比率自百分之二‧○四增至百分之三八‧九四。〔註76〕可見此時期對於兒童受教育的比率已逐年增加。

至於兒童的照顧，在傳統家族生活環境中，雖能得到更多伯叔姑嬸的照顧，但也易捲入成人世界紛爭，其教育方式，輒以不打不成材的嚴苛體罰為主。〔註77〕到了近代台灣新友愛家庭的出現後，才漸以「溫情」方式來對待兒童。〔註78〕尊重兒童的各種權利，甚至有兒童自己的空間及讀物。

（二）都市婦女的角色與勞動

傳統台灣的漢人社會中，男性地位高於女性。〔註79〕男性從事社會活動，包括宗廟、交際等，女性則以家庭勞動，包括劈柴汲水、推磨挨粟、曬簽及

〔註75〕 如閻若璩（1636～1704），其父對他的期許是「汝貌甚文，其為一代文人，以光吾宗乎」；如趙光（1797～1865），其祖也曾對其母說「此子器宇端凝，性聰敏，汝夫婦撫之，令其用心讀書，以繼吾志，儻得科名，振起家聲，吾無憾矣。」引自熊秉真，《童年憶往：中國孩子的歷史》，台北：麥田，2000年，頁84。

〔註76〕 見井出季和太著；郭輝編譯，《日據下之臺政（卷一）》，台北：海峽，2003年，頁42。

〔註77〕 在明清家庭與社會，對兒童的處罰也很普遍，一般家庭中，母親常負責幼兒之行為管教，故責罰兒童，亦以母親居多。除父母長輩之外，塾中的老師，亦常對孩童施予體罰。引自熊秉真，《童年憶往：中國孩子的歷史》，台北：麥田，2000年，頁261。

〔註78〕 在吳新榮1935年（昭和10年）1月10日《日記》中曾記載，「人生最幸福者見子兒的成長。我兒南星已能走，已斷奶，一切的意志表示也可能，初步的訓話練行也能學。晚食後休息在房間，和妻子三人嬉嬉樂樂，這不是幸福嗎？」見吳新榮著；張良澤主編，《吳新榮日記》，台北：遠景，1981年，頁10。在杜淑純女士的訪談錄中憶及母親說其父杜聰明對她（杜淑純）的疼愛：「我聽我媽媽提起，說我出生時，爸爸一方面在醫專教書，一方面要做研究，整天忙得團團轉，就算再晚，一回到家來，立刻就抱著我玩，又親又吻。等我稍大一點，爸爸還經常扮馬，讓我騎在他的背上。」見杜淑純口述，《杜聰明與我——杜淑純女士訪談錄》，台北：國史館，2006年4月，頁57。

〔註79〕 據尹章義研究指出，臺灣因儒漢社會中基於男尊女卑的觀念和因男性繼承制度而形成的童養媳、幼年卑女（查某嫺）、招贅、留媳招夫、納妾、出妻、賣婦女為娼等行為。見氏著，〈清代台灣婦女的社會地位〉，《歷史月刊》第26期，1990年3月，頁40。

照料家禽家畜都是婦女的職責。〔註 80〕所謂的男主外女主內的勞動分工。據日據時期民俗學者池田敏雄的紀錄，「當時的主婦每天一大清早即要下廚房準備早飯，給翁姑奉上洗臉水，待用餐完畢，她們也開始一天的忙碌生活，諸如整理正廳、擦拭桌椅、打掃房間、縫紉修補與洗滌衣裳。若遇節日喜慶或過年時節，婦女則更加忙碌，要縫紉全家的衣履帽衫，必須炊粿做薯縛粽，或用醬料作漬物」。〔註 81〕凡此家務種種都由婦女一手包辦，其勞力的附出遠大於男性。〔註 82〕

　　清代台灣女性，社會地位較低，對於女性有纏足、鬻女和養女等陋俗的盛行。大多數婦女，仍處在無知識的狀態。雖也有少數女子受教育，也僅能獲得非正式和短暫教育機會，其最終是以「賢妻良母」為目標。當時基督教長老教會，曾將新式女子教育帶來台灣，其目的為改善婦女地位及訓練女性傳教士。〔註 83〕但因缺乏教育女子的社會環境與台灣士紳的支持，受教育人數相當有限，未能造成影響力。

　　日據時期，女子受教育才有明顯的改善〔註 84〕，但日本文化傳統中對於女性的壓抑並不亞於中國。所以其在台的殖民女子教育，依然是將女性定位於「賢妻良母」為目標。在一八九七年，初設「國語學校第一附屬學校女子部」，其修習科目有修身、日語、習字、裁縫、編物、造花和唱歌等七科，其中家事課程佔三分之二，正合乎其手藝教育的目的。〔註 85〕尤其在一九一九年「臺灣教育令」頒布後，發展女子教育和培養「貞順溫和」的女學生是女子教育重點之一。

〔註80〕傳統社會男女的分工描述，參見卓意雯，《清代台灣婦女的生活》，臺北：自立晚報，1993 年，頁 65。

〔註81〕見池田敏雄，《台灣の家庭生活》，台北：南天書局，1994 年，頁 207。

〔註82〕早期女性的勞力是費力、無止盡、多樣而辛苦的。若列一份原始勞動形態表，可以發現，女性付出的勞力是男性的五倍之多。參見羅莎琳‧邁爾斯（Rosalind Miles）著；刁筱華譯，《女人的世界史》，台北：城邦，1998 年，頁 194。

〔註83〕日據時期前女子教育的情形，參見游鑑明，《日據時期臺灣的女子教育》，台北：師範大學歷史研究所，1988 年，頁 247。

〔註84〕女子初等教育就學率，從西元 1900 年的 0.18% 到西元 1935 年增至 22.52%；高等普通女子教育，學生數從 1922 年的 2,185 人到 1935 年 4 月底增加為 6,011 人。參見井出季和太著；郭輝編譯，《日據下之臺政（卷一）》，台北：海峽，2003 年，頁 42～44。

〔註85〕對於「國語學校第一附屬學校女子部」其學習科目之描述，參見游鑑明，《日據時期臺灣的女子教育》，台北：師範大學歷史研究所，1988 年，頁 61。

　　傳統台灣婦女問題除了教育外，就是纏足。當時婦女纏足人數達到女性人口的六成。日據時期日人在台灣發展資本主義亟需勞動力，為了釋放這些纏足女性勞動，積極提倡天然足運動。〔註86〕至於臺灣社會的領導士紳，則是被動的配合日人統治者的政策，並被安排參訪日本內地的女子教育與女子勞動現場。之後才大聲疾呼要求臺灣將女子教育與女子勞動具體化，將女性塑造成具有「夫唱婦隨」的能力，並從解纏足、女子教育為開端，以培養其達到知書達理的新基準。在日據中前期，臺灣士紳較大的關注在於其階層內的女性，能直接幫助向來以男性為中心的家業經營，而這些來自女性的協力必須建立在現代知識之上，因此他們視此為一個賢妻所必須具備之條件。〔註87〕黃玉階（1850～1918）〔註88〕曾在臺灣日日新報發表有關此類文章，其足為代表。

> 俾全島婦女，脫卻纏足之苦，皆成天生自然。<u>微特主中饋，事翁姑，摻井臼，供機織，種種便利</u>；即入學校，讀國語，習刺繡，以及作文算術，理財格致等學，亦莫不自如。<u>將來才學經濟，足以匡男人之不逮，其為利益於國家無窮</u>，豈不懿歟。〔註89〕

　　另在一九一五年一月的臺灣日日新報，也曾刊登好幾篇有關婦女放足的文章，如趙雲石以經濟觀點來評估，其認為：

〔註86〕根據一九○五年日人調查，除了已放足的八千六百九十四人之外，纏足者占當時台灣婦女總數的 56.94%，其中閩籍占 99.62%，客籍僅 0.36%，即表示有一半餘的女性無法完全將其勞動釋放到生產線上，這對積極推動台灣資本主義化的日本當局而言，可以說不成資源反成負債，放足運動在這樣的經濟考量下推展。參見楊翠，《日據時期台灣婦女解放運動：以臺灣民報為分析場域》，台北：時報，1993 年，頁 56。

〔註87〕有關中上層階級女性在日據時期角色轉變之描述，參見洪郁如，〈日本統治初期士紳階層女性觀之轉變〉，《臺灣重層近代化論文集》，台北：播種者文化，2000 年，頁 269。

〔註88〕黃玉階（1850～1918），字冥華，台中梧棲人。追隨漢醫李清機研習醫術。1875 年開始行醫。1882 年遷居台北大稻埕經營醫菜坊，獲利所得多以助人。1884 年台北一帶發生霍亂，自研藥丸，自癒者有 700 餘人。1896 年台北市街發生鼠疫，他建議總督府設立台人黑死病治療所，由漢醫擔任隔離、醫療工作，以減少臺人對新式防疫的抗拒。1898 年獲頒紳章。於 1897 年提倡斷髮，倡立「台北天然足會」、「斷髮不改裝會」，均任會長。曾任大稻埕區長、大龍峒區長等職，對地方有所建樹。參見許雪姬等撰，《臺灣歷史辭典》，台北：文建會，2004 年，頁 923。

〔註89〕見《臺灣日日新報》，1900 年 3 月 24 日刊載。

方今文明大啓，婦人竸說平權，若要與男性擁有同一權利，則同樣應盡義務，所以男女當須各就其業，女性亦應善盡其主內理家之責……由於這些纏足的女眷們，其行動都必須他人攙扶，出門亦需輿轎等等，在在耗費金錢，又何能相助活計？。〔註90〕

他指出，纏足女性出入不便，又不能幫忙家計，使得負責供養她們的男性，在不知不覺之間，受到很大的損失。另有黃爾璇也從妻子應相助男性的事業經營觀點來看，其認為：

理想的女性，除了是性別分工上的賢內助之外，內地人夫婦同行，

及時行樂。本島婦人因纏足之故，寂處閨房。〔註91〕

從上面幾例來看，我們可以發現，此時期的臺灣士紳之間，已經開始出現了一種對於時代婦女的新期待。雖然要求婦女為其「賢妻良母」角色功能不變，但因女性接受新觀念和新知識之後，不再侷限於傳統家庭之角色，轉而於各行業扮演專業角色，甚至積極參與各種社會活動。

日據時期台灣女性自學校畢業後，雖就業女性僅佔畢業生的少數，但就業人數的日增及職業的廣泛分布，顯示新女性就業有普遍擴散傾向。〔註92〕這和放足運動，不僅提高女子就學率，也改變傳統婦女的工作形態及擴大就業空間。〔註93〕都市化及工商活絡，促使女性新興職業的出現，如護士、助產士、電話接線生、銀行行員、鐵路局服務員、專賣局女工以及郵局、電信局員，均規定應徵者需具備初等教育之學歷，使得受初等教育的女子增加就業機會。〔註94〕傳統婦女傾向早婚，未婚的女學生佔畢業生的絕大多數，而到適婚年齡的高女畢業生多數不曾就業，或者先短暫工作到嫁人後就辭去工作。〔註95〕這種現象到一九三○年代後期有顯著改變，蓋因都市人口遞增，謀

〔註90〕見《臺灣日日新報》，1915 年 1 月 01 日刊載。
〔註91〕見《臺灣日日新報》，1915 年 1 月 06 日刊載。
〔註92〕在 1924 年到 1936 年間，職業未詳或未就業者由 44.11%降為 16.21%，顯示此期就業人口大幅增加，主要集中在農工商和幫傭等職業，並且逐年成長。見游鑑明，《日據時期臺灣的女子教育》，台北：師範大學歷史研究所，1988 年，頁 214。
〔註93〕傳統婦女因纏足關係只能兼營無需外出的手工業，自放足後如從事蓪草紙製造的女子，能自行領原料、交成品或取工錢，與早期保守、退縮的情況迥然不同。見游鑑明，《日據時期臺灣的女子教育》，台北：師範大學歷史研究所，1988 年，頁 217。
〔註94〕對於都市化促使女性新興職業的出現，參見游鑑明，《日據時期臺灣的女子教育》，台北：師範大學歷史研究所，1988 年，頁 217。
〔註95〕在昭和 5 年 1 月 1 日的《臺灣民報》，刊載電話接線生（交換姬）的生活，其

生不易，晚婚男女逐漸增多，也間接提高女子就業人口。〔註96〕因職業婦女及晚婚的關係，傳統「賢妻良母」型的婦女已開始轉型，重視獨立人格與男女平權觀念於焉出現。〔註97〕

當時女性所從事工作，有的專門從事家務勞動及聘顧到其他家庭做事（幫傭）。這些女性背景，不外乎是田佃家庭的年輕女性，如女兒、童養媳和媳婦。有的在小攤叫賣、作坊女工、甚至是茶店仔女性。有的是上層階層女性，能夠取得相當學歷，第一高女或第三高女畢業後，有些繼續進入女子高等學院第一師範。除了短暫地進入職場，如教師或銀行雇員，很快便進入婚姻生活之中。另一是小商品生產的家庭式工廠，家庭成員的無償勞動，使得原本就負擔家務勞動的女性，還得應付家業的經營。〔註98〕

另外日據時期因女子就學及就業使得女子在家時間減少，雖使家務勞動減少許多，也使得傳統家宅中的封閉婦女空間開始鬆動，使婦女可以進入堂前並參與公領域的商業活動。〔註99〕但這使得女性勞動方式變成是雙重，使婦女須兼擔多重角色，這也是日據台灣都市化下婦女的特徵。

中提到「交換姬的盡是未婚的少女，所以因結婚而辭職的甚多，其勤續期間平均三、四年而已。然而交換姬亦有昇進之路，大約勤續十年者，若有缺額概得任為判任官，現在奉職期間最長的約有十三四年的人，現在最高年齡的人三十二歲」。

〔註96〕對於都市化後，男女晚婚現象增多之論述，參見游鑑明，《日據時期臺灣的女子教育》，台北：師範大學歷史研究所，1988年，頁217

〔註97〕可見於臺灣民報，大正12年9月1日，王鐘麟「婦人問題」；10月10日，呂今吾「女子在社會上應處的地位」；10月15日，若霞「女子在社會上的注意」；大正13年6月21日，錫舟「婦人的自覺」；9月11日，蘇維霖「我的婦女觀」；10月1日，文杞「現代女性觀」；大正14年12月6日，「婦德的進化」；8月26日，連溫卿「婦人的地位和社會的關係」；大正15年10月31日，「婦女生計問題」；6月20日，「臺灣的婦女教育」；昭和2年2月13日，黃石輝「婦女解放與社會前途」。

〔註98〕日據時期，大稻埕店屋的頭家娘一方面必須經歷一般女性的生命週期：結婚、懷孕、生產、照顧小孩，扮演妻子和母職的角色，另一方面仍要充任女工、女店員、女秘書等等搬貨、管帳、招呼客人、照料員工三餐、顧店的多重角色。參見陳惠雯，《城市、店、家與婦女——大稻埕婦女日常生活史》，國立臺灣大學建築與城鄉研究所碩士論文，1997年，頁54。

〔註99〕台灣早期社會普遍盛行「男主外，女主內」之觀念，認為婦女不宜拋頭露面。婦女多在家操持家務，廚房及院子便成為婦女空間的重要一環。此外院子或屋後常會鑿水井，以供飲用，水井旁自然也是婦女活動場所，她們在此汲水洗滌，並話家常。見李乾朗，《台灣建築閱覽》，台北：玉山出版社，1996年，頁66。

二、都市家宅的私人生活

　　日據時期中上層的家宅已有個人的專屬空間，除了各有男女主人臥室、兒童房之外還包括，浴室、廁所等私密空間。這時的台灣人也已開始反省身體與文明的關係，包括衛生，身體得自主及心靈自我的建構，透過教育不斷規訓著台灣人身體走向文明化。

　　在法國歷史學者埃里亞斯（Philippe Aries）所著的《文明的進程：文明的社會起源和心理起源的研究》中，長時段的對「禮儀」列舉，讓我們看到了身體行為「私密化」（privatization）及「個體化」（individualization）的文明化過程。〔註100〕原先在中古歐洲，被視為理所當然的軀體動作如「吐痰」、「擤鼻涕」，遭到了貶抑與排擠。那種本能性軀體行為，在「優雅」、「合理」的禮儀標準下，反被視為粗魯、無禮與不潔的身體行為。在文明化規範下，人們在行動上進行著改造工程，「將自己與軀體的作用，甚至是自己與他人身體上的互動切割開來。『身體』態度的不斷挪移，也不斷引導人們將洗澡、吃飯、做愛等諸行為模式，再劃進新的戒律與屈從中，與此種私有觀念相連綴的是羞恥感的震顫」。〔註101〕這是在接受文明化的過程中，將「本能」與「排泄」視為不堪入目的、骯髒的，不能在公開的場合中露餡。因為「本能」被排除，所以它就必須被遮掩、必須隱密地進行。換言之，它必須是不可見的。正因為是秘密，所以身體的修剪與排泄必須回歸到私有空間，留給自己去展示、去整理。〔註102〕這在日據時期的台灣，我們不斷看到殖民統治者以「文明化」方式去規訓台灣人的身體，影響著私人生活模式。

（一）重視私密空間的私人生活

　　日據後，殖民統治者對於異民族的台灣人，最直接的印象可能是日人口

〔註100〕埃利亞斯（Elias）在其書第二章探討文明使人類行為發生的特殊變化，包括有「禮貌概念的歷史」、「中世紀的社交禮儀」、「文藝復興時期人的行為變化」、「關於就餐行為」、「對於自然需要看法的變化」、「關於擤鼻涕」、「關於吐痰」、「關於臥室中的行為」、「對男女關係看法的變化」、「關於攻擊欲的轉變」及「騎士生活概況」。見氏著：王佩莉譯，《文明的進程：文明的社會起源和心理起源的研究（I）》，北京：三聯書店，1998年4月，頁119～313。

〔註101〕見劉詩彥，《台灣近代身體史的轉變初探（1949～2003）──以浴室的誕生與轉折談公私領域的分化》，國立清華大學社會學研究所碩士論文，2004年，頁10。

〔註102〕見劉詩彥，《台灣近代身體史的轉變初探（1949～2003）──以浴室的誕生與轉折談公私領域的分化》，國立清華大學社會學研究所碩士論文，2004年，頁10。

中所說台灣人三大陋習，辮髮、纏足、吸鴉片。辮髮、纏足都是很明顯的身體外在特徵，辮髮是將男子的頭剃一半，另一半留長綁成辮子。纏足是將四、五歲小女孩的腳以白綿布包裹起來，形成三寸大小的變形足，所謂的三寸金蓮。〔註103〕吸鴉片也會造成對比強烈的身體形像，比方瘦骨如材的身體、手拿著煙管、躺在床上。殖民統治者爲區分出文明的「自己」與不文明的「他者」，通常將「他者」的生活習慣，加以污蔑化並遭到排擠與取締。〔註104〕並要將「他者」施以文明的改造。

　　日本學者西川長夫在討論日本型國民國家的問題時，將「國民化」整理成「空間的國民化」、「時間的國民化」、「習俗的國民化」以及「身體的國民化」等四類，「空間的國民化」指的是均質化、平準化明亮的空間。「時間的國民化」指的是曆法、時間的重編、勞動、生活的規律、神話、歷史的編纂。「習俗的國民化」包括服裝、語言、禮儀問候、儀式及新傳統的創建。「身體國民化」包括五感（色、聲、香、味、觸）、起居、步行等方面，讓過去的身體變成可以適應學校、工場、軍隊等生活與感覺。國家從這幾個方面將從舊共同體中解放出來的人的身體，改變成與此之前根本相異的另一種國民，新國民因而誕生。〔註105〕

　　日人在臺灣所進行的國民化工程，也可以說是一種將台灣人的身體施予文明化，並勒以法律使之規訓。日據初期也曾因禁止「不文明」的習慣如隨地「放尿」、「吐痰」及「吸鴉片」遭到臺人的抗拒。統治者透過殖民教育系統、警察與保甲系統強力教導民眾，使之訓服於規律化、文明化的身體要求。但自從一九一〇年的放足斷髮運動或者是二〇年代以後台灣知識分子所發動的啓蒙運動，我們可以看到衛生、規律、均質、一致的身體，不僅是殖民者

〔註103〕根據一九〇五年日本人調查，除了已放足的八千六百九十四人之外，纏足者占當時台灣婦女總數的 56.94%，其中閩籍占 99.62%，客籍僅 0.36%，可見此風之盛行，亦見婦女之勞苦，雖是三寸金蓮，仍要操持家務。見卓意雯，《清代台灣婦女的生活》，臺北：自立晚報，1993 年，頁 70。

〔註104〕所有殖民者都會爲被殖民者塑造形像，同時也爲自己塑造形象。這兩個對立的形象將使殖民者得以將自己的特殊地位合理化、正當化。其中最常見的例子就是把被殖民者說成懶惰成性，而自己則勤奮努力，因此所有對於被殖民者的不合理待遇都是理所當然。Albert Memmi，魏元良譯，〈殖民者與受殖者〉，收於《解殖與民族主義》（香港：牛津大學出版社，1998 年），頁 1。

〔註105〕有關日本學者西川長夫在討論日本型國民國家的問題，參見許佩賢，《殖民地台灣的近代學校》，台北：遠流出版社，2005 年，頁 221。

的要求，同時也是台灣人的要求。〔註106〕

　　日據時期台人身體受到「文明化」的啓蒙。逐漸注意自我的肢體行爲，身體的清潔被視爲是一種有禮貌的行爲，至於隨地「吐痰」、「放尿」、「放屎」及「放屁」都被視爲不雅的行爲。這些行爲都應局限在固定的地方，至少不被人所見，所聞而感到厭惡。換句話說，清潔身體是一私人的密秘活動，是被驅離公領域場所的行爲。在《婦人與家庭》2卷9號，提出以衛生理由，勸戒民眾勤洗澡及勿到公共浴室。

　　　身體衣服房屋之垢穢。易爲疾病之媒介。故欲防身體之垢穢。莫善於勤浴。入浴有冷水浴、溫水浴兩種。冷水浴能激起血流之反應，有補身之效力。溫水浴則使聚於腦中及臟腑中之血液，外散生舒適之感覺，故晨興後行冷水浴，就寢前行溫水浴。行冷水浴之法宜在溫暖室中，爲時宜速，出浴後以乾毛巾遍擦全體，至血流起反應者。若身體衰弱，不能起反應者，則不可再行冷水浴。便利之法可以毛巾醮冷水，迅速拭全體再以乾毛巾擦之。洗浴勿至公共浴所，以免傳染疾病。在冬令置一火爐，以爲洗浴時，取暖之用。此浴法不甚多費，而全家具獲利益不少。溫水浴者吾人一般普通所行之浴法也，此法不可於食後少時或恰運動終了之時。恐有害於身體也。而時間不宜太久，太久則反無益矣，入浴回數乃各人自己爲準，而定之爲善。其他如眼、鼻、耳、牙齒、手足、毛髮等，亦宜時常清潔之或保護之，使免遭病症，或有害之隙也。〔註107〕

　　上文中，可知洗浴方式將對身體產生不同的知覺，洗浴是一種對身體感受的快樂，甚至在冷天時加置火爐，可見洗浴並不以速戰速決方式去進行，需對身體各部之外眼、鼻、耳、齒、手足、毛髮適度的清潔與保護。對身體的清潔與瞭解較適合放在私人空間裡去進行。如專有的浴室、廁所及臥室。私人空間的發展，同時也加強了私人自我意識的建構。在上文第二節都市家宅空間形成及〈附錄一、二、三〉的圖例中，可知日據時期的台灣都市家宅已注意的隱私空間的建立。另外在日據時期的繪畫作品也隱約也可以看到私密空間的情況。如西洋畫家顏水龍（1903～1997）在1927年以〈裸女〉參加

〔註106〕日據中期之後，對於台灣近代化殖民者與被殖民者雙方的要求似乎是一致，這或許是「近代」可以在台灣社會成立的重要原因。參見許佩賢，《殖民地台灣的近代學校》，台北：遠流，2005年，頁221。
〔註107〕見〈家庭日常衛生〉，《婦人と家庭》2卷9號，大正9年（1920）頁65。

第一回台展，畫中一裸婦拿著手鏡注視著自己。

圖 3-7　1927 年、台展第一回，顏水龍，〈裸女〉

（圖片來源：《日據時期臺灣美術檔案（壹）》，頁 387）

　　在上圖畫中，雖仿 1651 年前為委拉斯蓋茲所畫的〈洛克比的維納斯〉作品。同樣情節的仿作也出現在日據時期西洋畫家陳德旺一九四一年畫的「手鏡」。可見以婦女裸露全身，安然坐在西式椅子上，左手拿著手鏡，兩眼注視著鏡中的自我的繪畫內容，雖是移殖於西方，但其所呈現的女性自我意識覺醒，頗為當時畫家所接受。這也顯示著台人的身體觀，因受到西式家居生活開始轉變。透過畫家的筆紙，將都市家宅的私人生活呈現。顏氏另一幅裸女畫作，其情節是此裸婦在其臥室裡，側著身，右腿交合於左腿上，兩手以毛巾弄乾頭髮，正表示此婦洗完澡後，在其臥室或密室優閒自在整理其身體。其坐在似藤製圓背扶手椅，其旁一小方桌蓋有桌巾，上有小桌燈，其所處地方就是現代感十足的都市家宅空間。

圖 3-8　1929 年，台展第三回。顏水龍，〈椅子ニモタレル裸女〉

（圖片來源：《日據時期臺灣美術檔案（壹）》，頁 388）

　　在日據時期台灣的西洋畫作中，常出現以都市家宅空間為背景，畫中人物（模特兒）對於畫中所在的地方非常熟悉而動作自然，顯見其身體對於周遭環境相當的瞭解。〔註108〕另外日據時期的西洋畫作中有很多作品多以「憩」作為題材。〔註109〕如下圖中（李石樵，憩ひ，《推薦》，府展第五回）一少婦

〔註108〕梅洛‧龐蒂（Merleau-Ponty）認為身體處在一個熟悉的環境中，身體自我意識會投射出一些身體充分了解的動作，換言之，身體與動作是合為一體。而身體的動作的了解，正象徵著代表知性的無形絲絃串聯著身體與週遭熟悉的世界。見陳其澎，〈身體與空間：一個以身體經驗為取向的空間研究〉，《設計學報》，第 1 卷 1 期，1999 年 1 月，頁 96。

〔註109〕如李梅樹，1935 年，〈小憩之女〉、李梅樹，1936 年，台展第十回，特選，〈る

坐躺於沙發上休息的一幅生活畫。

圖 3-9　1944 年、府展第五回，李石樵，〈憩ひ〉

（圖片來源：《日據時期臺灣美術檔案（壹）》，頁 66）

　　在上圖中，此婦身著小碎花連身洋裝，坐在沙發椅上，兩手依著床頭，床上有一公事包，床邊櫃上有一古典形時鐘，正表示此婦爲職業婦女，下班後在其房間休息，床和沙發椅之間似乎是爲得到舒適感而調動。另一圖是（顏水龍，憩，《無鑑查》，府展第一回）一少婦坐在靠背扶手沙發椅上休息。

ぬむろ女〉、劉精枝，1930 年，台展第四回，〈少憩〉。

圖 3-10　　1938 年，府展第一回，顏水龍，〈憩〉

（圖片來源：《日據時期臺灣美術檔案（壹）》，頁 396）

　　在上圖中，此婦身著白色連身洋裝，坐在皮製沙發上，其空間明亮潔淨，地上鋪有大花地毯，其旁似乎是打掃器具。表示此少婦在打掃完家務，正坐在沙發上稍作休息。甚至在私人空間傾訴心情及整理身體儀容。在李石樵，〈編物〉，一九三五年所畫兩婦女在同一房間內，一邊打著毛線，一邊彼此閒聊。

圖 3-11　1935 年，李石樵，〈編物〉

（圖片來源：《台灣美術全集（八）：李石樵》，圖 4，頁 54）

　　在上圖中，兩女在一間私密的木質地板，上鋪有紅色花紋地毯，右邊女
士身著黃色毛衣及土黃色長裙正打著毛線，腳穿紅色拖鞋，左邊女士身穿綠
色洋套裝，左手托腮看著右邊女士打毛線，腳穿格子紋拖鞋。兩位婦女正一
面在編織，一面彼此談著心情，並不會擔心有第三者闖入。家宅的私人空間，
肢體動作可盡情放鬆。如手背托腮、交腳、抬腳、手倚在椅背上與扶手上、
躺著、臥著，全裸、半裸等表示著當身體尋求舒適感的同時，越需要私密的
空間，確保所謂不雅的行為不被人所瞧見，隱私不被人所聽聞。公共領域與
私人領域界線增強，也表示著自我意識的增強。

（二）重視家庭閱讀的私人生活

　　在十六至十八世紀的歐州，流傳下來的日記、木版畫與油畫，可以看出

「家庭閱讀」乃是那個時代的主要閱讀形態。夫婦之間、父母及子女之間，都固定的以朗讀的方式一起讀書，這種「家庭閱讀」則延伸直到現在仍繼續存在的「睡前讀故事」傳統。「家庭閱讀」是十六至十八世紀西方漸次發展出來的一種私人生活方式，它是文明教養的內容之一。父母與子女之間藉由做功課與閱讀增加彼此親密關係，及建立社會的價值觀。換言之「家庭閱讀」成為早期的教育模式之一。由於它逐漸成了一種新的私人生活價值，因而也就創造出了市場，使得「女性文學」、「童話故事」這種新興的文類應運而生。

　　日據時期台灣社會是否有條件，形成家庭閱讀生活方式與識字率有絕對的關係。臺灣的殖民教育首重初等教育，目的雖是培養國語（日語）人材，將臺人置於底層，但也使臺人學童就學率增加，識字率提高。〔註110〕

表 3-1　日據時期識字（日文）率表

	總數（人）	男子（人）	百分比率（%）	女子（人）	百分比率（%）
（一）能言能讀能書者	319,233	259,050	81.1	60,183	18.9
（二）能言能書者	13,720	10,754	78.4	2,966	21.6
（三）僅能言者	32,474	24,873	76.6	7,601	23.4
（四）不能言而能讀能書	111,592	86,866	77.8	24,726	22.2
（五）不能言而能讀者	56,153	42,687	76.0	13,466	24.0
共　　計	533,172	424,230	79.6	108,942	20.4

（資料來源：《日據下之臺政卷一》，頁 72）

　　以上圖表依一九三○年所作統計，若排除表上第三項，僅能言者，可以用國語（日文）閱讀者有五十萬六九八人左右，這還不包括使用漢語者。據總督府調查，在一九三五年底，能解日語者，可超過一百四十萬人。包括公學校教育所學生三八萬九千二百九十人及畢業生四十六萬七千四百四十二人，日語推行所學生十二萬四百八十一人及結業生四七萬四千一百二十六人，共計一百四十五萬一千三百三十九人，佔人口的百分之二九點七。〔註111〕

〔註110〕自 1901 年到 1935 年，臺灣人學齡兒同就學率從 2.04% 增加到 38.94%。見井出季和太著：郭輝編譯，《日據下之臺政（卷一）》，台北：海峽，2003 年，頁 42。

〔註111〕見井出季和太著：郭輝編譯，《日據下之臺政（卷一）》，台北：海峽學術出版社，2003 年，頁 73。

　　另外日據時期發行刊物到一九○六年（光緒三十一年）計有四種日報刊
紙，共計五百九十九萬三千餘份；雜誌九種，共計五萬八千五百餘份。在一
九三三年（民國二十二年），所有新聞雜誌（依新聞紙法發行者），其發行份
數較上年增加四百六十餘萬份，總數四千一百七十餘萬份。〔註112〕由日本進
口之新聞雜誌，在一九三三年也增至二萬九千餘份。由中國大陸進口新聞雜
誌，在一九三一年曾達到二十九萬五千餘份。其它刊物種類，單行本刊物種
類在一九三三年，增至一千三百四十七種，定期刊物則達至三千○四十二種。
日本進口圖書類則有七十四萬餘冊，中國大陸，在一九三○年，達到二百○九
十二萬三千冊。〔註113〕

　　從日據時期的刊物出版品數量，可見社會已經有大量的閱讀人口。公共
圖書館的設立，使得閱讀圖書更形方便。〔註114〕在一九二八（昭和三年），台
灣全島計有五十七館，〔註115〕藏書有八十一萬三千二百三十一冊，分為哲學；
教育；文學語學；歷史地誌；法制、經濟、社會、統計、植民；理學醫學；
工學兵事；藝術及產業家政等九門，閱覽人員以學生生徒者最多。〔註116〕並
且允許讀者可在館內及攜出館外閱覽等。〔註117〕

　　大眾的閱讀習慣，可以說在日據五十年中，已培養出來。尤其是在台灣
知識份子這階層，讀書已成為生活的一部份。陳逢源曾以芳園在《台灣民報》

〔註112〕見井出季和太著；郭輝編譯，《日據下之臺政（卷一）》，台北：海峽學術出版
　　　　社，2003年，頁75。
〔註113〕見井出季和太著；郭輝編譯，《日據下之臺政（卷一）》，台北：海峽，2003
　　　　年，頁76。
〔註114〕據杜淑純女士訪談錄提起，其從小就喜歡閱讀，但是爸媽不像現在的父母那
　　　　樣，會買許多的課外讀物給孩子，所以若要看課外書，我就去公共圖書館或
　　　　者向同學借書來看。當時，台灣總督府圖書館（今中央圖書館台灣分館）就
　　　　位於台北州立台北工業學校旁，離住家很近，走路就可到達。圖書館裡的藏
　　　　書很多，自由取閱而且完全免費，還可以借回家慢慢看。見杜淑純口述，《杜
　　　　聰明與我：杜淑純女士訪談錄》，台北：國史館，2006年4月，頁86。
〔註115〕見《臺灣總督府圖書館一覽》，昭和四年（1929）九月，頁45～52。
〔註116〕本島人兒童約7,562；學生生徒13,796；1,773官吏（公吏軍人）；868宗教家
　　　　（教員）；101法務（醫務）；54藝術家（著述家記者）；2,532實業；9,415
　　　　無職業。參見《臺灣總督府圖書館一覽》，（昭和四年九月）頁15。
〔註117〕見《臺灣總督府圖書館一覽》，（昭和四年九月）頁32。另據《台北市史——
　　　　昭和六年》所載，近來利用圖書館閱覽者逐漸增加，經常讀書人或學生坐滿
　　　　席位，熱中於考究研學，婦女或臺灣人閱覽者亦非常之多。最近，閱讀者已
　　　　達十六萬六千四百人。見田中一二著、李朝熙譯，《臺北市史——昭和六年》，
　　　　臺北市文獻委員會，1998年，頁281。

刊登「讀書趣味」鼓吹讀書的好處：「我平生在讀書的態度，大部份不是爲著什麼功利的打算，只是跟著那時的趣味就一直跑入去，不論什麼經濟、政治、哲學、文藝，把信手拈來，不管他就讀到興盡方才撇去的。簡直說一句，書卷是我的愛人、戀人、好友、先生、日食吧！」〔註118〕

　　閱讀在知識份子間已經成爲不可或缺的生活方式。在新家庭中，除了男性之外，女性及兒童也因識字率提升，可以享受閱讀的樂趣。日據時期的閱讀讀物已有讀者群的區分，臺灣男性，以政治、社會、經濟及其專業讀物較有興趣。〔註119〕臺灣婦女，依然是輔助丈夫的角色。因此女性的閱讀興趣則爲家政生活，在日據時期所發行的刊物中，其中以〈臺灣婦人界〉〔註120〕及〈婦女と家庭〉〔註121〕雜誌最具代表女性刊物，內容包括，有關婦女時事問題、結婚、家庭、育兒及服裝流行趨勢、料理介紹等以女性爲主的雜誌。至於兒童讀物，除了婦女雜誌會刊載各類歌謠、童話，並透過母親朗讀給兒童，還有口演家及文學家專爲兒童編寫的童話集〔註122〕與兒童雜誌〔註123〕。從爲特定人開發出來的刊物，看出閱讀確實是現代家庭一項重要的活動。

〔註118〕 見《臺灣民報》，大正十七年十月十一日，第七十四號。

〔註119〕 男性興趣閱讀的項目，有衛爾士《世界文化史大系》、太田正孝《經濟讀本》、河上肇《近世經濟思想史論》、高橋龜吉《經濟學的實際知識》、森口繁治《立憲主義下議會政治》、下中彌三郎《萬人勞動教育》、阿部次郎《人格主義》、清水安三《支那新人的黎明運動》、本間久雄《婦人問題十講》、橫田英夫《小作問題研究》（陳逢源曾在《臺灣民報》，大正十七年十月十一日，第七十四號：十八日，第75號介紹良書）。在吳新榮（醫生）購書目標爲一、關於鄉土史書籍（臺灣通史、台灣文化史說、臺灣全誌及帝國主義下的臺灣）。二、文學性的醫學書及醫學性的文學書（式場隆三郎《文學的診療簿》、杉浦清《赤色診療簿》、安田德太郎《社會診療簿》、山本宣治《產兒調節論》及維列薩黑佛《醫者的記錄》）見吳新榮著；張良擇主編，《吳新榮日記》，台北：遠景出版社，1981年，頁80。

〔註120〕 《臺灣婦人界》第1～6卷6號，臺灣婦人界社發行（昭和9年10月至14年6月）。

〔註121〕 《婦女與家庭》第1、2卷，臺灣子供世界社發行（大正8年12月至9年12月）。

〔註122〕 在臺灣最早爲兒童出版的童話集《台灣昔話》，於1915年由台灣日日新報出版。見游珮芸，《日治時期台灣的兒童文化》，台北：玉山，2007年，頁39。

〔註123〕 有台灣兒童世界社《兒童世界》（1917.4～1922.4）：台灣兒童世界社《學友》（1919.1～1919.11）：《瑪雅子》（1925～？）：台灣日日新報社《台日兒童新聞》（1925.3～？）：《台灣少年界》（1931.12～？）：台中學友社《學友》（1935.7～？）。參見游珮芸，《日治時期台灣的兒童文化》，台北：玉山出版社，2007年，頁168。

　　閱讀不是集體行爲，而是很私人的行爲透過閱讀過程中不斷地塑造自我形像。〔註124〕默念式的閱讀，需要不受人打擾僻靜的空間，舒適閱讀環境，也就成爲現代家宅一個重要條件。如下圖（鄭安，窗邊，府展第六回）一女子正在窗邊享受閱讀的樂趣。

圖3-12　1943年，府展第六回，鄭安，〈窗邊〉

圖片來源：《日據時期臺灣美術檔案（壹)》，頁341）

　　上圖女子，坐在籐製扶手椅，正聚精會神看書，並不爲窗外的景色所分心。除了僻靜的空間（書房、臥室）外，家具的選擇、以及藏書的種類及數量都是閱讀成爲生活後必然發展的趨勢。〔註125〕下圖爲社會學家陳紹馨（1906～1966）青年時期在書房閱讀的情形。

〔註124〕哈伯馬斯與高樂默特認爲隨著市場的發達，文學小說更易於流傳，使得公共朗讀的習慣逐漸變爲私人默念，一方面創造出私人的閱讀時間，也在個人的心靈世界，劃出私人空間，並透過文學小說的投射，不斷塑造自我。參見王崇名，〈歐洲福利國家的整體史理解〉《中央研究院民族學研究所集刊》第80期1995年，頁138。

〔註125〕據昭和十四年（1939）一月十四日，吳新榮日記所載，當時全島有名的藏書家有：林茂生、劉明電、林佛樹。又北門郡內數黃清舞、楊萬壽兩位。見吳新榮著；張良澤主編，《吳新榮日記》，台北：遠景，1981年，頁79。

圖 3-13　陳紹馨在書房閱讀之情況

（資料來源：《島國顯影（三）》，頁 285）

　　上圖陳氏坐在籐製扶手椅，其左手持書，右手靠著扶手，其右腳翹在左
腿上，兩眼正聚精看書，地板是榻榻米，其後有一整面書牆，似坐擁書城，
圖書滿架，顯得非常安靜自得。閱讀正是自我意識建構的最佳途徑，在當時
的現代都市家宅中，普遍設置書房空間，除了具有待客空間功能之外也兼有
屋主（通常指的是男主人）閱讀、寫作及研究的地方。〔註126〕

〔註126〕據昭和十三年（1938）十一月十八日，吳新榮日記所載，「三疊他他米的小房
　　　　間，書桌二張，一張置收音機，一張擺書，這裏是我生活的據點，思索的中
　　　　心」。見吳新榮著；張良澤主編，《吳新榮日記》，台北：遠景出版社，1981
　　　　年，頁 74。

第肆章　都市家宅設備與家庭效能

　　現代化對家居生活的改變，以住宅設備發揮的功能最為顯著，其中關鍵莫過於電力的運用，使得家居生活變得更為舒適，也改變了家庭生活的形態。改變現代家居生活的住宅設備，包括衛浴設備、廚房設備、照明設備、娛樂設備、飲用水設備等，均與日常民生需求相關。

　　日據時期都市家宅因居住空間有限，不得不把浴室、廁所、廚房納入居民的住宅生活空間裡，但為免除屎尿臭味並維護用水清潔，現代化衛生設備便成為住宅中不可或缺的設備。

　　台灣家庭設備的電氣化也始於日據時期。電氣是無煙、無味又方便的新能源，電燈消除油燈帶來的不便，電扇、電爐及電暖器也使得家務效能大大提升。

第一節　現代化設備發展與因素

　　日據時期台灣家宅設備發展，因電氣和自來水事業的發達普及於都市地區，在家就可以享受到電氣及自來水，不必處處以人力操作日常生活的家務勞動，促使台灣家居生活更具效能而舒適。而這些現代化的家宅設備其源頭與形式均來自於西方。

一、西方現代化家宅設備的發展

（一）西方家庭電氣化的過程

　　現代的家庭設備和已往最大差別，就是科技家庭的出現。這是因十九、

二十世紀時，西方科學已陸續發明各種動力科技，並致力於將科技運用於家庭生活中。使家庭生活更加舒適而勞動效能獲得改善，這些都要歸功於電氣科技的發現與發明。

　　古代家宅環境與勞動，都要依賴人力去完成，舉凡洗衣、用水、清理尿屎等都要以人力去完成。除了人力運用外，早期人類還運用動物力（牛、馬）及水力，但這些都無法轉換進入住宅裡頭。

　　蒸汽是十九世紀時主要的動力來源，但蒸氣機本身太大又太昂貴，根本無法運用於家宅生活中。〔註1〕當時家庭中唯一的人工能源是煤氣，可用於照明，或烹調，但煤氣有易生黑煙、惡臭的缺點。在電氣還未被利用前，當時人也嘗試以各項既有手段解決家庭機械化的問題，但都流於不方便而告失敗。〔註2〕由於家庭既非工場，要使這許多家庭設備實用，必須有一種小而有效的動力裝置，這都要待電的發現而解決。

　　電這種能源的發明與利用，對建築設備機具的發展具有決定性的影響，也改變人的作息生活。人類在一開始就將電力用於照明，當電氣照明迅速發展下，尤其是電燈的發達與普及，對大部份人的生活規律產生了多面而且深遠的影響，其中一項便是瓦解了農業時代絕對性的生活規律：「日出而作，日入而息」。〔註3〕

　　至一九○○年為止，電燈已成為都市生活中眾人接受的事實。電氣在當時的唯一用途就是照明。電氣相對於煤氣的優勢極為明顯；電燈比煤氣燈明亮、安全、穩定可靠而且潔淨。使用電燈以後，人不必再忍受有毒的惡臭，天花板不會再遭油煙薰黑，擦洗燈罩、在架燈處做特別通風處理等惱人的事都成

〔註1〕　在1680年，法國人巴本（Denis Papin）製造出全世界第一台蒸汽機。1695年，英國人湯馬斯・賽維利（T. Savery）繼巴本的基礎加以改良，製造並賣出幾台蒸汽機。1712年，英國人鈕科曼（Nen Comen）改良賽維利的蒸汽機並提升其效率。1765年，瓦特發明了分離式冷凝管，改變了鈕科曼式蒸汽機。1807年，羅伯特・富爾頓，第一個成功地用蒸汽機來驅動船。

〔註2〕　以上據 Rybczynski Witold "Home:A Short History of an Idea" 的說法，一位美國人用一條橡膠管將熨斗與煤氣燈連在一起，發明了煤氣加熱的熨斗。當加壓水於1870年代進入住家時，有人認為水力是機械化問題的解決之道。幾家公司於是造出「水力引擎」，這是一種連接在水龍頭上的小型渦輪機，可以經由滑輪而帶動用具運轉。參見 Rybczynski Witold ,*Home:A Short History of an Idea*（New York:Viking Penguin Inc.,1986）,pp.148-149.

〔註3〕　對於電燈帶給人類生活改變之敘述，參見曾志遠，《建築設備歷史初探：人類居住生活與建築設備的歷史》，國立成功大學建築系碩士論文，頁124。

爲歷史。〔註4〕

　　電氣的使用也刺激了現代新事物的發明。電燈的使用之所以急速發達並全面取代煤油燈，主要源自電燈的不斷改良，尤其是白熱燈泡的發明。〔註5〕隨著電氣進入家庭，各類科技設備也產生，譬如電動縫紉機、電動吸塵器、電冰箱、電動洗衣機、洗碗機、電扇、電烹飪爐、電烤箱、熱水器、電熨斗、烤麵包機、電咖啡壺、電烤盤及電鍋等「電氣化家庭」必有的設備，在一九二○年代已進入歐美現代的家居生活中。〔註6〕家庭電氣化產品大大改變家務勞動的方式，不僅節省時間，也節省勞動精力，減輕了家庭勞務的負擔。

（二）西方家庭衛生化的過程

　　現代家庭設備另一趨勢就是家庭衛生化。近代西方爲了實現家庭衛生化的理想，其第一步就是如何在家輕鬆取得清潔用水。

　　古代社會的家庭用水都以大缸來儲水，老百姓得靠雙手從井里、河塘裡或是流動水域汲水，某些物質條件優越的公民則花錢雇人運水。十九世紀初歐洲曾經出現私人經營的小型供水站，專門爲有錢的中產階級住的街區供水，底層窮人居處則依然飲用未過濾的天然水。

　　都市的供水系統，早在羅馬時代曾出現過，但未能普及於民。到十九世紀的疾病學認爲污染的水、腐敗的垃圾以及塞滿垃圾的街道是疾病的起因。這促使當時西歐各國的都市計劃，都將公共衛生列爲首要規劃工程。例如一八四二年時，德國在漢堡地區建造一座六十五公里長的大型供水網，並在一八四八年峻工使用。這包括七十三公尺高的水塔和蒸汽爲動力的水幫浦裝置，將易北河上游的水抽入設備進行淨化處理，從此德國有了第一座普及一般老百姓的淨水設備。到一八五○年，漢堡地區的一萬一千五百個家庭中的四千個家庭，已可在家取用清潔用水。那時的水管每天只有幾小時供水，每家須準備容器在供水時接水存放以備使用。〔註7〕將水直接引入樓房的管道，是

〔註4〕　見 Rybczynski Witold, *Home:A Short History of an Idea*,p.151.

〔註5〕　在西元 1840 年，發明家就已製造出白熱燈泡，但此種電燈的經濟效益一直不能提高。直到〔美〕愛迪生發明了炭燈絲電燈之後此種白熱燈泡才漸漸被人們所接受。現今所使用的電燈泡能耐高溫高熱，是 1907 年從炭絲燈泡改良成的金屬鎢絲燈泡。

〔註6〕　根據 Rybczynski Witold 的說法，早在 1889 年已經推出一種電動縫紉機；1891年製造出一種可以移動的小型電扇；第一具電動吸塵器於 1901 年獲得專利。參見 Rybczynski Witold ,*Home:A Short History of an Idea*,p.151.

〔註7〕　對於德國漢堡在 1848 年完成的大型供水網之敘述，參見〔德〕克勞斯·克萊

這個事件中發生的劃時代變革，這個設施改變了人類的用水方式和生活習慣。〔註8〕

家庭衛生化的第二步，就是將穢水及污染性排泄物的處理，也就是下水管道設施的完備。

十九世紀以前，歐洲人習慣將糞便污水由住家窗戶往外倒，並順著路邊水溝流走，髒水滲入地下，通過開放運河流入河川湖泊，若住下游居民也就可能飲用到被污染的水。〔註9〕歐洲排水設施雖在十九世紀初，就已經出現在各大都市，但由於缺乏經驗和施工草率，加之維護不當，當時的排水系統已經出現弊端，直到發生奪走大量居民生命的瘟疫，有關當局才眞正重視。〔註10〕譬如英國在一八四○到一八六○年，受到世界性霍亂大流行的嚴重侵害。其原因也就是飲用水遭受到污水的侵入，自此之後倫敦設計一個覆蓋所有街道的排水系統。〔註11〕

有些城市在建設下水道系統，也同時強制規定在住宅內安裝抽水馬桶〔註12〕。譬如一八七五年，在德國法蘭克福有四○○到五○○個抽水馬桶接

默著：江帆等譯，《歐洲洗浴文化史》，海口：海南出版社，2001年，頁65。

〔註8〕 見〔法〕喬治‧維加雷羅；許寧舒譯，《洗浴的歷史》，桂林：廣西師範大學出版社，2005年，頁212。

〔註9〕 在《英國社會史》一書中，G.M.特里維廉生動描繪了安妮女王時期愛丁堡的早晨：「……過去24小時裡，愛丁堡封閉坐便所積的糞便全部在這個時間傾倒在街上。樓上的人中，行爲典雅的，會在傾倒之前高喊『倒水了！』……」，參見〔英〕賴特著；董愛國、黃建敏譯，《清潔與高雅》，北京：商務印書館，2007年，頁190。

〔註10〕 僅1849年，倫敦就有14000人死於霍亂，1854年又爆發了霍亂，導致10000多人死亡，1866年的霍亂中又死亡了5000多人。參見〔英〕賴特著；董愛國、黃建敏譯，《清潔與高雅》，北京：商務印書館，2007年，頁198。

〔註11〕 這項工程由工程理事會的主任約瑟夫‧巴扎爾蓋特艱難地完成了他的計畫，相互交錯的大型下水道長達83英里，排污的住房面積達100平方英里，每天排水4.2億加侖，花費460萬英磅。該系統在1865年開通。參見〔英〕賴特著；董愛國、黃建敏譯，《清潔與高雅》，北京：商務印書館，2007年，頁203。

〔註12〕 沖洗式馬桶，從今天意義來看，是英國人約翰‧哈里敦（John Harinton）在1596年首次使用的，沖洗水是從鄉村小溪引來的，儲存在建在高處的蓄水池裡，然後拉動手把，讓它流入類似馬桶的盆中。1755年，英國鐘錶匠阿歷克賽‧庫明（Alexander Cumming）申請到了抽水馬桶的第一個專利，在他的模型中，有一塊用手把可以操作的滑板封住排水管，同時也用它打開沖水閥門。庫明首先將排水管彎了兩下，就這樣，它按照連通管的原理創造了一個存水彎管，這種防止臭氣上冒的閉鎖裝置是庫明抽水馬桶的杰出進步，他給這個抽水馬桶起了個名，叫淺沖沖水馬桶，它于19世紀80年代上市。參見〔德〕克勞斯‧克萊默

通了下水道。〔註13〕可想見，廁所已開始成爲都市家宅內必不可或缺的空間。

二、台灣都市家宅設備的發展因素

（一）早期家庭設備不符近代都市家宅生活

台灣早期家居其實並不乏照明、衛浴及廚房設備，但與現代家宅普遍具備的明亮、通風、清潔及衛生的條件相比，有許多不盡完備的缺點，主因不是早期的人缺乏這樣的共識，而是因爲欠缺現代科技背景和相關常識。

1、早期廚房的設備

家庭中最需要家務勞動地方，就是廚房。早期台灣廚房（灶腳間）情況大致如下：「廚房正中有磚砌或土磚砌，塗了灰泥的灶，掛兩個鐵鍋。角落裏有水缸，多半用竹管從天井旁的大水桶（石製）把水導過來。沒有特別的調理台，只在灶上置砧板而已。牆壁前面放著碗櫥，屋頂吊著防鼠的竹編籠子，柴和稻草等堆在一個角落。灶腳間有一個房間大，或是房間縱深長度的平方，相當廣闊。通常在和灶腳間鄰接的棹案廳（飯廳）吃飯，廳裏擺著食飯桌和椅子或凳子。」〔註14〕

當時廚房的動力完全依靠人力，提水、撿薪、燃薪都需人力一一完成。但廚房堆放柴薪及水，雖有利於快速烹調食物，卻不易保持各種材料間的單一清潔。

由於廚房是早期家庭中重要的住宅空間之一，台灣俗語中似乎有此一說：「灶是一家之主」，灶之所在處必須在房屋左邊的位置，〔註15〕分配財產時，由於廚房歸屬大房，所以必須設在大房這邊即左端，通常在左五間或左座仔設廚房。〔註16〕

　　　　著：江帆等譯，《歐洲洗浴文化史》，海口：海南出版社，2001 年，頁 78。
〔註13〕見〔德〕克勞斯‧克萊默著；江帆等譯，《歐洲洗浴文化史》，海口：海南出版社，2001 年，頁 85。
〔註14〕見國分直一著；林懷卿譯，《台灣民俗學》，台南：莊家出版社，1980 年，頁 177。
〔註15〕以坐北朝南的傳統合院（坎宅）來說，灶座應坐落於宅中凶方，即絕命（西南方）、禍害（西方）、六煞（西北方）、五鬼（東北方）。灶口應該朝向伏位（北方）、天醫（東方）、生氣（東南方）、延年（南方）。台灣典型的坐北朝南的房子，廚房一般會設置在龍井附近（房子左後方），灶位壓東北方（艮卦，五鬼方）爲多。參見許聖倫，〈傳統廚房爐灶的空間、性別與權力〉，《城市與設計》第 17 期，2007 年 3 月，頁 177。
〔註16〕有關台灣早期廚房位置敘述，參見木尾原通好著；李文祺譯，《台灣農民的生活節俗》，台北：台原出版社，1989 年，頁 132。

2、早期廁所的設備

早期台灣鄉間使用的生理排泄設備，可說是相當簡易。據佐倉孫三寫於一八九六年的《臺風雜記》所載：「……且家無廁圍，街路設一大廁所，人人對面了之，亦甚可厭……」等，〔註17〕可知當時城裏或街上均設有共用廁所，在空地處挖一個坑，坑中埋設一個木桶，上跨兩條木板，供如廁時踩用。這種廁所常是私人為人屎肥的需求所興建，主要是供附近住戶使用，因此多是單間的，隨意用木板、甘蔗葉圍繞作牆，有的沒屋頂，下雨時還需戴著斗笠去上廁所。

至於早期傳統家宅的廁所設備，在《清俗紀聞》曾有記載：「浴室與毛坑建於宅院後方，有與本家內房以走廊相通者，亦有建在其它處所者。大小約二三間見方不等，入口設門扇。浴室下面鋪石板，四面建有牆壁。毛坑四面亦有牆壁，入口設門扇，地下埋有甕或桶。有用木板鋪成地板者，亦有用石磚等砌起，再在上面鋪木板者。婦女等均不去毛坑便溺，而使用馬桶。於內房一角用隔板圍起，裏面放置馬桶使用。夜晚則將馬桶移至睡床旁邊。」〔註18〕

圖 4-1　早期廚房、浴室及毛坑

（資料來源：清俗紀聞，頁 139）

〔註17〕佐倉孫三，《台風雜記》，台北：台灣銀行，1961 年，頁 15。
〔註18〕見〔日〕中川忠英編著；方克，孫玄齡譯，《清俗紀聞》，北京：中華書局，
　　　　2006 年，頁 132。

日據結束前，台灣傳統合院式住宅或店鋪長條式住宅內的廁所設置並不多見，廁所多是另設在住屋主體之外的獨立小屋，少數附屬於店鋪或住宅主體內的廁所，也必定是在開放空間的天井或後院。一般人家的是以在房內設置尿桶，收集後一併由專門處理水肥的人處理。鄉間的廁所通常設置於村道路或村莊與田野交界且獨立於住宅空間外，位置偏遠，夜間的使用較不方便，一般也多以尿桶為主。故使用此廁所空間的機制上由於受限於晚間無照明且蚊瘧之故，白天又需要至田野工作，故使得使用時間多集中在上午上工前使用。〔註19〕

台灣婦女在房間內眠床邊，放一個漆紅色的屎桶作為方便之用。不但在夜晚，白天亦在那裡方便，男人也在眠床側的尿桶小便，大便則到外面的公共廁所去。住在市街的家庭這些屎尿由鄉村的農民到家收集做肥料。〔註20〕當時一般民居的住宅廁所形式多為陶質糞坑口或陶糞坑，或直接挖土坑或以磚砌成糞槽導入糞池。

3、早期浴室設備

日據時期以前的漢人多為大陸來台開墾的移民，住屋形態多是院落式或連棟式的街屋，由於身體隱私的觀念，洗澡空間不像廁所般多戶共用，而是遷就水源與設備，在廚房〔註21〕或臥室〔註22〕等獨戶或私人使用空間洗澡。

從前的農家幾乎不設浴室。據日據時期民俗學者國分直一的調查：「七星區石牌的富農魏家，於第一伸手和第二伸手中間的側面，設有擺大洗澡桶的小屋，在當時極為稀罕。農民多半每天用溼手巾擦身體數次，孩子們則在黃昏，用裝熱水的洗腳桶洗澡。」〔註23〕另《清俗紀聞》指出漢人沐浴習俗是

〔註19〕 對於早期廁所設置及民眾如廁習慣的描述，參見林進益，《浴廁空間使用性調查之研究——以台北縣大鵬華城為例》，中國文化大學建築及都市計劃研究所碩士論文，2002年，頁16。

〔註20〕 對於早期台灣尿屎收集方式，參見〈洪家與沙鹿〉，《中縣口述歷史第一輯》，台中縣立文化中心編印，頁118。

〔註21〕 廚房除為烹調場所亦為當時洗澡行為「附屬」的一個重要空間，因為是取其水源與熱水供應的方便性，以及廚房較潮濕之故。參見林進益，《浴廁空間使用性調查之研究——以台北縣大鵬華城為例》，中國文化大學建築及都市計畫研究所碩士論文，2002年6月，頁15。

〔註22〕 在臥室中解決，但一般只是簡單的梳洗，只是用面盆架來解決洗臉、洗髮梳妝或擦拭身體進行簡單清潔行為。參見黃氏鳳姿，〈往事‧洗澡〉，《民俗台灣（三）》，台北：武陵出版社，1990年，頁209。

〔註23〕 見國分直一著：林懷卿譯，《台灣民俗學》，台南：莊家出版社，1980年，頁

夏天隔三四天、四五天入浴一次。絕無每天在熱水中沐浴之事。浴時多爲在浴盆中放入熱水，將手巾浸入水中，擰乾後擦洗全身。〔註 24〕傳統台灣家庭設備動力完全以人力爲主，沒有自來水，須以人力汲水放在廚房的大水缸，煮飯燒的是枯樹枝，廚房可以說是傳統家居產生熱能與汲取水之處，甚至一般沒有浴室的鄉下人，大都用大的木盆，在廚房洗身體。〔註 25〕

傳統台灣住宅的內部大多陰暗，乃爲了隔絕屋外的暑氣，又一方面可以成爲寢室。俗語說：「光廳暗房」。〔註 26〕且早期房子一般的窗少又小（在屋頂上留有小窗引入光線），致室內採光及通風未能充份，且難免陰溼。〔註 27〕這對於住宅防衛上有利，而在衛生方面則是缺陷的。日據時期發行的《民俗台灣》雜誌中有一篇談到〈台灣的家庭生活〉，作者長谷川美惠（張美惠）〔註 28〕，批評早期的房子不衛生，排水不良，認爲會殘害那些正在成長的年輕人的健康，更何況女人都被迫關在家裏，很多人都營養不良，罹患肺結核。〔註 29〕

正是因爲早期傳統房子的設備相較於現代觀念的住宅之講究衛生、清潔、通風的條件下有以上諸多不足和缺陷，促使日人在現代化風潮中重視並提倡民眾住宅改建。

（二）都市的電力與水道工程完成

都市家宅舒適性提高，全是拜現代化科技所賜。台灣在日據時期開始都市化的工程，電力輸送及上下水道工程的完成，提高了設備使用效能與生活便利性，也使家居形態有了革命性的改變。

1、電力輸送工程

台灣電氣工程建設，始自一八九八（明治三十一）年一月，臺北城內的

178。

〔註 24〕見〔日〕中川忠英編著；方克，孫玄齡譯，《清俗紀聞》，北京：中華書局，2006 年，頁 157。

〔註 25〕對於早期台灣人洗浴習慣的描述，參見長谷川美惠，〈台灣的家庭生活〉，《民俗台灣（三）》，台北：武陵出版社，1990 年，頁 37。

〔註 26〕見木尾原通好著；李文祺譯，《台灣農民的生活節俗》，台北：台原出版社，1989 年，頁 128。

〔註 27〕可能是爲藏風聚氣的風水原則，故傳統合院建築窗户較小也少。

〔註 28〕當時爲東京聖心女學院學生。

〔註 29〕見長谷川美惠，〈台灣的家庭生活〉，《民俗台灣（三）》，台北：武陵出版社，1990 年，頁 37。

製藥鴉片工廠，設置了七千瓦特直流發電機，用於電燈照明。一九○三（明治三十六）年，臺灣總督府開設臺北電氣作業所，在臺北州文山郡新店庄建設龜山水力發電所，緊接著一九○五（明治三十八）對臺北供電，次年對基隆供電，是台灣「二段供電」〔註30〕濫觴，台灣的一般家庭才開始可以使用電燈。〔註31〕

　　台灣電業最初是由日本官方與民間各自開發，但自一九○三年總督府收購台北電氣後，電氣事業逐漸轉移成國營。〔註32〕在一九○八（明治四十一）年，將電力業務移歸「臨時台灣總督府工事部」，成為水利事業中的附帶事業。一九○九（明治四十二）年，移歸「台灣總督府土木局之電氣課」管理電燈業務。隨著需求量增加，在一九一一（明治四十四）年成立「台灣總督府作業所」，專門負責電氣業務，直到一九一九（大正八）年設立台灣電力公司止。〔註33〕在此時期，國營電力事業已拓展至高雄、台南及台中、彰化等地。至於新竹、嘉義、桃園、宜蘭、埔里、東海岸地方、澎湖及其邊陲地區，仍由地方私營供電事業提供所需電力。〔註34〕

　　一九一六年，日人鑑於台灣島內產業發達，新事業興起，供電需求量大增，乃開始調查水力電氣事業。次年選定台灣中央山脈，海拔二千四百公尺之天然湖（日月潭），並決定在門牌潭建設十萬基羅瓦特之發電所。幾經波折，

〔註30〕 所謂的二段供電，是指日據時期的電力輸送設施大致分為送電、配電兩部份。送電是指發電所出口端至二次變所出口端，為第一階段的電力分配，包括受電所、一次送電線路、一次變電所、二次送電線路、二次變電所。電力輸送中另一階段為配電系統，配電係指由二次變電所引出線路與裝設在線路電柱上的變壓器。用戶端因不同使用需要，大致分為低壓（110或220伏特）的一般動力和家庭用戶，以及高壓（600或1200伏特）的電氣鐵道，從二次變電輸出之電力藉由柱上變壓器，將所需電壓依序降壓送至用戶端。以上說明參考王麗夙，《日治時期臺灣電力設施之研究》，中原大學建築系碩士論文，2004年，頁3-5～9。

〔註31〕 參見井出季和太著；郭輝編譯，《日據下之台政（一）》，頁204。

〔註32〕 1907年4月，總督府公布「台灣總督府電氣作業所」官制，電氣事業由地方政府經營型態移歸國營。見吳政憲，《台灣來電》，台北縣：向日葵文化出版社，2005年，頁44。

〔註33〕 有關台灣電氣事業發展的時間、數據及成果，參見吳政憲，《台灣來電》，台北縣：向日葵文化出版社，2005年，頁44。

〔註34〕 此私營公司以1911年嘉義電燈為首，漸增至十七家公司，至第一次世界大戰後進行合併，計有台灣合同電氣股份有限公司、台灣電燈股份有限公司、恆春電氣股份有限公司及南庄電氣商會等。參見井出季和太著；郭輝編譯，《日據下之台政（一）》，頁206。

終於一九三四年十一月，完成全部工事。〔註35〕台灣開始進入電力低廉且豐富的時代。〔註36〕

　　就台灣電力事業發展成績而言，在一九〇五年，馬力數為二十五馬力，至一九二一年增至一萬一千餘馬力，一九三四年增至五萬九千餘馬力。在一九〇五年，電燈數為五千個，至一九二一年增至二十九萬六千餘個，一九三四年增至七十六萬九千多個。〔註37〕

表 4-1　電業成績

	一九二一年	一九三〇年	一九三四年
事業數	47	104	138
利用電力（馬力）	11,276	24,307	59,477
發電力（基羅瓦特）	13,958	36,232	149,728
電燈需要戶	95,864	173,260	263,873
燈數	296,733	520,293	769,348
已繳金額（千日元）	48,236	64,617	113,284
收入額（千日元）	5,544	10,249	12,981
純利益額（千日元）	2,040	2,475	4,426

（資料來源：日據下之台政（一），頁 206）

　　此期電力事業除了官營電氣作業所外，另配以補助地方電氣事業者而發達起來的民營電燈事業。為了使台灣電力事業更加有效率，勢必對於各電力事業加以整合。台灣西部的台灣電力株式會社於一九一九年設立，繼承官營事業，逐步統整各民營電燈事業。東台灣於一九三九年設東台灣電力興業株

〔註35〕當時電氣事業一度停頓，是因大戰後景況不佳，資金籌備困難。至於為何選擇門牌潭，是因其位置低於日月潭，注入濁水溪本流之水裡溪，海拔為 1345公尺，故由日月潭設延長水壓管路長約 6 華里弱，則與日月潭水面之間，約可得 1100 尺之落差。參見黃輝，〈台灣之電業〉，《台灣之電力問題》，臺灣銀行經濟研究室，頁 5。

〔註36〕台灣工業也因低廉且豐富電力有進一步發展，如所要電力二萬七千基羅瓦特，年產鋁六千頓之製鋁公司，在高雄開設鋁廠；需要電力一萬一千基羅瓦特，年產合金鐵七千二百頓之基隆合金鐵工廠之開設。參見井出季和太著；郭輝編譯，《日據下之台政（一）》，頁 205。

〔註37〕見井出季和太著；郭輝編譯，《日據下之臺政（一）》，台北：海峽出版社，2003年，頁 206。

式會社，整合東部的民營電氣事業，逐漸廢除小規模發電所，進而從大規模發電系統受電，並致力於緊密之送電聯絡，計劃電力之融通，以提升效率。經過整合，一九四〇年代的台灣電力事業遂分爲東、西兩個中心。〔註38〕

當時興建一五四仟伏特的一次送電線路，以及七所將電壓由一五四仟伏特降至六六‧三三或十一仟伏特的一次變電所，由北至南分別爲八堵變電所、台北變電所、新竹開閉所、霧峰變電所、嘉義變電所、山上開閉所、高雄變電所。變電所主要目的爲變壓和變流，而開閉所目的則爲送電線路的轉換和電力的集散。自一次變電所變壓的電力輸出到二次送電線路，再傳送到市區或街庄中心的二次變電所，將電壓再降至十一或三‧三仟伏特，日據時期的二次送電系統已頗具規模，至光復時全台二次變電所共有一〇六所。〔註39〕

由上可知，台灣都市供電網絡在日據後期已趨完備，市街的電力線路分布也做出規劃，凡沿對外聯絡要道實施供電，例如重要商業中心、民眾公共生活空、地方官廳和其他官方機構以及公學校、小學校的行經路線等，均供給用電。〔註40〕臨市街的都市家宅若向所屬單位申請，都會有電氣的配送。

2、上下水道輸送工程

日據時期台灣各地水道之設置最主要的原因，（1）爲當地所需用水之區域，因原本取得之井水不足以供應或是水質不佳、衛生狀況不良導致易生疾病等問題；（2）同時也因應當地的發展之故、產業發展的影響等因素繼而提出申請設置之計劃。〔註41〕

台灣第一座近代水道設施「淡水水道」〔註42〕於一八九六年（明治二十

〔註38〕 有關 1940 年代台灣電業發展概況，參見林蘭芳，《工業化的推手──日治時期台灣的電力事業》，國立政治大學歷史研究所博士論文，2003 年，頁 319。

〔註39〕 有關一次及二次變電所分布說明，參見王麗夙，《日治時期臺灣電力設施之研究》，中原大學建築系碩士論文，2004 年，頁 3～6。

〔註40〕 對於日據時期台灣供電網絡的規畫，參見王麗夙，《日治時期臺灣電力設施之研究》，中原大學建築系碩士論文，2004 年，頁 3～28。

〔註41〕 對於日據時期台灣水道設置原因之敘述，參見劉俐伶，《臺灣日治時期水道設施與建築之研究》，國立成功大學建築系碩士論文，2004 年，頁 2～14。

〔註42〕 淡水與日本殖民中心台北相當接近，且是北門鎖鑰的重要商港。由於擔心一但流行性疾病由港口傳入，不良的飲用水正好幫助病毒的傳播速度，進而會使台北市有受害之虞，因此當時的淡水支廳長大久保利武認爲：「本港市的衛生設備更是急務」，因此在 1895 年 7 月底，便委託時任淡水電信局技師（總督府所雇丹麥人）漢生（Hanson）勘查規劃自來水事宜，開始全島首先的自來水佈設計劃。同年 8 月 17 日，向總督府提出「水道裝設意見書」，待 1896

九年）開始興建。之後日人基於衛生理由，著手規劃全台灣水道建設之事宜，包括水源調查、選址、經費的預算補助等，展開台灣衛生現代化重要工程。日據初期，由於財源不足的問題〔註43〕，也使得各地的水道建設較為緩慢。明治年間完成之水道設施僅有七處，如淡水、基隆、彰化、恆春種畜場、台北、卑南守備隊、金山水道等，其中以臺北水道工事費用與規模最為龐大。大正時期經濟狀況逐漸好轉與穩定，在此段時間，台灣總督府開始了一連串的基礎建設，陸續在各地建設水道設施，除了增加各地市街所需的水道之外，也因應都市的發展與擴張，在人口的激增之下，也使得各地已設置的水道供應不足，開始進行二次擴張建設。一九二○年後，台灣都市發展進入都市計劃的階段，各地之市街發展也越來越迅速，此時台灣水道的建設也隨著都市人口發展，迅速增加且擴張，並呈現一穩定成長之趨勢。此階段的水道設施之建設，使得台灣水道呈現普及化現象。尤其是日據後期，台灣各都市幾乎皆已設置近代之水道設施，都市居民用水情形亦相當普遍。〔註44〕

表4-2　自來水事業

	水　道　數	供　水　預　定　人　口
1905 年至 1909 年	3	80,000
1910 年至 1914 年	14	242,314
1915 年至 1919 年	22	234,811

年2月，日人技術員工來台後，由淡水之廳長的監督下成立「水道事務所」，7月所有自來水工事由支廳長膠總督府臨時土木部直轄，8月在向總督提報自來水工程興建認可建議書後正式開始施工，其後在巴爾頓的建議下，將管線全部改成鐵管。總工程經費十萬二千六百八十九圓則取自於由國庫補助的台灣事業費，全部工程於1899年3月31日全部竣工。參見朱志謀，《國家與個人關係的再組——以日領時期台灣自來水事業為中心的探討》，國立台灣師範大學歷史研究所碩士論文，1998年，頁38。

〔註43〕日據時期台灣的財政問題，最早仍由殖民母國日本為主要經費來源，直到1905年（明治38年）後，台灣總督府的財政才獨立出來。

〔註44〕自來水事業，自光緒22年8月，開始淡水水道工事。於光緒二十四年三月竣工以來，在各地設施，迄至民國二十三年三月底，總工程費達2千28萬1千餘元。在光緒三十一年底，水道數二，給水預定人口五萬；至民國二十三年底，增至水道八十四，給水預定人口一百十萬七千零二十一人。參見井出季和太著；郭輝編譯，《日據下之臺政（一）》，台北：海峽出版社，2003年，頁202。另可參見劉俐伶，《臺灣日治時期水道設施與建築之研究》，國立成功大學建築系碩士論文，2004年，頁2～24。

1920 年至 1923 年	29	458,275
1925 年至 1929 年	54	644,311
1930 年至 1934 年	75	1,002,852

（資料來源：日據下之台政（一），頁 202）

　　上表之供水預定人口並非實際供水人口數，以一九三四年爲例，水道數達七十五道，供水預定人口數可達一百萬二千八百五十二人，但當時台灣總人口數爲五百一十九萬九百八十人，預供人口數只佔有五分之一。而五大都市人口總數爲六十二萬七千六百一十九人，可見水道供應還是以都市城鎮爲主。〔註45〕

　　台灣都市化衛生工程，除了上水道供給清潔用水外，下水道排放污水的設施對於現代都市及居住品質是格外的重要。一八九九（明治三十二）年四月，台灣總督府公佈「下水規則」〔註46〕與「下水規則施行細則」〔註47〕，開始逐步全面在台灣實行下水制度，爲隨後在各地進行的都市計劃奠下基礎。〔註48〕

　　「台灣下水規則」不僅在台灣都市計畫歷程中扮演重要的角色，日本本土方面也隨後在一九〇〇（明治三十三）年三月公佈「下水道法」及「下水道法施行細則」。同一年，台灣則另公佈「家屋建築規則施行細則」〔註49〕。從「台灣下水規則」及「台灣下水規則施行細則」陸續發佈後，下水道準備事業發展至此可說大體成形。但此階段尚缺統一性計劃及明確的上層機構，來

〔註45〕見井出季和太著；郭輝編譯，《日據下之臺政（一）》，台北：海峽出版社，2003年，頁8。

〔註46〕據《台灣總督府報》明治32年4月19日之律令第6號，〈台灣下水規則〉，其選文如下：第一條，下水即爲供污水疏通之溝渠、暗渠或其他使用之排水路稱之。第二條，下水分爲公共下水及私設下水兩種。第四條，私設下水需於衛生無害之場所排出公共下水，並得於適當距離設置污水處理池。

〔註47〕據《台灣總督府報》明治32年6月20日之府令第48號，〈台灣下水規則施行細則〉，其選文如下：第二條，下水構造材料應爲磚、石、施釉藥之陶管、混凝土、灰泥或其他不滲透材料且其橫斷面底部應設計爲圓形或橢圓形的構造。汙水處理池之構造材料同前項標準。

〔註48〕見陳林頌，《臺灣日治時期上水道之調查研究與保存行動》，國立臺灣大學建築與城鄉研究所碩士論文，2003年頁2～8。

〔註49〕據《台灣總督府報》明治33年9月30日之府令第81號，〈台灣家屋建築規則施行細則〉，其選文如下：第八條，廚房、浴室等用水場所應爲磚、石或混凝土造，且應有排放廢水至下水溝的構造。第九條，家屋屋簷應設雨水排水支管連接排水立管，將雨水排入下水溝。

指導及審查私人個別興建的排水系統，例如主要下水幹線的經過地區及下水
支線彼此的分流與串連路徑等，均應由各地方政府間做一整體性的計劃建
設，而後民間或各市街方能以整體計劃爲依據做個別的建造、建設或管理，
所以日人便將市區下水道的建設納入一八九七年（明治三十年）開始之市區
改正計畫事業中，且主要係配合其中道路工事之新、改及擴築。〔註 50〕日據
時期台灣下水道建設，是屬於都市更新計畫的一部份，從各地方市區計畫發
佈的同時亦加以指定下水規則於該地同步施行。〔註 51〕至一九一〇年，成立台
灣總督府市區計劃委員會，作爲全島都市計劃之諮詢機關，以至一九三六年。
當時所施行都市計劃，爲台北、基隆、新竹、台中、彰化、台南、嘉義、高
雄、屏東等九市以下十五街、四庄、三區之三十一處，此等皆依原定計劃進
行工事，並已完成下水道埋設工程。〔註 52〕

第二節　都市家宅的現代化設備與推行

　　日據時期台灣都市家宅的現代化設備，由於上述工程佈線完成，使得電
氣及用水能夠輕易取得，住宅設備也幾乎相應於這兩種能源而發展出各樣用
品，解決生活上的不便。

一、都市家宅的電氣設備

　　日據時期台灣都市家宅因應電氣工程佈線，在新建現代住宅都有電氣線
路的配置，以應電氣家庭的到來。〔註 53〕至今還保存良好的日據時期的歷史

〔註 50〕　對於日據時期台灣都市計化下「下水道法」的制定與內容，參見楊志宏，《日
　　　　據時期臺灣建築相關法令發展歷程之研究》，中原大學建築研究所碩士論文，
　　　　1996 年，頁 79。
〔註 51〕　首先推行市區計劃爲 1900 年（明治 33 年）之台北市區計畫，而後有台中、
　　　　新竹、台南、高雄、花蓮、台東及澎湖各地亦相繼發佈其市區計畫及進行市
　　　　街下水改正工事。參見楊志宏，《日據時期臺灣建築相關法令發展歷程之研
　　　　究》，中原大學建築研究所碩士論文，1996 年，頁 79。
〔註 52〕　其工程概要如下：下水溝爲開渠或暗渠，大下水溝設於公路中心，小下水溝
　　　　設於公路兩旁，路寬十二丈以內不等，兩旁各留一丈二尺之人行路，以利用
　　　　爲亭仔腳。參見井出季和太著；郭輝編譯，《日據下之臺政（一）》，台北：海
　　　　峽出版社，2003 年，頁 202。
〔註 53〕　據昭和四年（1929）出版的臺灣總督府交通局遞信部電氣課編著的《臺灣電
　　　　氣法令》一書中，對屋內及屋外的電線鋪設工程予以明確的規定，甚至教導

建物中，我們仍可以發現當時電氣線路插座，如彰化二林陳家的舊式電源開
關，保留至今還可使用，其開關形式，是一組為二顆小圓柱體，二者上下相
連，將其中一顆按下，另一顆則跳起以分別開與關的動作。

另在高雄市定古蹟內惟李氏古宅的調查報告中，在一九三一年李氏古宅
新建時即已配設電源系統，包括一樓門廊、台所（廚房），一、二樓前廳、後
廳、兩側房、迴廊四角、風呂（浴室）及便所（廁所），以及二樓和室均設有
照明燈具，山花面上並設有壁燈一處。〔註54〕可見電氣化影響住宅設計。

另在 1925 年日人舉辦始政三十年紀念展覽會的電氣室，其展出當時文化
住宅所使用的電氣用品，包括有：各種煮開水器具、電氣溼潤器、各種電氣
陶爐、各種電氣煮飯器、電車模型、電熨斗、電氣暖爐、吹風機、電氣座蒲
團、電燈器具、電氣點煙器等。〔註55〕這些實反映了電氣化家庭時代的到來。

電氣設備是以電氣為動力的科技產品，改善家居效能，節省勞動力。台
灣的電氣設備從電燈照明開始、電扇、冷氣、電梯、電熱器等成為都市家宅
的必備品。為了能瞭解日據台灣電氣化普及程度，理應逐一從電燈、及各種
電設備分頭討論之。

（一）電燈設備的發展

電燈的發明使用使人民活動能持續至夜晚，改變傳統農業社會「日出而
作，日落而息」的生活形態。台灣使用電燈最早始於清末劉銘傳時期〔註56〕，
日據時期電燈的使用，是先實施於公共領域，其次才普及於民間家宅。初期
是官方機構，包括製藥所工場、總督府、總督官邸、民政長官官邸等先自行
裝設電燈使用。在第一發電所竣工供電後，也開放給民眾申請安裝。〔註57〕

　　　　電氣的使用及其安全性的指導手冊。
〔註54〕見林世超，《高雄市市定古蹟內惟李氏古宅──修復之調查研究暨規劃》，高
　　　　雄市政府文化局，2004 年，頁 3～29。
〔註55〕見林文通，《日治時期始政三十年紀念展覽會之研究》，國立台灣科技大學設
　　　　計研究所碩士論文，2003 年，頁 67。
〔註56〕根據淡水海關稅務官員莫士（H.B.Morse）的報告，一八八五年，台灣巡撫劉
　　　　銘傳修築台北城牆，並蓋了新衙門。透過丹麥電氣工程師的協助，衙門裡裝
　　　　設了電燈，各主要街道也架起電燈。淡水加拿大籍傳教士馬偕在 1888 年的日
　　　　記也記錄：「艋舺開始裝設電燈，我帶學生去發電所參觀」參見陳柔縉，《台
　　　　灣西方文明初體驗》，台北：麥田出版社，2005 年，頁 72。
〔註57〕對於日據時期初期台灣官民使用電燈情況，參見王麗鳳，《日治時期臺灣電力
　　　　設施之研究》，中原大學建築系碩士論文，2004 年，頁 3～44。

　　臺灣使用電燈成爲照明的主流，除了電費較煤油燈便宜及無惡臭外，燈泡改良也是普及的誘因之一。臺灣剛開始使用的電燈是傳統炭素燈泡，但具「多費電氣，燭光轉暗，且易破壞」〔註 58〕等缺點。當一九一二年，鎢絲燈泡剛開始問世生產時，隨即就引進至台灣。相較於炭素燈泡，其具有價格及效能上的經濟效益，〔註 59〕這使得當時電燈需求一時倍增。加上第一次世界大戰期間，歐洲各國亟需物資，帶動日本產業的發展，台灣產業也受到拉提影響，電力供不應求，爲節省電力轉供生產之用，日人開始鼓勵民眾使用較爲省電的鎢絲燈泡。〔註 60〕其具體作爲，從一九一六年十一月三日起至十二月一日止，電力作業所開放免費更換鎢絲燈泡，「凡十六燭以上燈泡交換一律以鎢絲燈泡換出，即使未故障的燈泡亦可更換。」〔註 61〕。總括來說，自一九一二鎢絲燈泡出產，至一九一九年間，燈數由五萬六千餘個增至二十一萬個，成長三‧七五倍。〔註 62〕

　　當時爲了因應大量的燈泡需求及商業利益，也出現新興燈泡公司。台灣商事株式會社在一九一八（大正七）年，在大稻埕北門口街新設鎢絲電球製作工場，這是台灣最早製作燈泡的公司。初期台灣燈泡使用的燭光數偏低，但隨使用需求影響，低燭光燈泡使用數逐漸減少，高燭光數燈泡使用數逐漸增加。〔註 63〕另外電燈的使用增加也加速燈泡的更換，這也使得燈泡交換成爲日據台灣很特別的現象。

　　在一九〇五年時，可以做爲更換燈泡僅作業所一處，頗爲不便。隨著業務量增大，交換據點不敷需求，於是陸續增設新的「電球交換所」，又考慮營運成本後委託民間商店經營交換業務。在一九二七年，台北市分爲五大地區、

〔註58〕「新給鎢絲電球，比炭素線用電較少，料金只炭素線半數」，參見《臺灣日日新報》，大正 5 年 7 月 14 日，5 版刊載之〈電球改良計劃〉。

〔註59〕見《臺灣日日新報》，第 4308 號，明治 45 年 5 月 28 日，5 版刊載之〈用電規章改正〉。

〔註60〕對於一次戰後，因日本產業發展用電量大增，爲了使能投入更多電力在工業上，而開始對民生用電的限制，其積極的作法就是以較省電的鎢絲燈泡更換炭絲燈泡。參見吳憲政，《日治時期台灣的電燈發展》，國立台灣師範大學歷史研究所碩士論文，1998 年，頁 145。

〔註61〕據《臺灣總督府府報》，大正 5 年 11 月 3 日，第 1145 號，〈公告〉，頁 11。

〔註62〕有關 1912～1919 年鎢絲燈泡的使用數，參見吳憲政，《日治時期台灣的電燈發展》，國立台灣師範大學歷史研究所碩士論文，1998 年，頁 146。

〔註63〕有關台灣第一家生產燈泡公司的敘述，參見王麗凤，《日治時期臺灣電力設施之研究》，中原大學建築系碩士論文，2004 年，頁 3～46

共有三十二個據點可供交換，這些據點大部份為市內指定藥店、文具店、雜貨店、金飾店、點心店、阿片店等等，每次交換除交換費外，還需加付 2 錢手續費。〔註64〕從表 4-1〈電業成績〉之電燈燈數的增加及高燭光數燈泡的使用及電球交換所的增加，可知電燈的使用率已大大提高。

雖然電燈帶來種種便利和優點，但在推行之初，因電價太高，一般人消費不起。〔註 65〕且初期供電系統尚未完密，富裕之家即使消費得起，也因電線管路太遠無法安裝電燈。加以一般農民習慣早睡早起，不需照明工具，即便使用，時間也很短。〔註 66〕為了促使電燈的普及，日本總督府陸續推出多項措施和政策鼓勵使用電燈，包括（1）持續投入資本增設電廠。（2）提供優惠措施：如電價折扣、初次安裝免費、燈泡交換免費等，吸引消費者加入。（3）在公開場合廣泛使用：官方在公開場合廣泛地使用電燈，使臺人瞭解電燈優點，刺激消費欲望。（4）不斷推陳出新。〔註 67〕

透過具體建設和行銷手法的配合，台灣的電燈事業不斷成長。台灣電力株式會社業務部營業課長戶田寬三，在《台灣電氣協會公報，第貳號》針對一九○五年至一九三四年（明治三十八至昭和九年）年台灣電燈安裝數做過的統計，電燈的安裝使用量隨著產業發展和文化進步逐漸增加，期間雖受社會

〔註64〕 有關電球交換所之敘述，參見吳政憲，《日治時期臺灣的電燈發展》，國立臺灣師範大學歷史研究所碩士論文，1998 年，頁 135

〔註 65〕 電燈推行之初價格極貴，據 1908 年台北南港地區調查，16 燭電燈每月 1.2 圓，而一家五口每日食費僅 40 錢。換言之，要全家三天不吃不喝來換取一個月的光明，實在太貴了。參見〈雇人工資〉、《漢文臺灣日日新報》，第 2958 號，明治 41 年 3 月 13 日，3 版刊載。

〔註 66〕 吳政憲《日治時期臺灣的電燈發展》論文中，認為日治初期電燈裝設率不高，其原因有三：「（1）消費能力高低：初期電燈價格太高，一般人消費不起。（2）距輸電線之遠近：如清水楊家（楊肇嘉），一年田租數千石，一九二○年電燈進入前也祇能用「高級油燈」。（3）消費習慣的差異：一般農民早睡早起，依事物熟悉活動，不需照明工具，即便使用，時間也很短。」參見吳政憲，《日治時期臺灣的電燈發展》，國立臺灣師範大學歷史研究所碩士論文，1998 年，頁 73。

〔註 67〕 有關日本總督府為鼓勵民眾使用電燈所推出的政策與措施，參見吳政憲，《日治時期臺灣的電燈發展》，國立臺灣師範大學歷史研究所碩士論文，1998 年，頁 73。研發新產品也會促使民眾購買的欲望。譬如在 1913 年 12 月，臺南配電所推出新型燈泡，「16 燭規格，亮度增強 2 倍」，「市民從之者眾，未曾點燈者，亦購買而新點，自開始使用以來，未經一月餘，所有新式燈球供給怠盡，目下市中皆使用新式燈球」。參見《臺灣日日新報》第 4874 號，大正 3 年 1 月 5 日，4 版，〈電球增輝〉。

環境和經濟景氣影響，每年增加幅度消長互見，但長期間仍呈現出持續成長的趨勢，電燈於此已漸發展為都市家宅設備之一。〔註68〕

（二）其它電氣設備

　　台灣地處溫帶和亞熱帶，夏季高溫溼熱，為消除暑氣及換氣通風需要，需於室內裝設電扇。日據初期製藥所發電機供給總督官邸、民政長官官邸用電時，即裝設電扇使用，而台北第一發電所竣工後，民政長官官邸內直流電扇改換為交流電扇，同時民眾開始申請安裝，雖然數量不比電燈，但隨時代推移，仍呈持續成長趨勢。

表4-3　電扇需要數

會社名	供給市街	明治四十年	大正元年	大正五年	大正九年
臺灣電力株式會社	臺北本社	474	2,198	2,734	5,399
	基隆出張所		222	336	924
	臺中出張所		223	449	899
	臺南出張所		418	646	1,419
	高雄出張所		178	286	1,063
	小計	474	3,239	4,451	9,704
臺灣合同電氣株式會社	桃園營業所				12
	朴子營業所				31
	計				43
新竹電燈株式會社	新竹本社			34	232
	苗栗分社				15
	小計			34	247
合計		474	3,239	4,485	9,994

（資料來源：《臺灣電氣事業概況》，頁27）

　　從上表可知電扇的需要在台灣也是逐年增多，尤其是都會型的城鎮，如台北、基隆、台中、台南及高雄等地，因電力輸送系統較為完備，都市的現代住宅易安裝有電氣線路及插座，方便於使用電器用品。

〔註68〕見戶田寬三，〈台灣に於ける電燈の推移〉，《會報》第2號，台北：社團法人台灣電氣協會，1932年12月，頁7～9。另參見王麗夙，《日治時期臺灣電力設施之研究》，中原大學建築系碩士論文，2004年，頁3～44。

　　都市家庭用的電扇可分爲桌上型、壁掛型、天井型三種，是依扇葉直徑來分大小，桌上型分爲六、八、十二及十六英吋，一般家庭用以十二英吋居多。〔註69〕部份天井扇（吊扇）會與電燈器具組合裝設如同今日的吊扇，大都安裝於家居的客間及食堂如下圖4-2。

圖4-2　楊子培宅食堂之吊扇

（資料來源：《台灣建築會誌》第 6 輯 2 號）

　　此外，在當時還有換氣扇可見於住家廚房或地下室空間以利通風。除電燈、電扇外，電熱器（包括電暖器、電鍋、電熱水瓶、烤麵包機、電熨斗）也開始使用在家宅生活中。〔註70〕至於室內冷氣空調及電梯，因所需費用高昂，並不適合當時私人住宅需求。日據時期只有總督府廳舍、台北公會堂等處有冷氣空調；電梯設施則僅見於總督府廳舍，及一九三二年（昭和七年）台南末廣町店鋪（位於現今台南市的中正路與忠義路口旁）裝設可供顧客搭載的電梯。〔註71〕

〔註69〕見關重廣，《家庭電氣讀本》，東京：新光社，1934 年（昭和 9 年），頁 135。
〔註70〕在昭和 13 年（1938），電燈需要戶數爲 277,682 戶、電扇 27,674 戶、電熱 2,843 戶。參見《台灣電力の展望》。
〔註71〕有關當時冷氣及電梯的使用情形，參見王麗凤，《日治時期臺灣電力設施之研究》，中原大學建築系碩士論文，2004 年，頁 3～47。

二、都市家宅的衛生設備

（一）清潔用水

台灣在有自來水設備以前，一般人家的飲用水，主要取自井水（地下水）、溪水、圳水等，這些水都是暴露在外，易遭到環境的污染，如沒有加以煮沸則易有疾病發生。日據初期霍亂橫行，飲用水衛生的改善，為當時最為迫切的民生問題。

日人首先採取仿自歐洲先進各國的都市給水之方法，改善用水清潔，主要建設就是水道。水道設施內容分為：（1）取水設施：取入口、取入集水井、堰堤。（2）送水與導水設施：導水路、唧筒井與唧筒室、分水井與送水井。（3）淨水設施：沈澱池、濾過池。（4）配水設施：引水進淨水池、儲水塔，再配送至市街。〔註72〕

從一八九六年台灣第一座近代水道設施「淡水水道」創建開始，日據結束之前，臺灣各地中型以上城鎮共約完成一百多處的水道設施，包括十二處市街規模水道、四十二處街庄規模水道及六十處簡易水道，已使臺灣成為一個市郡皆有獨立水道的現代島。〔註73〕

雖然水道工程已基本完備，使用清潔用水相當方便，但是台灣人起初對於自來水的取用並不熱衷，主要是對於當時仍處農業社會的台灣而言，對水的使用觀念與現代社會不同。傳統台灣社會的飲用水，多來自合院內的井水、街上的公共井水或者是住家附近的溪水、圳水，都可任意提水取用，無需付費使用。對於必須付費才能使用的自來水，在台人來看簡直是不可思議。起初日人在台發展自來水設備，首要就是教育台民，使其明白自來水益處，進而願意付費使用。

在推廣使用自來水之初，日人採用「計量收費」和「放任給水」兩種水費徵收標準。計量收費分為專用給水、共用給水與計量給水三種，專用給水指一戶專用水龍頭（初期給水計費方式是以水龍頭數目而定）〔註74〕，共用

〔註72〕日據時期台灣水道工程之內容，參見劉俐伶，《臺灣日治時期水道設施與建築之研究》，國立成功大學建築系碩士論文，2004年，頁3～10。

〔註73〕見陳林頌，《臺灣日治時期上水道之調查研究與保存行動》，國立臺灣大學建築與城鄉研究所碩士論文，2003年，頁2～27。

〔註74〕依1909年公佈的收費標準，若以用水人數來計算，一戶五口裝一個專用龍頭，每月水費一圓。每加裝一個分支龍頭，每月收兩角五分。一戶人家每個月要花一、兩圓繳自來水費。參見陳柔縉，《台灣西方文明初體驗》，台北：麥田，

給水指二戶以上共用一個水龍頭，而公用給水則是設於街內供免費取用的水龍頭。〔註75〕初期台灣人申請者裝設自來水者並不多，除了飲用水的衛生並未受到重視外，也因爲有免費公用水龍頭的設置，讓民眾取用之故。〔註76〕

隨著自來水的便利與優點漸爲人民接受並普及使用，日人也逐漸減少公用供水龍頭的數目。至一九二○年爲止，台北市只有四十三個公用供水龍頭，而屬於專戶專用的自來水龍頭數量則與日俱增。〔註77〕初時爲鼓勵使用申請自用水龍頭，因此採不收取架設工費措施，以提高人民申請的意願。〔註78〕此一鼓勵民眾使用自來水，配合日本統治初期對各地都市飲用水作一全面性調查，並限制使用不符衛生的飲水之下，逐漸改變城市居民的飲水習慣。

自來水設備肇始於日據時期，一八九六年（明治二十九年）於淡水開設自來水，一八九八年正式啟用，而後台北、高雄、嘉義、台中、台南、花蓮港、澎湖等地才相繼開設。直到一九四一年，給水人口達八十八萬九千多人，約佔總人口的十五％，對計畫給水區域內之人口給水率，則爲六十一％左右。〔註79〕可見自來水使用於家宅生活之中漸漸增多。

（二）廁所設備發展

早期台灣人家中大多沒有廁所空間的設置，習慣在房間內床和牆壁之

2005 年，頁 45。

〔註75〕 在台北自來水 1909 年完工時，公共給水水龍頭的數目共有自動給水裝置 86 個，以及與一般給水同樣型式的有 109 個，而其設置位置主要即是本島人町（艋舺、大稻埕）。其目的即是爲使習於取用免付費的台灣人取用，因此公共給水龍頭成爲市民免費取用潔淨便利飲水最佳來源。因爲有免費之公用水龍頭之故，所以初期台灣人申請者並不多。台北自來水自 1907 年 4 月通水後迄今 7 月時，申請使用者有 758 口水龍頭，而其中台灣人只有 25 口。參見朱志謀，《國家與個人關係的再組──以日領時期台灣自來水事業爲中心的探討》，國立台灣師範大學歷史研究所碩士論文，1998 年，頁 85。

〔註76〕 台北自來水自 1907 年 4 月通水後迄今 7 月時，申請使用者有 758 口水龍頭，而其中台灣人只有 25 口。參見朱志謀，《國家與個人關係的再組──以日領時期台灣自來水事業爲中心的探討》，國立台灣師範大學歷史研究所碩士論文，1998 年，頁 85。

〔註77〕 有關 1920 年止台北市的公用水龍頭及專戶用水龍頭使用情況，參見朱志謀，《國家與個人關係的再組──以日領時期台灣自來水事業爲中心的探討》，國立台灣師範大學歷史研究所碩士論文，1998 年，頁 86。

〔註78〕 見朱志謀，《國家與個人關係的再組──以日領時期台灣自來水事業爲中心的探討》，國立台灣師範大學歷史研究所碩士論文，1998 年，頁 88。

〔註79〕 見李騰嶽，《台灣省通志事政志衛生篇》卷三第七章，台灣省文獻委員會，1980 年，頁 375。

間，可容納兩人左右的空間，放置尿、屎桶〔註80〕。這放置屎尿桶的空間「屎尿巷」就是傳統民居的廁所概念，須以人力去清除。〔註81〕

至日據後，基於環境衛生及預防傷寒傳染病流行的考量，首要的公共衛生建設，便是普遍興建廁所，以及完善處理廁所污物。在明治三十三年（一九〇〇）的「台灣家屋建築規則施行細則」中，規定了廁所的設備形式及造法：

廁所應為窩溜式構造且需距離井戶二間（十二公尺）以上。廁所之尿屎池應為陶器或其它不滲透性材料構築，需埋入地下且周圍以六吋比上之水泥或混凝土包覆。廁所地板面應以水泥或混凝土作成適當洩水坡度。〔註82〕

日據時期台灣所見的廁所形式約有五種：（一）便桶、（二）在來便所、（三）改良便所、（四）淨化裝置便所、（五）水洗便所。第一種便桶就是俗稱的屎尿桶，易造成屋內惡臭及溝渠的污染，病菌易於滋生及傳播，〔註83〕為日人所要禁絕，並令其新建住屋須設有固定廁所。

各戶家屋應設置廁所，但長屋建家屋得每四戶共同設置大便所一、小便所二。〔註84〕

第二種在來便所（圖4-3-1），為固定式廁所，其下設有甕造尿屎儲存間，須時時汲取及搬運。在來便所的缺點是上下開放，尿屎易生蛆、蠅、油蟲、及鼠輩出入自由，大雨淹水常造成屎尿橫流，相當不衛生易傳染疾病，並汙染地下水源。〔註85〕

〔註80〕 屎、尿桶早期都是木製的，其材質依各家的要求而有好壞差別，好的甚至是檜木所製，但平常人家都用普通材質。一般而言，屎桶比尿桶寬且矮，因為屎桶是坐在上面，所以直徑大概三十公分，高三十公分左右。尿桶大概五、六十公分高左右，這樣站著才不會灑在地上。參見東方孝義，《台灣習俗》，台北：南天，1997年，頁55。

〔註81〕 早期台灣婦女往往等到尿、屎桶達到七分滿時，才會將之拿到屋外傾倒在附近的河流、或空地上。如果附近有便所的話，就倒在街路上的公共便所，或者和豬共廁的豬尿槽中，並順便清洗。因為在房內如廁，又不天天處理，往往造成房內潮溼且充滿惡臭。參見董宜秋，《台灣「便所」之研究（1895～1945）──以「便所」興建及污物處理為主題》，國立中正大學歷史研究所碩士論文，頁13。

〔註82〕 據《臺灣總督府報》，明治33年9月30日之府令第81號，〈台灣家屋建築規則施行細則〉第11條。

〔註83〕 見台北州警務部，《便所の話》，1930年，頁1。

〔註84〕 據《臺灣總督府報》，明治40年7月30日之府令第63號，〈台灣家屋建築規則施行細則改正〉第22條。

〔註85〕 見台北州警務部，《便所の話》，頁2。

圖 4-3-1　在來式便所

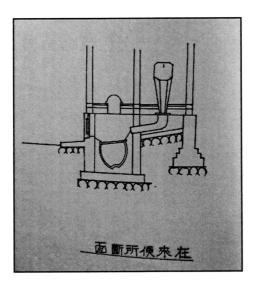

（資料來源：《便所の話》，〈ヌ〉）

　　當時為了避免人類排泄物污染地下水源，針對在來式便所做積極改良，而產生第三、四種形式的廁所。這種形式的廁所是將尿屎密封放置一段時限讓病菌寄生虫隨時間的自然腐敗而死亡，因此其儲存屎尿的構造容量，必須要有一定的規模，才有充足時間讓屎尿自然腐敗。另外在蓄糞槽中分隔許多小槽，才能將隨時間增加的尿屎，由第一槽液化滿後，漸漸流往二、三槽到四、五槽以達到自然腐化的效果，最後再由第五槽汲取出。〔註86〕上述第三種改良便所，以內務省式改良便所為標準（圖4-3-2），廁所的窗口都設鐵製的細紗網封住，可防止蠅蟲、鼠輩出入。為解決尿屎流溢的問題，便池到蓄糞槽之間，以土管完全密封銜接，便池四週，也以混泥土完全密封處理，並鋪以圓石子。當便池不用時，必須用木製蓋子蓋住。對於汲取口也規定必須設置在屋外，且高於蓄糞槽，並用鐵製的蓋子密封蓋住。另外，還應政府要求，附設有洗手處及具有排出臭氣的換氣裝置，大約四至五個月汲取一次。〔註87〕

〔註86〕見台北州警務部，《便所の話》，頁3。
〔註87〕見台北州警務部，《便所の話》，頁13～21。另參見董宜秋，《台灣「便所」之研究（1895～1945）──以「便所」興建及污物處理為主題》，國立中正大學歷史研究所碩士論文，頁39。

圖 4-3-2　內務省式改良便所

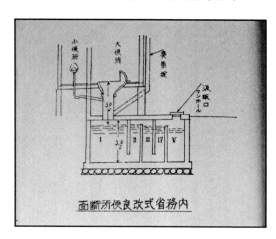

（資料來源：《便所の話》,〈ホ〉）

　　另外內務省改良式的變形包括有多槽式改良便所、準內務省式改良便所
汲取式改良便所。

圖 4-3-3　準內務省式改良便所

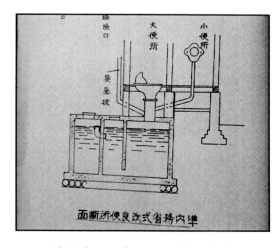

（資料來源：《便所の話》,〈卜〉）

　　準內務省改良式便所（圖 4-3-3）較內務省改良式便所少中隔為三槽式，
汲取式改良便所為兩槽，儲存時間較短。另一種形式更為簡單為陶制改良式
便所（圖 4-3-4），是在來式的形制加以改良，多了排氣管及汲取管並加以密封，
不為昆蟲及鼠輩所出入。

圖 4-3-4　陶製改良便所

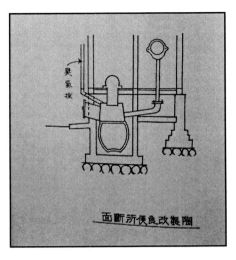

（資料來源：《便所の話》，〈リ〉）

　　至於第四種水槽式便所及第五種水洗式便所〔註88〕因工程費用較昂貴，在日據時期少被採用。就內務省式便所來講，造價爲八十圓，約當時普通上班族月薪的四倍。高等法院院長如此高官也僅用這種蹲式廁所，可見內務省式在當時已是非常高級的建築裝備。〔註89〕

　　日據時期廁所裝置量的成長並不如電燈和自來水等法令鼓勵而達到預期的成長，主因是當時台灣人對預防傷寒傳染病的認知缺乏，政府雖然極力宣導廣爲推行個人廁所以預防傷寒傳染病，但礙於政府經費、人民財力及台灣人民的如廁習慣等，廁所興建工作著實有限。〔註90〕

　　雖然日據時期推行興建廁所的成效不高，但也間接改變台人的生活習

〔註88〕位於台北市京町（今博愛路、開封街一帶）的近藤商會（公司）店舖新樓，於大正十五年（1926）十月動工，昭和二年（1927）完工，便所採「水洗式」，屋外設淨化槽。三層樓高的近藤商會，一樓店面有玻璃櫥窗，鋪大理石，非常時髦，裝設的水洗式便所也是整個日據時期台灣最先進的廁所形式。見《臺灣建築會誌》第一輯二號，頁 76。另參見陳柔縉，《台灣西方文明初體驗》，台北：麥田出版社，2005 年，頁 92。

〔註89〕據《便所の話》，淨化裝置便所從 350 圓到 270 圓不等，內務省約 80 圓，多槽式約 120 圓，準約 50 圓，汲取式約 35 圓，陶製改良便所約 25 圓，在來便所約 20 圓。參見台北州警務部，《便所の話》，頁 35。

〔註90〕對於日據時期台灣廁所設置不如預期高之原因，參見董宜秋，《台灣「便所」之研究（1895～1945）——以「便所」興建及污物處理爲主題》，國立中正大學歷史研究所碩士論文，頁 69。

慣。據洪掛先生之口述：

> 新街（今沙田路）的磚造二樓房出現了，震災使得庄民因禍得福，
> 窗戶不但增加而且擴大，一掃霉氣，與尿屎同居的現象不復存在了，
> 家家戶戶新建洗澡間與屋內廁所，衛生環境大為改善。同時耐震意
> 識提高，不再蓋土墼厝，而以稟堵壁（以竹木為柱，間以竹先編成
> 內壁，外層再敷以石灰）代替，屋內較災前寬敞、光亮、通風、舒
> 適多了。〔註91〕

可見現代化廁所設置，也成了都市家宅現代化的指標之一。

第三節　都市家宅現代化設備的新生活形態

　　現代化的設備帶來新生活形態，以前需靠人力完成的家務事，現在只需要機械就可以完成，這對於勞動家務者不但是福音，對於家庭生活也具有長遠的影響。日據時期，台灣都市家宅逐漸步入機械化時代，家居品質逐步提升，空氣流通、光線充足成為進一步提昇家居品質的要素。

一、電氣設備對家庭生活的改變

（一）都市家宅的電燈設備與使用

　　一直到十八世紀末葉為止，夜晚照明設施並不普遍，多數人都遵循著日出而作、日落而息的生活規律作息。隨著科學技術的發展，使用電燈人口日益增多，壓低了電燈費用。臺灣自一九〇三年後，使用油燈的成本已高於電燈，且油燈燃燒石油會產生黑煙及惡臭的缺點〔註92〕，電燈遂取代油燈，使臺灣隨著照明工具的改變進入「電燈世紀」。〔註93〕日據時期擔任台中清水街長的楊肇嘉（1892～1976）回憶其時電燈架設的情況說：

〔註91〕 參見〈洪家與沙鹿〉，《中縣口述歷史第一輯》，台中縣立文化中心編印，頁120。
〔註92〕 在《嘉農口述歷史》書中，曾天賜校友（1931年生）回憶說：「家庭生活並沒有改善，讀書用油燈，有時候油燈薰的鼻子黑黑的，早上起床又只能聽雞啼叫，如果晚一點起床，趕不及坐台糖的五分仔車，就得走路走一個半小時到學校，好幾次趕時間，臉都來不及洗乾淨，黑者鼻子到學校，同學看到笑哈哈」。參見鄭三郎，《嘉農口述歷史》，嘉義：中華嘉義大學校有會，2002年，頁101。
〔註93〕 1919年，使用一年的油燈成本101圓，電燈15圓。 參見吳政憲，《日治時期臺灣的電燈發展》，國立臺灣師範大學歷史研究所碩士論文，1998年，頁73。

在我任職兩三星期後，清水街的電燈便架設完成，大放起光明。這不僅是我個人極感快慰，也給整個街民以歡欣、樂觀和希望。〔註94〕

可見電燈照明，帶來地方民眾對於現代化的期待。從清末的洋務運動開始，至日據的半世紀間，現代化運動在台灣已從排斥演至全面接受。

日據臺灣的供電系統並不如今日電力系統完備，且有供電限制。在一九二五年四月一日起，實施更新的「電氣供給規定」，配合臺灣四季的變化，一年分為四個時段輸電，每個時段電燈各有不同的供給時間：夏季晝長夜短，天色暗得較慢，下午五點半至六點半才得使用電燈；冬季晝短夜長，天色暗得較快，夜間使用電燈者提早下午四點半至五點半即可使用。〔註95〕葉石濤《府城瑣憶》曾提到當時限電供應的情況：

那年黯淡的冬天，不到五點天就暗下來。原來在日據時期由於供電能力不夠，所以除非是公家機關，大戶人家以外，大多數人家都是限電供應的；這就是說，不到下午六點，電就不來，所以家家戶戶都是漆黑一片的。早上六時一到，電就自動熄滅，所以在供電時間之外，扭開了電燈，也是無濟於事，屋子裡仍如黑夜。〔註96〕

家庭住宅的照明，除了提供夜晚替代日光的照明外，因家宅空間的使用不同，使得電燈也應需求而有各種的用途，而成為家居裝飾的一部份。據昭和九年（1934），日人關重廣寫一本《家庭電器讀本》介紹當時流行於都市家宅照明設備的使用。〔註97〕包括：

1、戶外照明：門燈通常設在大門之處，其作用是照明門牌號碼，方便客人在夜晚的拜訪，也可充當路燈便於夜晚通行。

〔註94〕見楊肇嘉，《楊肇嘉回憶錄》，台北：三民，1969年，頁168。另在張麗俊的《水竹居主人日記》在一九一四年二月二十一日，曾記載豐原舉行電燈通電儀式並寫詩記之「世界神工出，葫蘆電火通，流星垂路曲，皓月滿街同。不怕風吹黑，何須燭吐紅，黃昏光達旦，長是水晶宮」，見《水竹居主人日記》（四），中央研究院近代史研究所，2000年，頁12。

〔註95〕見〈台灣電力では電氣供給規定に大改を正へ加四月一日から實行〉《臺灣日日新報》，第8883號，大正14年2月3日，3版。1905年輸電時間僅籠統規定「日沒到日出送電」；1907年，分為兩段，每年5～9月為第一段，每天下午4點開始輸電到翌日早上7點止；10～隔年4月為第二段，每天下午3點開始輸電到翌日早上8點止。參見吳政憲，《日治時期臺灣的電燈發展》，國立臺灣師範大學歷史研究所碩士論文，1998年，頁136。

〔註96〕見葉石濤，《府城瑣憶》，高雄縣鳳山市：派色文化，1996年，頁6。

〔註97〕見關重廣，《家庭電器讀本》，東京：新光社，昭和9年（1934），頁45～63。

圖 4-4　大阪商船株式會社高雄支店長宿舍之門燈

（資料來源：《台灣建築會誌》第 4 輯 4 號）

　　上圖是大阪商船株式會社高雄支店長宿舍，其房屋的外牆大門口上有二盞東洋味十足的門燈，同時也具有裝飾效果。

　　2、玄關照明：通常在住宅之近門處的牆上或者入口處頂上，裝設壁燈以及天井燈，其作用為看清楚來訪客人面孔和方便在玄關處穿脫鞋。

圖 4-5　高橋氏宅玄關入口處之天井燈

（資料來源：《台灣建築會誌》第 6 輯 5 號）

　　上圖為高橋氏宅，其玄關入口處以圓弧形頂燈照明夜晚進出的家人及來訪的客人。裝設在入口處頂上的燈，為了使客人有好的印像通常會選黃色或橙色的燈光帶來親切的氣氛。

　　3、室內照明：通常將電燈安置在天花板的中央部位，天井燈（吊燈）為室內的主燈，作為全室照明及營造氣氛之用，另還有室內附燈，壁燈及檯燈作為局部照明之用。室內的照明燈具，也配合各室的風格及功能。如應接室係屬洋式空間，其電燈的造形也多為洋式風格，除了照明之外也兼具室內裝飾效果。

圖 4-6　林熊光宅客廳之燈具

（資料來源：《台灣建築會誌》第 2 輯 3 號）

　　上圖是林熊光宅，其客廳之天井燈以圓形的邊框四周以流蘇為裝飾，使得客廳極具有溫馨舒適的感覺。另外因受日人的影響，而設置的和室空間則為日式風格，為配合室內氣氛，包括天井燈及放置榻榻米上的燈器等多富含日本趣味。

圖 4-7　深川氏邸之燈

（資料來源：《台灣建築會誌》第 2 輯 3 號）

上圖為深川住宅，其配合整個和室氣氛，其燈以展現東洋味為主。除了應照明設備的用途而有不同的造型外，還考慮到室內空間的功能，調整照明光線的來源及強弱。

4、**房間照明**：書房因作為閱讀空間，須考慮光源的方向避免產生陰影，通常置檯燈於書桌左前方。子供室（兒童房）是小孩子們的寢室兼書房，燈光的設置也如書齋，同時也須考量小孩性格陰鬱或開朗給與光線的強度。寢室的照明設備，寢室通常是作為睡覺的場所，人一生中有三分之一時間待在寢室，因此寢室照明與身心的休養、保安、眼的衛生相當重要。

5、**食堂（餐廳）照明**：傾向直接強光照明。台所（廚房）則考慮到調理食物的安全衛生建議置燈位於調理台左後上方。

6、**其他家居空間的照明**：在洗面所、廁所、廊下（走廊）、押入（衣廚）等空間，亦設有天井燈、吊燈、壁燈照明。庭園電燈使用包括利用投光器照射植栽和噴水，以及石燈籠、水中照明和花壇照明等裝置。〔註98〕

都市家宅電燈的使用，使得夜間生活也能如日間一樣，家庭成員聚在一起時間增長，培養出家庭感情。一些以往不需光源的空間，也加入了電燈裝

〔註98〕對於其他家居空間的照明使用情形，參見王麗夙，《日治時期臺灣電力設施之研究》，中原大學建築系碩士論文，2004 年，頁 3～46。

設，如廁所、走廊及浴室，顯示主人對這些家宅空間的重視，也更注重這些空間的環境清潔，這一切設備環境的改變，都使得都市家宅環境及生活形態，乃至於家宅概念，都大異於傳統農業時代的家宅形態與觀念。

（二）都市家宅的其它電氣設備與使用

電氣供給使用後，與食衣住行育樂相關的電力技術陸續直接或間接的不斷被研發出來，戲院的電力利用使電影成為民眾日常娛樂之一，甚至飲用水道亦是利用電力驅動馬達揚水運轉，此外如電燈、電扇、冷氣、電熱等發明，使生活品質得到全面性的改善。有關日據時期台日士紳都市家宅的電氣發明及主要設備，可概述如下：〔註99〕

1、冬天禦寒用的電暖器：日據時期中上層家庭開始使用暖房用電熱器以取代煤炭暖爐，來改善冬天房子寒冷問題。由於電氣能源的使用，不似煤炭會產生黑煙及一氧化碳的問題，且電氣機器體積小，搬運自由。〔註100〕除了解決寒冷問題，也解決炭灰所帶來的清潔問題。當時所見的設備，有一種是可以蓄電的電暖器，當白天限電的時候，還可以使用這台機器。這機器可以在夜間一面暖房一面蓄電儲存。但因具有蓄電裝置，所以非常的重，一台二基電量的機器就有六百多斤的重量。還有較前者輕型的反射電氣暖爐，這台機器內置一面赤銅反射器。這反射器，可以反射熱氣，所以有客人來的時候可以將機器面向客人，即熱氣就全向客人方向送去。雖不能自行蓄電，但能轉移熱氣之方向，是這台機器的特點，可放在書房、客廳及浴廁裡，都很方便。另還有個人近身用的電氣毛毯，這是一尺四方的小電熱毯，置在普通毛毯中使用，附帶電鍵，可以自由加減溫熱，毛毯中有一安全器，可以調節溫度〔註101〕。另外還有電氣冒寒衣、足溫器等的發明。當時的各種電氣暖器與

〔註99〕 日據時期台灣現代家宅有關的電氣發明及主要設備，可參考下列資料：（1）關重廣，《家庭電器讀本》，東京：新光社，昭和 9 年。（2）野田健三郎，〈家庭電化に就て〉，《臺灣電器協會會報》第 12 號，昭和 12 年 5 月，頁 39～49。（3）「家庭電化和其實例」，《臺灣民報》第 2 卷第 4 號，大正 13 年 3 月 11 日。（4）〈電氣の家：後藤曠二氏宅を訪ふ〉，《臺灣婦人界》11 月號，昭和 9 年（1934）。

〔註100〕 電熱的利益有四，一、沒有火災之危險。二、沒有出毒的瓦斯，譬如木炭有出很毒的酸化炭素瓦斯，有許多人年年被此中毒而死。三、熱氣之加減自由，所以用電熱做料理很美味。四、機器之形狀極小，所以運搬很自由。參見「家庭電化和其實例」，《臺灣民報》第 2 卷第 4 號，大正 13 年（1924）3 月 11 日。

〔註101〕 臺灣日日新報，明治 31 年 6 月 2 日，曾刊載〈電可煖〉的報導，請使用電暖

今日所使用禦寒用的電暖器相差無幾，使得人於家宅生活中較為舒適，不用裹著厚重衣物，在客廳或書房喝一杯熱飲或讀書。

圖 4-8　足溫器

（資料來源：關重廣，《家庭電氣讀本》，頁 109）

　　上圖可見一女子在冬天溫習功課，但因其足下有一足溫器，顯得其並無畏於寒冷的冬天。不用懼怕寒冷冬天帶來的不便，這當然也對家務勞動效能上提升不少。但電氣暖爐，所費不貲，一基電量的機器六十五圓；二基電量的機器七十五圓；四基電量的機器九十三圓，且一小時費用大概要二錢至五、六錢。在當時也只限於中上層階層的家庭使用。〔註102〕

　　2、炊事用的電熱器：日據時期中上層家庭，電熱器已成為廚房重要設備

　　被者注意，勿使用不慎，而引起火災等之事件報導。

〔註102〕日據時期，一個開業醫師每月收入少則二、三百圓，多則有達五百圓左右（吳文星，《日據時期台灣社會領導階層之研究》，頁98）；（日人）判任七級薪俸共80圓（台灣愛國婦人，88卷3月號，頁70）；臺籍教師最高收入約45圓；印刷工人，月收入40圓；裁縫師15圓；女侍40圓；商店員12圓；洗衣婦30圓；女工30圓。（黃良銓，〈台北的雜居家屋〉，《民俗台灣（三）》，頁19）。而當時的下層勞動者，一家五口每日食費僅40錢（〈雇人工資〉，《漢文台灣日日新報》，明治41年3月13日）。

之一。因使用電氣，主婦的家務勞動大大節省，尤其是運用於炊事方面的電熱器，包含七輪（電熱盤）、電氣竈、密閉電氣竈、自動電氣竈、電氣茶瓶、電氣燒麵包器（烤麵包機）、電氣煎咖啡器、電氣溫牛奶器、煮卵器等。

圖 4-9　七輪圖

（資料來源：關重廣，《家庭電氣讀本》，頁 115）

　　當時烹煮食物最為方便者莫過於電熱盤（七輪）如圖 4-9，其為圓型或方型陶器盤上覆螺旋型電熱線，上放置釜、鍋、湯沸（燒開水用的壺）、茶瓶等來烹煮食物用的電器，比較以往使用薪火烹煮，不但無火災危險、煤煙產生問題，又可調節熱度、操作簡便、節省時間。而萬能電熱盤除電熱盤功能外，還增加炊飯、燒魚、蒸物等功能，電熱盤或萬能電熱盤為當時電氣化家庭必備的炊事用電熱器。〔註 103〕

　　具有保溫的電熱器可避免吃到冷食的，其連接電熱線加熱，並於外圍均設絕緣體使具保溫效果。這種小型電氣竈價格在七圓至二十五圓，可以煮二、三人份的飯及食物。煮一升米要一基的電量，二升米要二基的電量，花費時間約三十分鐘。此器具可以說是非常經濟，用此可以做各種食物的處理，其食物之香氣不易散出。另外更方便的是自動電氣竈（自動電鍋）的發明，因內裝有定時器，能自己煮飯，處理食物。其使用方式是給這台機器一定的水和米，這機器就能煮飯，待飯煮好，這機器上的定時器就自動跳起，並保溫食物。這些烹煮電器的發明與使用，雖省去了主婦料理食物的時間，但其價

〔註 103〕見本文〈附錄一〉在台日式住宅平面圖中，粟山俊一住宅及大島金太郎住宅的廚房均見有七輪台的設置。

格也非一般民眾所能負擔，在當時中上層階級的家庭者若擁有上述一兩樣電氣用品，也就可稱得上文明生活。

3、洗浴電熱設備：為了方便洗浴，便有電熱器的發明。這是能自由移動，極小型的電熱器，可投入水壺內煮水，也可以投入洗面盆內加溫洗面水，或是投入浴桶內加溫浴水，相當方便。更先進的家庭甚至有自動電氣熱水器，裝置在浴桶內以連結水管，浴桶內有一個調節器，可以控制浴水溫度，能保持浴桶內的水達一定溫度和一定容量。

4、保鮮及清潔用的電氣設備：電氣冷凍機（電冰箱），可以說改變以往處理食物的方式，因夏天食物放置在電冰箱中可防止腐壞，延後食物處理時間，使主婦在料理食物時較為充裕。其比使用冰塊冰存的冷藏庫溫度更低，溼氣亦較少。在當時還有為節省家務勞動所發明的，包括洗碗用的皿洗機（自動洗碗盤器），將用過的碗盤放置在這台機器內，闔上蓋子，按下開關，這台機器就會先以強勁的水柱清洗碗盤，洗好後再以熱水消毒碗盤，與今日的洗碗機無異。打掃用的真空掃除機（吸塵器），這台機器有一個真空室，以非常強的吸力吸取灰塵，不會造成塵埃滿天飛的問題，且操作非常簡單。

圖 4-10　使用吸塵器

（資料來源：〈電氣の家〉，《臺灣婦人界》11 月號，1934 年，頁 107。）

　　上圖是日據時期台灣日式家庭，在打掃房子時使用吸塵器，其方便甚至小孩也能操作使用。

　　5、其他家用電器：洗滌衣服用的電氣洗濯機（洗衣機），這機器分三部，第一浸在石鹼水中的衣服。被兩個大的木輪反覆壓榨，去掉污水後，進去漂白室漂白，漂白完再進入壓榨室，榨取水分就完成。家庭主婦，完全不用手去浸水，只在旁邊讀書或是裁縫，看守這台機器就好。不似傳統婦女洗衣，還要到井水、溪邊以雙手去取水洗衣。自動電氣熨斗（烘乾機）譬如雨天沒有太陽時候，取自自動洗濯機洗好的衣服，放進這台機器來烘乾，非常方便。另還有裁縫衣服的電氣裁縫機、整燙衣服用的電氣鏝和電氣火熨斗（電熨斗），這個機器的最大好處，是可以保持一定的溫度、減少衣服被燒的危險，也不用像舊式熨斗需要時時換炭火之繁瑣，費用也便宜，連續用一天不過二分錢左右。其形式有大的有小的，有旅行攜帶用的，各機都有調節器，可以自由調節溫度。

　　日據時期的電氣化家庭，除上述所列舉之外，也包括可以將水抽送至儲水槽的自動電氣揚水機（電動抽水馬達），以及保健衛生目的電氣扇、電氣按摩器、電氣濕潤器、電氣溫灸器及改善氣血循環的腰部震動機，報知用的電器計和電鈴，娛樂性質的電氣蓄音機等。這些電力家務設備充份取代傳統家居勞務的人力負擔，使一向承擔主要家務勞作的婦女，得到較多的休息與閒聊的時間。

二、衛生設備對家庭生活的改變

（一）都市家宅的浴廁設備與使用

　　日據時期，台灣的自來水供水設備日趨完善，除了擴展了都市的平面空間，同時也促進都市內市民生活立體空間的發展。這是因電動抽水馬達的使用，可將自來水抽送到高樓的儲水槽儲存，因此高樓層的用水不再需以人力負擔，於是單位空間的人口數也顯著的增加。然而隨著都市人口成長，高樓層的相繼出現，生活用水的需求量也就愈來愈大，而給水系統的完備，除提供了居民用水需求，也提高了都市生活環境的品質。〔註104〕另外隨著住宅內

〔註104〕有關高樓層用水的敘述，參見朱志謀，《國家與個人關係的再組——以日領時期台灣自來水事業為中心的探討》，國立台灣師範大學歷史研究所碩士論文，1998年，頁100。

自來水管道及污水管線的配置，使得浴廁有了固定的空間，這是台灣都市家宅衛生化第一步。

在洗澡或排泄等的行為有其特定而獨立的空間形式之前，有其極漫長的自然解決時期，而後演變至可攜（移動）式器物解決時期。就後者而言，行為乃依附在其他空間如臥室或廚房。在今日的一般人看來或許不解，但以浴廁器物比之衣櫃，則不過是臥室或其他空間的傢俱，也未必得另分一室來處理。機能分化、空間獨立的觀念，還是在日據時期以後才逐步擴張。〔註 105〕

1、廁所的設置與設備

早期台灣的房屋朝向和尺度常由風水上的吉凶來予以規範，因此便制約了平面和空間的佈置。以三合院為例，護龍分「龍」「虎」兩側，從正身往前看，左龍、右虎，認為虎側多凶，習置牛舍、豬圈，以穢臭驅凶，龍側為臥室用，家中人多，有將虎側作臥室，但長子通常較受優待，居龍側。這種以穢臭驅凶的風水觀念影響普遍，成為決定廁所位置的一條重要規範。〔註 106〕所以在日據時期規定要設置便所時，通常會設在面對合院住宅的左後方。〔註 107〕

在傳統上除了風水考量外，其因使用的便器有關，除了沖水式馬桶較無臭味外，其當時使用的改良式便所，均需固定時間汲取，易造成臭味。〔註 108〕日人總督府營繕課課長井手薰，在其住宅的規畫上，也因臭味而放棄中廊下型式將廁所放在入門的做法，改放在屋宅後方。〔註 109〕

日據後期，統治階級積極地推行皇民化政策，將日本的生活方式直接或間接地影響了台灣社會生活等各層面，包括推行國語（日語）、穿著、飲食及住家等。私人住宅的廁所的形態也在此波的改善運動中產生了改變，包括位置、形式及使用方式均有顯著的改變。一般而言，日式住宅台灣主要以木造

〔註 105〕見林進益，《浴廁空間使用性調查之研究——以台北縣大鵬華城為例》，中國文化大學建築及都市計劃研究所碩士論文，2002 年，頁 7。

〔註 106〕在《八宅明鏡》有言「凡出穢之所用，壓於本命之凶方鎮住凶神，反而大福」。另參見陳蕙芳，《村落地理學》，頁 190。

〔註 107〕見〈附錄二〉，較明顯有學田陳振方宅（台 02）、陳中和宅（台 04）、台北辜宅（台 06）、盧纘祥宅（台 07）、陳朝駿宅（台 09）、葉南輝宅（台 12）。

〔註 108〕吳國柄曾與李建興說「到臺灣，感覺臺灣臭氣四溢，我仔細研究，原來家家戶戶都使用糞坑」，故建議安上抽水馬桶，就沒有臭氣。參見陳柔縉，《台灣西方文明初體驗》，台北：麥田，2005 年，頁 95。

〔註 109〕見井手薰，〈審查概評〉，《小住宅懸賞圖面集》，1943 年，頁 5。

之一、二層平房爲主，其規劃大都採取中廊下型的和洋折衷的住宅。〔註110〕
其廁所及廚房都在住宅末端，其主要原因不外乎臭氣的影響以及使用的方便
性的兩項原因，並且因爲汲取式掏糞清理方式仍爲當時主要的清運系統，設
在住宅末端，在汲取時方便清理，也不易造成滿屋臭味。〔註111〕都市地區，
由於日人的都市計畫，對於私人住宅廁所有以法令命令興建，漸漸地都市的
市容景觀已不同往昔，私人如廁的方式也得到改善。其住宅廁所建築的改變
有：

（1）空間形態上，已有獨立的固定形態，並進入起居的中心邊緣地帶。
〔註112〕

（2）設備與器物上，衛生觀的改變，已逐漸脫離可攜式器物的束縛。在
都市化地區已受日本式住宅的影響使用沖水蹲式馬桶。〔註113〕

〔註110〕日據時期的台灣，在日本政府的樣式建築與殖民政策施行下，居住空間型態
產生了新式樣，和洋折衷式建築有了廣泛分佈，洋式生活也得以引入。日本
政府爲照顧在台官員眷屬，乃大量且制式化的在全島各地興建單幢式、雙幢
連接式及四幢連接式等三種型態之官式住宅。民間的一般企業、公司職舍所
採用的平面型態皆與官舍住宅類同，並成爲當時都市住宅的典型。參見，《台
北市志稿卷三政制志建設篇》，台北文獻會，頁147。另參考本文之第參章有
關日式空間的論述。

〔註111〕葉石濤曾回憶：「這盆屋共有三間，水電俱備，當然也有廁所：可不是現今的
那抽水馬桶，每個禮拜定期有一天，有人掏糞。掏糞時的那臭氣，眞教人無
處可逃，你走到哪兒，哪臭氣也跟著飄到哪兒。」參見葉石濤，《府城瑣憶》，
高雄縣鳳山市：派色文化，1996年，頁126。

〔註112〕在這些，日式住宅的浴廁位置大致相同，亦即位於住宅邊緣的轉角處，並
儘量放置北側。在外觀形式上，廁所尤其突出於住宅本體，而形成爲特殊
的轉角形式，在平面上的重要特徵是，區分爲大小便間，且爲空間串聯的
形式：其尺度仍與住宅模矩有關，淨寬幅度概爲90公分，淨長幅倍之，分
別出大、小解兩室，極少數未設小便斗者或乾脆貫通未隔，或直接以分隔
的前室作爲盥洗室。參見林進益，《浴廁空間使用性調查之研究——以台北
縣大鵬華城爲例》，中國文化大學建築及都市計劃研究所碩士論文，2002
年，頁10。

〔註113〕在設備方面，日人曾於一九〇〇年制定台灣家屋建築規則並同施行細則付
之實施。此後日當局並提倡廁所改良，提供各類型的標準廁所與化糞池說
明，讓民眾參酌採用。然以經濟條件限制，以及沖水化糞器具生產技術尚
未臻成熟，民眾採用者仍以蹲式的糞坑式馬桶，佔絕大部份，重視衛生的
家庭並於糞坑口加蓋，小便斗則一概爲壁掛的形式，盥洗處則通常在臨廁
所入口處走道側面以水槽權充。參見陳修兀，《台灣地區住宅浴廁空間、設
備、使用行爲沿革及使用現況調查研究》，國立成功大學建築研究所碩士論
文，1990年，頁2～9。

（3）使用行爲上：群居大環境仍以公共廁所爲主，住宅單元廁所已走向
　　　大、小便機能分離，捨棄尿壺的使用行爲。〔註114〕

這意味著不用再每天去清理發出惡臭的尿屎桶，或是去使用令人作嘔的
公廁，不用出門就可以輕鬆在家解決放尿屎的問題。

2、浴室的設置與設備

日據時期台灣現代化浴室就日式住宅來看，其浴室多位於住宅邊緣，或
末端。在與室內空間連繫上，是透過走道，而不用經過其它室內空間。具有
相當的私密性，也不會影響他人的作息。日據時期台灣的日式住宅主要是公
家眷舍，由於透過制式與大量興建的手段，所呈現樣式相當一致。其浴室空
間規劃上，幾乎全以一六五至一八○公分爲基本尺度，且有兩扇門分別開向
住宅內部與外部，均設置於住宅前側或後側之角落。也可見到當時是習慣將
浴室與盥洗室分開使用。另就洋式建築方面，一九二○年左右由於混凝土蓋
法的引入，一般住宅形式多爲兩層的連棟式，其樓下多爲客廳、餐廳及廚房，
樓上則爲佛堂、臥室及浴廁。〔註115〕在浴室設備也有別於傳統，大致有：

（1）浴盆，當時的浴室最主要的是木製浴桶，呈橢圓形，其尺度大致縱
　　　長 115 公分，橫長 85 公分，高度 95 公分。前端爲一加熱室與煙囪，
　　　熱源早期以材薪，後用柴油，延用至光復以後改用瓦斯。在加熱後
　　　方以木條隔熱的桶型才是浸泡空間。另一種較簡單乃是直接作成圓
　　　桶形的木桶，而無加熱設備。
（2）其他清洗用具，包括洗臉盆（木製或鐵製）、淨身刷、毛巾、瓜瓢（酯
　　　水用）等
（3）自來水設備，除城市地區外，仍不普遍，主要爲簡單的鉛製水龍頭
　　　和鉛製水管。〔註116〕

〔註114〕在使用行爲上面，上大號均以蹲姿，小號則區分男女：男性使用小便斗，女
　　　　性使用蹲坑式。男尊女卑的傳統非但在廁所形式上有所差異，在使用時間衝
　　　　突情況時，亦自以男主人爲先。參見陳修兀，《台灣地區住宅浴廁空間、設備、
　　　　使用行爲沿革及使用現況調查研究》，國立成功大學建築研究所碩士論文，
　　　　1990 年，頁 2〜9。
〔註115〕有關日據時期台灣日式住宅的浴室空間規劃，參見陳益仁，《從領域理論試探
　　　　住宅之空間架構》，國立成功大學建築研究所碩士論文，1989 年，頁 87。
〔註116〕有關日據時期台灣日式住宅的浴室設備說明，參見林進益，《浴廁空間使用性
　　　　調查之研究──以台北縣大鵬華城爲例》，中國文化大學建築及都市計劃研究

　　在一八九六年，佐倉孫三在其《臺風雜記》曾記載著〈浴場〉一條，說明台人如何受到日人影響而喜好洗澡。

　　臺人不好場浴。塵垢充體，則以湯水洗拭手足耳。是以身體常有異臭。唯夏時開浴場，名曰盆池，與內地浴場不同。其制大桶容溫湯，洗滌身體，似我所謂「行水」者。而浴室大抵係男子，至婦人則未必然。昔者臺北市中設盆池者有二、三，今則全無。而日人渡台以來，到處設浴堂以待客，青泉滾滾然、溫湯漫漫然，可以休矣、可以浴矣。髮膚快爽，有脫卻塵寰之想。頃者，臺人來浴者，亦往往有焉。曾臺人之遊內地者，告余曰：「吾歸臺之後，不能忘者有二：浴場之快適、廁圍之清潔是也」。由是觀之，臺人為日人之所化，好清潔之風日興可知耳。〔註117〕

　　日人是一個喜好沐浴的民族，除了家庭的沐浴，更喜歡到公共浴室或溫泉所進行泡澡以消除疲勞，公共浴室甚為普遍。在台灣，某些事業單位，譬如台糖的眷舍，有部份甚至完全使用公共浴室，而未在住宅內設置浴室者，則下班後各家庭紛紛攜帶家眷，持盆盛衣地赴『澡會』，亦為當時特殊的生活方式之一。在家庭沐浴方面，日本的洗澡習慣有淨身與浸泡兩段，沐浴者先以擦拭或拌以潑洗方式將身體洗淨，再進入浴盆中泡浴，由於個人洗澡均先行淨身再進浴盆，一桶泡浴用的熱水乃得全家共用，而此全家共享又不太浪費水的方式正是日式洗法的一大特點，這洗澡習慣也影響了日據時期的台灣人。〔註118〕

（二）都市家宅的廚房設備與使用

　　近來家庭衛生思想的發達，新建的住宅都希望有個理想的廚房。廚房是家居生活中，食物的調理、儲藏場所，是最重衛生的地方，廚房的環境設備也關係著家務效能。台灣早期的房屋中，廚房多位於每一「進」之間的天井

　　　　所碩士論文，2002 年，頁 10。

〔註117〕見佐倉孫三，《臺風雜記》，台北：台灣銀行，1961 年，頁 22。

〔註118〕對於日人影響台人洗浴習慣敘述，參見林進益，《浴廁空間使用性調查之研究——以台北縣大鵬華城為例》，中國文化大學建築及都市計劃研究所碩士論文，2002 年，頁 10。另據一位國民學校教師在 1969 年的訪問說道：「……因為日本人使人民注意清潔。我們從學校一年級起就學到這件事，這就是為什麼（日治時期）早期沒有人會天天洗澡，而現在，不洗澡是件不可思議的事」。見派翠西亞‧鶴見（E. Patricia Tsurumi）著；林正芳譯，《日治時期台灣教育史》，（宜蘭：仰山文教基金會，1999 年），頁 133。

側，且係直接面臨室外，因早期燃料多爲木材及煤炭，而炊具則爲灶及煤爐，升火時易造成大量濃煙，故廚房不宜連接室內其他空間；另廚房側天井亦可作爲木材、煤炭的堆積場所。〔註119〕這將使得廚房遠離家庭主要活動空間，形成婦女勞動的負荷，又取水、取薪都是依人力完成。

當家庭電化的來臨，及自來水供應後。帶來廚房革命性變化，要求光線與空氣十分充足，使得婦女在較乾淨的環境中工作，烹調出衛生可口的食物。另強調無障礙運動的活動空間，早期日本住宅廚房之作業方式，多承襲傳統的「跪姿」，且工作台面通常直接爲於地面，此種作業方式不僅工作性能較差，且在衛生上亦有所顧慮；時至大正初年，西方調理台的雛型經由雜誌報導傳入日本，且日本於大正五年發起「住宅改良運動」，徵求西方式樣的廚具設計，自此日本調理方式始漸漸改變。〔註120〕

〔註119〕對於早期傳統住宅廚房位置及缺點的描述，參見黃啓煌，《台灣地區住宅廚房使用行爲與空間特性之研究》，成功大學建築研究所碩士論文，1992 年，頁33。

〔註120〕現代廚房設計最顯著之進步，即將廚房之一切佈置成爲一種自然的行動，食物由冰箱取出，遞送至餐室，再以反複之步驟，將盤碟由桌上移置廚櫃，所有剩餘食物移藏冰箱。廚房之工作地面積成 U 字形，水盤之裝置即在 U 之中間。水盤之左爲有屜之櫥櫃，右爲爐竈。冰箱之裝置須與櫥櫃接近便利，故設置櫥之左面，最爲適宜。食物由冰箱移至廚櫃面上，由櫃至水盤，由水盤至爐竈，其工作地均通行無阻，別無他種阻礙之裝置。罐鍋之類置於爐灶左面之架上。當主婦烹飪食物時，即可毫不費力，將鍋取下，至水盤洗滌，盛以清水，將食物由廚櫃中取出，放入鍋中，置於爐上，其手續即告完成。此種理想裝置，將桌，架，櫥及其他三要件（冰箱、水盤、爐灶）在室中環繞成 U 字形，則在烹飪時成爲直線的行動，實爲可能之事。參見向華，〈現代廚房設計〉，《建築月刊》（上海建築協會，1933 年 4 月），頁 27～28。另參見黃啓煌，《台灣地區住宅廚房使用行爲與空間特性之研究》，成功大學建築研究所碩士論文，1992 年，頁 16。

圖 4-11　深川氏邸之廚房

（資料來源：《台灣建築會誌》第 2 輯 3 號。）

　　上圖是 1930 年，《台灣建築會誌》二輯三號，所刊載深川住宅的廚房。其具有淺色木質廚具，有水龍頭洗手槽，週圍擺以清潔物品，上有一對外窗，右面牆上置一壁燈及掛有橢圓形鏡子，左面牆上有固定式木架，架上放有調味料瓶，地面鋪以木板。

　　台灣在日據時期受到日人的影響，廚房設計也漸趨西洋化，注重空氣流通，也加裝電扇將污濁空氣排除，在靠窗面下置洗水槽、調理台、瓦斯台形成 L 形或 U 形，配膳台則靠近食堂入口，沿著牆壁四周可置戶棚（廚櫃）收納物品及碗盤器具，高低也配合著身形便於取用。

　　如〈附錄一‧日 10 粟山俊一氏住宅、日 11 大島金太郎氏住宅〉中的廚房平面圖，都可見有 L 型調理台，其上有電氣設備的七輪台、電冰箱。可知 L 型的廚房概念，可以大大方便並節省婦女的勞動。另外在平面圖中也知電氣已成為廚房的主要設備。

　　這些電氣的加入不僅使夜間廚房可以被照明，電熱盤、萬能電熱盤、電鍋、電熱水瓶及電冰箱都大大提升家務效能。尤其是廚房做為烹煮食物的場所因使用電器，不用在勞苦的撿拾柴薪，並堆至在廚房，使得廚房空間較早期合院廚房來的乾淨，內部設施，也不用早期建築廚房中使用的的爐灶，使得內部空間擴大，方便主婦烹煮動線。這使得婦女的家庭勞動大大減省。

第伍章　都市家宅的裝飾與審美觀

　　台灣都市家宅的生活形態由傳統向現代的轉型軌跡，除隱私空間和電氣、自來水等現代設備的發展可見其端倪外，家宅裝潢反映審美觀的轉變，也是觀察台灣家宅生活現代化的重要脈絡。

　　日據時期的台灣平均每人的實質生產毛額呈現上升的變動趨勢。學者研究一九一○年至一九四○年的日據期間，台灣農家所得持續增加時，農家的飲食費比例卻下絳，而育樂費與保健衛生費等第二生活費比例則在增加，可見台灣農家的物質生活，在此時期正在持續改善。〔註1〕傳統的家居生活已不能滿足新社會的要求，尤其是資本主義經濟活絡下，所產生的資產新貴。〔註2〕這些人大部份接受新式教育及留學歸國者，其對於家居生活與審美標準有別於傳統家居。運用最新的技術築起新式家居，使室內室外的視覺產生變化。光線透過玻璃射進室內使得房間顯得明亮不再顯得昏暗，流動的氣體帶來新鮮的空氣，從家具的選擇與擺設透露出一種新的家居美學的到來。

〔註1〕　據張素梅與葉淑真的研究指出，日據時代，台灣的農家飲食費比例長時間可能持續在下降著，相反地，育樂費比例與保健衛生費比例長期間可能持續在上升著。當所得持續增加時，農家的飲食費比例卻在下降，而育樂費與保健衛生費等第二生活費重要項目之比例則在增加；因此，我們討論農家的物質生活，可能從 1910 年以來，長時間持續地在改善著。參見張素梅；葉淑真，〈日治時代台灣農家之消費結構〉《經濟論文叢刊》，第 29 輯第 4 期，2001年 12 月，頁 439 頁。

〔註2〕　台灣總督府之用人顯示較偏重財富、家世及與其合作的程度，影響所及，士紳的社會主導地位漸被富豪及與總督府合作者所取代，「紳士」一詞漸不再是專指正、異途科名出身者，而變成泛指社會領導人物之尊稱；士紳集團的影響力和人數日漸衰微，而富豪集團漸居社會領導階層的中間地位。參見吳文星《日據時期台灣社會領導階層之研究》，台北：正中書局，1992 年，頁 372。

第一節　都市家宅西化裝飾的發展

　　台灣西化的家宅裝飾起源於日據時期，之前的傳統家宅陳設方式，表現出一種東方式的吉凶倫理觀念。舉凡間架的配置、文飾的鋪排、家具的陳列、乃至於字畫玩器的陳列等，深受長幼有序及陰陽五行等觀念影響，以取得趨吉避凶效果，〔註3〕這種佈置的格局正是傳統禮教精神的直接反映。

　　日據時期受到殖民統治的關係，中上層階層的台灣民眾由於受到現代教育的洗禮，紛紛以西方的價值為標準，從飲食、服飾及家宅均以西洋為尚，形成現代審美觀。中上層階級為了誇富也競相以西洋樣式裝飾其家宅，展現社會領導的地位，「西洋化」同時間成為「奢侈」的代名詞。因此背景之故，以下所指台灣家宅的「洋式裝飾」，也以台灣當時引進並仿傚的西方中產階級十八世紀以來的家宅裝飾觀念為主。

一、近代西方中產家宅的室內裝飾〔註4〕

　　西方在十九世紀與二十世紀交替之際，由於工業革命提升經濟生產力，工資普遍提高，中產階級（布爾喬亞）〔註5〕文化得以露出端倪，其特點是

〔註3〕　關於傳統漢人家居室內陳設原則的論述，參見王健柱，《室內設計學》，台北：藝風堂出版社，1988 年，頁 21。

〔註4〕　根據英國設計史家喬治塞維奇（George Savage）在室內裝飾史導論中的解釋：「室內裝飾是建築內部固定的表面裝飾和可以移動的佈置所共同創造的整體效果」。（王健柱，《室內設計學》，頁 7）另在一九七三年出版的《世界百科全書》的解釋室內裝飾是「一種使房間生動和舒適的藝術……當選擇和安排妥善的時候，可以產生美觀、實用和個別性的效果」、一九七五年出版的《國際百科全書》的解釋室內裝飾是「將一個或一組房間的建築要素，與陳設、色彩、和擺飾等有效的結合，而能正確的反映出個別的格調、需要、和興趣的一種藝術」。及一九七五年出版的《美國百科全書》的解釋，室內裝飾是「實現在直接環境中創造美觀、舒適和實用等基本需要的創造性藝術」等的說法。綜合以上所論，室內裝飾，是為了使家居生活達到舒適的效果，而從事的裝飾活動。

〔註5〕　布爾喬亞的英語「bourgeoisie」來自法語，源於義大利語的「borghesia」而後者又是源於從希臘語「phrgos」演化而來的「borgo」，意思是村莊。也是指在村莊中心擁有房子的自由人。資產階級出現在中古時期的義大利，那時住在村莊的居民開始變得比住在附近鄉間的人還要富有。因此他們可以獲得相對上較多的權力和影響力，越來越接近統治階級和神職人員，同時逐漸遠離平民階級。中古時期的資產階級原型就是磨坊擁有者，他們能夠對當地經濟產生影響力，甚至可以對統治者表達否決權。19 世紀之前，這個詞大部份情況下指的是低於貴族，高於農奴和無產階級的廣大人群。參見 http:zh.wikipedia.org 中文維基百科，布爾喬亞條目。

堅持公共生活領域和私人生活領域的分別，並強調對家庭『內務』的關注，〔註6〕也相當重視家庭的生活環境，英國人和美國人甚至創造了「home-making」『家政』這個名詞。〔註7〕其所注重就是家宅的舒適性。

（一）西方家宅的舒適意識

據 Rybczynski Witold, "Home: A Short History of an Idea"中對西歐家居發展史的考察，認為對家居「舒適」感的追求，是到十八世紀才有人用「comfort」來表示家居生活的快意。〔註8〕在此之前，中世紀歐洲普遍的住宅形式，是以居家和工作室合一的設計為其住宅典型。當時的住宅空間不是現代住宅常見的由一連幾間房組合成的生活空間，而是一單間大房，所有會客交誼、烹飪、進餐、起居休閒和睡覺都在這裡。〔註9〕其居住空間功能的多層重疊，可以想見其屋內凌亂、吵雜、擁擠及氣味不佳之情況，應無所謂舒適可言。十七、八世紀的歐洲人的家宅開始將生活與工作區隔，使住家成為一個比較隱私的地方。隨著這種住處隱私化潮流而不斷興起的，是一種親密感，一種完全將住宅視與家庭生活等同的意識。〔註10〕現代家居生活的價值追求及其核心概念於此已見芻形。

隨著工業發展和生活意識與居住品質概念的提升，家逐漸成為一個純供居住的處所。許多人開始視家具為一種值得珍惜的財產，認為它們是室內裝飾的一部份，而不再僅僅只是裝備而已。〔註11〕

在歐洲最早出現這樣趨勢是十七世紀的荷蘭，其大多數房子只住著一對夫婦與他們的子女。過去「大房子」特有的那種公開性，已經為一種比較安寧，比較隱私的家庭生活取代。〔註12〕荷蘭式的小屋在整個歐洲發揮極大的

〔註6〕　有關中產階級之公私領域概念特徵的論述，參見〔美〕約翰・斯梅爾著；陳詠譯，《中產階級文化的起源》第六章〈構建私人領域：家庭與社交〉，上海：上海人民出版社，頁194～210。

〔註7〕　見〔法〕安・比爾基埃等主編；袁樹仁等譯，《家庭史（三）：現代化的衝擊》，北京：三聯書店，1998年，頁565。

〔註8〕　見 Rybczynski Witold ,*Home:A Short History of an Idea*〔New York:Viking Penguin Inc.,1986〕,p.20.

〔註9〕　見 Rybczynski Witold ,*Home:A Short History of an Idea*,p.25.

〔註10〕　見 Rybczynski Witold ,*Home:A Short History of an Idea*,p.39.

〔註11〕　據 Rybczynski Witold 的說法，當時家具通常不是由橡木，而是胡桃木製成，或者更為講究的家庭中是由黑木製成。參見 Rybczynski Witold ,*Home:A Short History of an Idea*,p.39.

〔註12〕　在絕大多數的荷蘭城市，每一戶居住人口平均不超過四或五人，相形之下，

影響力，特別是英國，幾乎整個十七世紀，英國民眾品味一直深受荷蘭影響，荷蘭建築那種質樸無華、強調實用，以及規模小而隱密性高的特性，深受喜愛。英國當時普遍流行的住宅形式爲喬治亞式房屋，其中出現公共房間的設計，不僅畫分出專供進餐、娛樂與休閒活動之用的公共室，同時也包括家人專有的私室〔註13〕。此類住宅形式正代表英國住宅設計吸取荷蘭小屋元素而向現代住宅演進過程的中間階段。〔註14〕

十九世紀後隨著英國國力如日中天，英式住屋及其生活方式也隨之傳播世界各地，引起仿傚風潮，對美國影響尤大。其時美國中產階級迅速增加，一般家庭也很少僱用僕人，喬治亞式房屋的小而美中產居家設計，很快風行美國。〔註15〕隨後在美國出現的安妮女王風格（Queen Anne Style）〔註16〕與木瓦式風格（Shingle Style）〔註17〕住宅形式，都是由喬治亞式小房格局發展出的住宅風格。

（二）近代西方家宅的家具裝飾

近代西方家宅以甜美、溫馨及舒適的屋內氣氛爲主要基調，這樣的氣氛主要由室內裝潢所營造。但十七世紀以前的西方家居，不管是城市還是農村，屋內往往並無特別的居家裝飾與家具。〔註18〕可見當時歐洲家庭內的擺設

　　　當時在巴黎這類城市每戶經常要住到二十五人。參見 Rybczynski
　　　Witold ,*Home:A Short History of an Idea*,p.59.
〔註13〕見 Rybczynski Witold ,*Home:A Short History of an Idea*,p.110.
〔註14〕喬治亞式建築風格流行期間約相當於喬治一世到四世統治期間（1714 到 1830
　　　年）。主要是將家居生活、優雅與舒適結合得空前成功的時代。參見 Rybczynski
　　　Witold ,*Home:A Short History of an Idea*,p.109.
〔註15〕據畢秋的說法，大房子因桌椅、烹調材料與用具、清洗槽與餐室等等，彼此
　　　距離如此之遠，僅僅是來回走動、取用與擺回物件，半數時間與精力已經耗
　　　盡，爲節省婦女的勞動應以小住宅形式爲佳。見Catherine E. Beecher , *American
　　　Woman's Home.*（Hartford:Harriet Beecher Stowe Center, 1975），p34.
〔註16〕英國流行於 1850 年代安妮皇后（Queen Anne）時期建築樣式，它是以磚構爲
　　　主的建築，爲了增加結構強度又間以石材補強，於是形成紅磚白石相間的亮
　　　眼外觀。參見黃俊銘，《總督府物語》，台北縣：向日葵，2004 年，頁 117。
〔註17〕木瓦風格（1879～1893）建築是美國化的安妮皇后風格，其特色爲連續不斷
　　　的木片屋頂表面、波浪狀的牆表面、龐大的門廊、有窗頭線飾的屋頂窗、具
　　　鄉村氣息的石材、圓形拱頂等。參見黎辛斯基（Witold Rybczynski）著；楊惠
　　　君譯，《建築的表情：建築風格與流行時尚的演變》，台北縣：木馬，2005 年，
　　　頁 132。
〔註18〕這種住「大房子」的生活方式，不僅是十七世紀，也是十五世紀、十六世紀
　　　富裕的布爾喬亞的生活方式，其特性是它的公共性。其家居活動都在樓下那

物，還沒有專屬空間，家具是隨需要而擺設的必需品，並無現代家居中兼具裝飾物品的意義。〔註19〕

　　十七世紀的西方，只有荷蘭的房屋有家具裝飾，意在表現房屋主人的財富和品味。其屋內設置有長椅和凳子，椅子幾乎一律沒有扶手，但都有椅墊，並用絲絨與其他考究的材質製成椅飾。桌子也用橡木或胡桃木製造，有曲線優雅的桌腳。〔註20〕其種種擺設方式和裝飾觀念，都顯示出十七世紀的荷蘭家具，已具有現代家居在物品的實用功能外，所更加重視的佈置與裝飾意義，不僅代表著主人家的品味，同時也兼具有美觀及實用性，重要的是製造出舒適的感覺。

　　一直到十八世紀，一些初級奢侈品，如椅子、羊毛床墊和羽絨被子才開始在歐洲傳佈，某些地區的農民開始擁有描花或精雕細刻的裝飾性家具。〔註21〕各類型家具的生產，反映出房屋的陳設安排漸趨專門化，不同房間也開始具備不同功能，向現代家居的舒適氛圍與功能逐步演化。

二、台灣都市家宅裝飾的演變歷程

　　台灣近代家宅裝飾，應源自台灣開港通商後外人所建的洋樓，但這僅限

間大房中進行。大房正中央擺著一張桌子與四把椅子，其他家具則貼壁散置房間四週，當有訪客時，椅子置於凸窗前，於是形成一個臨時的會客區。廚房中有一個大爐床，和一張附帶幾把凳子的小桌，銅製與白鑞製的器皿就掛在牆上。所謂宴會室只有寥寥幾把椅子。其他房內，除床與儲藏衣物的箱子以外，並無其他家具。參見 Rybczynski Witold ,*Home:A Short History of an Idea*,p.45.

〔註19〕物的意義並非單純地存在於物體之中，也不只是個人既有的心理需求與衝突的投射，而是個人與物體的對話所形成對物的經驗。所以物的改變即反映一種自我經驗的改變。陳麗珍，《解讀居家中女性的自我與異己》，中原大學室內設計學系碩士論文，2003年，頁58。

〔註20〕荷蘭家庭一般備置兩個碗櫥，它們通常鑲有珍貴的木材以為裝飾，其中一個櫥用來置放亞麻織物，另一個用於擺餐具。為儲存與展示餐具，荷蘭人也使用以玻璃為面的櫥具，可以置放銀器、水晶、臺夫特瓷，以及中國瓷器。當時荷蘭人的家具陳設，的確異於其他歐洲國家。在荷蘭人看來，家具是美觀、令人羨慕，也是用來使用的，家具的擺設不能太過擁擠，以免破壞房間與房內光線營造的那種空間感。參見 Rybczynski Witold ,*Home:A Short History of an Idea*,p.63.

〔註21〕見〔法〕費爾南·布勞岱爾著；顧良等譯，《十五至十八世紀的物質文明、經濟和資本主義（一）：日常生活的結構：可能和不可能》，北京：三聯書店，1996年，頁333。

於西洋人居住地方，並未擴及台人。〔註22〕直到日據時期，台人才開始營建西式的現代家居，帶進西方生活方式與品味。一方面是傳統家居裝飾禮教意識的鬆動；一方面是都市的發展，中產階級的興起及人口集中於都市，都是帶動一波現代家居改建風潮的原因。

（一）都市家宅溫馨裝飾的興起

台灣漢人傳統文化沿自中國，深受儒家倫理宗法觀念影響，特別具體表現在建築和家具上的空間位序和軸線正偏觀念上。傳統建築向來依建築立面、屋頂形制、屋脊高低等表現居者的主從關係，主要空間都配置在中心線的縱軸上，如正廳（公媽廳、祖先廳）和客廳等具正式威儀的家族公共空間。而次要空間則設置於橫軸線，如寢室和書房等私人起居空間。橫軸線兩旁並按尊卑、長幼、親疏的等倫理意識與家族關係，逐次配置其位序。

傳統家具的陳設亦與建築格局相呼應，在正廳和客廳等具祭祀和議事功能的權威空間裡，設於正軸的家具，呈奇數組合，如案、桌。位於兩旁的扶手椅和几，則採成套偶數對稱擺列。以坐椅為例，扶手椅之地位較靠背椅為尊，通常置於正廳、客廳等較為嚴謹之處；而靠背椅又比凳類家具之地位為高。所以台灣傳統家具的造形、功能、配置，甚至室內陳設和擺飾，通常是與倫理觀念的空間位序和軸線正偏相契合。〔註23〕

另外傳統房屋裝飾的主題與數量，也受到倫理秩序的限制，必須符合其家族社會地位，不可隨便僭越。裝飾是傳統建築中的象徵符號，除了美化建築的功能外，裝飾題材所傳達的象徵意涵更深遠的賦予了居宅的社會意義，同時也隱含屋主的家族期盼。整體而言，傳統建築裝飾的象徵意涵大抵表現為祈福、辟邪、教化以及呼應或彰顯屋主的身份地位。〔註24〕台灣傳統住宅，

〔註22〕 1860 年訂立天津條約，台灣開放北部的基隆、淡水及南部的安平、高雄為通商港口，允許外人居留並建造房舍，開始出現洋行、領事館、學校及教堂建築。因外力之作用，內部產生了變化，建築的使用類型及形式來源都隨之擴張，材料及結構也產生變化。譬如木結構一直是台灣建築之主流，但到這時期，磚構造卻大量增加，也出現拱形鐵板、工形鋼樑等。現存包括高雄英國領事館 1866 年、屏東萬金天主教堂 1869 年、台南安平東興洋行 1880 年、淡水牛津理學堂 1882 年、淡水紅毛城的英國領事館 1891 年。見李乾朗，〈台灣近代建築中地方傳統與外來形式之關係〉，《建築師》（3），1986 年，頁 47。

〔註23〕 關於台灣家具形式及擺設的倫理性之論述，參見李億勳，《台灣傳統坐椅之研究——以扶手椅為例》，國立台灣師範大學美術研究所碩士論文，1992 年，頁 57。

〔註24〕 關於台灣傳統民居裝飾意義的論述，參見林世超，〈傳統民宅裝飾之研究〉，《中

使用繁複精細的裝飾，其位置大多偏重於正身與合院內部的立面上，外部牆面則比較樸素，顯示對外封閉的中國美學特質。

日據時期台灣傳統建築因都市化發展的影響，人口集中於城市，傳統合院形的房子並不適於都市生活，小型住宅大量產生，在空間有限的城區將房屋各室儘量集結在一起，抱合形態〔註 25〕的住宅打破了傳統合院的幾何對稱格局，傳統合院的禮教裝飾與家具陳設，亦難以符合近代家宅私密風格的追求。例如常見於傳統建築裝飾的忠孝節義等嚴肅主題不再如過去一樣常見，代之而起的是自然物等視覺圖案的西方風格。住宅的內部裝飾不再以倫理觀為指導原則，轉而重視家庭私密空間與親情氣氛的營造，同時摒棄了傳統木構為主的中式家具〔註 26〕，改以強調舒適的沙發、窗簾、地毯及壁紙等軟性題材來裝飾室內的居家環境。

（二）西洋裝飾的變化歷程

日據時期台灣西洋住宅的興建時間大約從一九一〇年開始，持續到一九四〇年。〔註 27〕此期間興建的現代家居風格多數不同於傳統民居式樣，主要與當時中產階級的興起有關。〔註 28〕這期間改建現代住宅，都是各地方領導者及

華民國建築學會第十五屆建築研究成果發表會論文集》，2003 年 12 月 6 日，頁 B1-1。

〔註 25〕 見黃建鈞，《台灣日據時期建築家井手薰之研究》，國立成功大學建築研究所碩士論文，1995 年，頁 148。

〔註 26〕 舒適不是台灣傳統扶手椅所追求的首要機能，扶手椅首要的機能是使人處於禮的環境中，舉止能符合於禮的標準和要求。因此可知台灣傳統扶手椅是兼雇實用機能和社會禮儀取向的。參見李億勳，《台灣傳統坐椅之研究——以扶手椅為例》，國立台灣師範大學美術研究所碩士論文，1992 年，頁 57。

〔註 27〕 柳營別墅 1910、陳振方宅 1920、劉焜煌宅 1909、陳中和宅 1920、鹿港辜顯榮宅 1913、台北辜顯榮宅 1920、盧纘祥宅 1926、林熊光宅 1930、陳朝駿宅 1914、李春生宅 1930、楊子培氏宅 1934、葉南輝宅 1940、義竹翁清江宅 1910、大林甘蔗崙陳宅 1922、高雄李氏古宅 1931、塗厝里默園陳宅 1928、龍潭里蕭宅 1927、二重村黃宅 1939、港西村餘三館陳宅 1913、萬華林宅 1932。

〔註 28〕 1898 年到 1905 年間的土地調查與改革，順應台灣土地所有權制度的演變趨勢，將日益沒落之不在地地主的大租戶所有權予以取消，並確立真正經營者小租戶的所有權，使得清代混淆的所有權關係以及加諸土地的人際束縛亦因之解除，土地方得以自由買賣並受到法律保障。藉由日人這項欲使台灣財政獨立的政策施行，形成了掌有剩餘可以從事市場交易的富農階層，亦即小租戶。這項政策同時也造成了農村土地的分化與小農經濟的形成。此外，一些新崛起的實業家因從事某些特殊的商業活動，諸如專賣、土地投資、水利設施的營造或疏濬河道以及參與日人企業的投資等等，因而致富。日人據台後，

成功的商人，在與外商接觸並致富後，從生活型態開始西化，在住宅建築形式上也經常以殖民建築樣式爲模仿對象，許多人在致富後常有興建洋風式樣的建築以誇富之舉。〔註29〕這些代表社會中產階級的佼佼者，以其財富取得社會地位，與過去以科舉考試取得途徑不同，而在生活起居上表現出異於台灣人的景象，以刻意宣達其優越感，也在連貫的誇富之舉中隱隱牽引社會脈動，無形中影響台灣人民漸漸提高對西方文明的接受程度。〔註30〕

其所興建的西洋家宅，在日據時期有三次形式的變化。第一次變化，主要是建築樣式的模仿，期間約在一九○○年至一九二○年間。此期建築主要是模仿西洋新古典主義的樣式（Neo-Classicism），運用希臘、羅馬及中世紀哥德建築的特色元素，混合搭配爲新式洋樓建築。典型代表者如建於一九一○年的柳營別墅，是日據時期曾任嘉義廳參事官的劉神嶽（1862～1921）〔註31〕在嘉義柳營所興建的洋樓。其建築形式模仿東京舊火車站的造型，爲二層樓的R.C.加強磚造，具有殖民地樣式的外廊，趨向傳統古典西洋建築空間的風格，尤其是別墅外型，更是傳達西洋建築美學所具有的外顯性格。其抬高地基、位於軸線上台階、洋式立面造型以及一體成型的建築量體，使整個別墅具有

一些上層官紳遷回大陸，其餘的選擇隱盾。而下層仕紳則爲殖民政府拉攏，被延聘擔任地方的行政事務的中堅，多數爲地方的富商、地主或新興實業家，而成爲新的領導階層。其中清領時期的小租戶因無法離開鄉村社會，他們常擔任村落中總理或董事之職位，本就是村落中的領導階層。日據後取消大租戶的結果，及實施保甲制度下，更鞏固其地方領導階層地位。因此舊有的地方領導階層仍相當程度地延續到日據時期，但在政治、社會與經濟上的地位更加穩固，並受到日人的重視及保護，因而顯得更爲多樣與有權力。這些通常有較高的教育程度，並佔有地方類行政職位，因此更有機會接觸外來的現代化的事物，包括民宅的營建。他們是農村常民獲得現代化資訊的主要管道之一。參見本文第貳章第二節台灣社會資產階級之產生。

〔註29〕據歷史學者許雪姬對日據時期台中縣的近代民居的調查，清一色爲中上資產階級宅邸，除霧峰林家與太平吳家是爲大資本家，家產超過一百萬外，其餘則皆爲中資產家，家產約在十萬圓以下皆爲地方上的富紳商賈。見許雪姬計畫主持，《臺中縣建築發展——民宅篇》，台中縣：中縣文化，1993年，頁85。

〔註30〕關於舊士紳與新貴對於宅邸理念的論述，參見文芸，《日治時期台北三市街店屋立面風格之研究》，淡江大學建築系碩士論文，2000年，頁19。

〔註31〕劉神嶽（1862～1921）爲柳營劉家長房第八代子孫，1883年取進縣學秀才。1897年獲選任鹽水港辦務署參事。1898年獲總督府頒授紳章。1901年轉任鹽水港廳參事。其後，復轉任嘉義廳參事。鹽水港製糖會社創立之後，因頗有投資，而先後獲選爲取締役、監察役，參與擘畫經營，爲地方屈指可數之富豪。參見許雪姬總策畫，《臺灣歷史辭典》，台北：文建會，2004年，頁1199。

莊嚴性。〔註32〕這時期的建築一改過去傳統建築，大量採用西方建築語彙，形成家宅美學革命。

　　第二次，過渡期建築（折衷主義〔註33〕樣式），約起於一九二〇年至一九三〇年。這時期的建築立面上仍可以看出新古典主義風格的形式，但已簡化其裝飾元素，形成較簡約而和諧的建築風格。如建於一九二〇年的李春生住宅，是日據時期與日本政界關係良好的茶商李春生〔註34〕（1838～1924）在台北大稻埕所建的住宅，其住宅裝飾採用古典簡化形式，入口立面使用淺綠色面磚，兩側立面為暗紅色面磚，為三樓鋼筋混凝土造，二樓立面的開窗使用中國風格，三樓開窗則為洋式風格。屋頂女兒牆上的裝飾使用來自不同文化的混合風格，正中央以山牆做強調，是二、三〇年代臺灣商業性街屋立面的普遍作法。〔註35〕但此時期仍以中軸對稱，立面與平面的造型，主要是營造和諧莊重的印象。

　　第三次建築樣式與風格的變化，是向現代主義建築的演變，時間約在一九三〇年之後，其時西洋古典的外觀裝飾元素已完全消失，而使用自由造型與建材。如建於一九四〇年的葉南輝住宅〔註36〕，是醫師葉南輝在台南市中心所建的別墅，建築的基地面積不大，整體外觀覆以木造雨淋板，開窗形式與屋頂為受西洋形式影響的日式造型，是二層樓的木結構體，少有裝飾，階梯狀的屋形與不對稱的造型手法顯見日式美學的影響。但一體成形的建築物、抱合形式的空間格局，以及兩層樓高的屋體造形手法，將別墅的審美品味帶往現代化的西式方向。〔註37〕此風格與日本昭和及大正時期日本流行建造的西化日式住宅外觀相仿。

〔註32〕 關於柳營別墅之論述，參見沈祉杏，《日治時期台灣住宅發展》，台北：田園，2002 年，頁 117。

〔註33〕 折衷主義樣式（Eclecticism）流行於 1920 年代至 1930 年代的近代建築，它具有當時盛行的表現主義或國際樣式之部份特色，但是仍然保持古典的對稱形式。參見李乾朗，《台灣古建築圖解事典》，台北市：遠流出版社，2003 年，頁 178。

〔註34〕 李春生（1838～1924），初為英商買辦，後自營茶葉致富，成為僅次板橋林本源家的北台第二富翁。參見許雪姬總策畫，《臺灣歷史辭典》，台北：文建會，2004 年，頁 382。

〔註35〕 關於台北大稻埕李春生住宅的論述，參見沈祉杏，《日治時期台灣住宅發展》，台北：田園，2002 年，頁 207。

〔註36〕 日據時期的別墅擁有人葉南輝先生，職業為醫生，當時醫生擁有崇高的社會地位。參見沈祉杏，《日治時期台灣住宅發展》，台北：田園，2002 年，頁 218。

〔註37〕 關於葉南輝別墅的論述，參見沈祉杏，《日治時期台灣住宅發展》，頁 223。

從樣板模式的西洋建築，經過渡性的折衷建築到現代風格的建築美學演變，台灣都市住宅建築從傳統合院走向西化洋樓的改變，包括了外觀形式（含柱子、屋頂、簷部飾帶、牆面、窗戶、欄杆、台基、外廊鋪面及裝飾圖案）、室內格局與空間使用、電氣設備及家具裝潢等，以西方住宅為主要的仿傚與學習對象，逐步逐深的完全改變以往傳統家宅的視覺、觸覺及生活觀念等由外而內的住居與生活感受。

第二節　都市家宅裝飾工藝與社會風尚

日據時期台灣都市家宅裝飾主要仿自西歐，甚或是移植自日本，因此若要瞭解台灣家宅裝飾的變遷，必須認識西洋家居裝飾的工藝與風格。日據時期新營建技術的引進，也影響台灣家宅裝飾改變，例如洗石子技術的運用，使得少石材的台灣開始使用有石材質感的家宅裝飾。對石材質感的追求，西方自十八世紀以來石砌建築已成為普遍的喜好〔註 38〕。台灣市鎮新興的中產階級因追求西洋時尚，這使得都市家宅大量以鋼筋混凝土及磚石來興建房屋，形成日據時期最有特色的洋樓、牌樓厝等都市家宅。

一、現代構造與裝修工藝的發展

日據時期，台灣從傳統農業社會逐漸轉型到工業化社會，隨著社會文化、時尚潮流的演進，以及外來文化的引入，建築形式亦有所改變。具有美化外觀的裝飾亦如是，其不僅在題材來源更為豐富，隨著工法與材料的更新，表現方式亦有所改變。

（一）住宅構造演變與技術發展

傳統台灣合院住宅是以木結構建築為主流，〔註 39〕在日據時期也傳入西方及日本的木構造技術。〔註 40〕木構造的仿洋式官方建築曾盛行一時，但不

〔註38〕見里夏德‧范迪爾門著；王亞平譯，《歐洲近代生活》，北京：東方出版社，2003 年，頁 58。
〔註39〕木構造建築的定義是指凡是主要支撐整個建築物結構部份的為木造的建築物，則以「木構造建築」稱之，其中包含了完全木造、與木骨紅磚加強構造的建築。參見謝文泰，〈日治時期建築之主要建材使用發展概況〉，《C＋A 研究集刊》第六期，1997 年 3 月，頁 49。
〔註40〕仿洋式木構造技術有（1）仿陽台殖民地樣式木構造（2）雨淋板仿洋式木構

到十年木構造開始在台灣遭遇腐朽與蟲害（白蟻）問題，引發建築物的安全性與修繕上的經濟性問題，在一九〇三年（明治 36）總督府土木局長長尾半平即力倡「木造廢止論」，自此後木造建築築漸式微。〔註41〕這使得木構造在日據時期的都市家宅的構築技術上，不如磚構造及鋼筋混凝土造重要。

1、磚構造

台灣西式紅磚（煉瓦）最早由荷蘭人所引入的，那時多用於軍事設施，如城寨、碉堡等。最早磚窯業始於明鄭時期（十七世紀）之台南，陳永華教民燒磚，磚的使用範圍才逐漸擴大。嘉慶元年（1796 年）之後台灣已有部份地區開始生產磚瓦，南部地區已能自給自足，而中、北部則多使用廉價之泉廈回頭船之壓艙磚。此時期西式紅磚之運用尚未普遍，出產的紅磚的尺寸上無一定之規格〔註42〕，一般民眾使用之磚材仍以閩南磚為主。西式磚造建築大量出現是在鴉片戰爭台灣開阜之後，在洋行、領事館及學校建築物四周以紅磚疊砌成外拱廊。

日據初期則由日人引進機械製磚，其以機械切磚、規格統一，快速窯燒與大量生產特性，很快成為各式建築的主要建材，其規格之長寬高比為二十三：十一：六，這是從日本橫向移植到台灣的材料。相較於台灣早期所使用的紅磚多半採用手工製作，因此其尺寸常出現相當程度的差異。機械製磚規格固定，對台灣建築而言無疑是一項革命〔註43〕。機械磚在組砌的時候，有一可以依循的基本模距，在細部上容易得到乾淨而完整的收頭，也方便於力學上的計算和考量，使得建築物的元素和細部都被賦予比例和造型上的美感。〔註44〕

　　造（3）灰泥仿洋式木構造。參見黃俊銘，〈台灣近代建築圖面史料調查研究〉，《中華民國建築學會第九屆建築研究成果發表會論文集（上冊）》，1996 年 11 月，頁 232。

〔註41〕關於木構造式微的論述，參見黃俊銘，〈台灣近代建築圖面史料調查研究〉，《中華民國建築學會第九屆建築研究成果發表會論文集（上冊）》，1996 年 11 月，頁 233。

〔註42〕它的體積比中國人的磚小，長七寸、寬三寸五分、厚度約為一寸。漢人磚的規格大約為長八寸、寬四寸、厚兩寸。見藤島亥治郎，《台灣的建築》，台北：台原出版社，1999 年，頁 27。

〔註43〕見李乾朗，《台灣近代建築》，1987 年，頁 55。

〔註44〕關於機械磚特色的論述，參見謝文泰，〈日治時期建築之主要建材使用發展概況〉，《C＋A 研究集刊》第六期，1997 年 3 月，頁 61。

這時期的紅磚建築物主要是以模仿文藝復興式的古典建築、巴洛克建築、維多利亞建築、和新古典建築特色為主，這些磚石構造建築約在一九○七年（明治 40）以後才趨興盛，一直流行到一九二三年（大正十二年）日本關東大地震後，才漸由鋼筋混凝土所取代。

2、鋼筋混凝土構造

台灣建築最早使用鋼筋混凝土，可以回溯至台灣開阜及清洋務運動時期，約一八六○年（咸豐十年）之後。據現存歷史建物中，在前清淡水英國領事館（紅毛城）之領事官邸一樓迴廊使用浪形鐵板拱構造，架在工字鐵架之上，其上再填平，做為二樓的地板。這種構造方式是流行於十九世紀末葉的防火樓板作法，稱為「波浪鐵板拱」（Corrugated-Iron Arches）。〔註45〕這是台灣建築最早使用鋼筋之實例。水泥的使用，始於開阜後洋人所建的領事館、商館、教堂及學校等，這些洋式建築多採用中西合併式，材料雖然多運用本地或廈門生產的磚石，但灰漿已經開始使用購自西洋水泥。清光緒初年在打狗（高雄）建造的旗後礮台、澎湖西台礮台及滬尾（淡水）的北門鎖鑰，皆使用一種叫做「鐵水泥」的材料，又被稱為士敏土或洋灰（cement）。〔註46〕

日據初期，一八九五年（明治 28）到一九○○年（明治 33），殖民政權尚未穩固，新建的建築物仍以木造及土墼磚造為多，少部份為紅磚。直到一九○○年後，政權穩定後，才積極進行各種公共建築與街屋的建設，在建築技術，鋼筋混凝土也在明治末引進台灣。〔註47〕此時台灣（1900～1920）是屬於「歷史樣式建築」，可以見到三角形的山牆、整排的柱列及繁複的雕塑花紋，將鋼筋混凝土，視同磚、石、木材等一般建材，未能展現其跨距，自由等特性，是為發展停滯時期。〔註48〕

〔註45〕關於清末台灣地區最早使用鋼筋的論述，參見李乾朗，《淡水紅毛城》，台北：雄獅圖書公司，1988 年，頁 56。

〔註46〕關於清末台灣地區最早使用水泥的論述，參見李乾朗，《台灣近代建築之風格》，室內雜誌，1992 年，頁 50。

〔註47〕1901 年（明治 34），總督府營繕課建築技師福田東吾在建造台灣總都官邸（台北賓館）時，十川嘉太郎建議使用鋼骨混凝土構造。十川在 9 尺寬的陽台部份使用 30pond 的鐵軌埋入 4 inch 的混凝土中首度的嘗試。參見李宏堅，《台灣日據時期鋼筋混凝土建築技術與樣式發展間之關係探討》，中原大學建築研究所碩士論文，1994 年，頁 17。

〔註48〕關於日據時期台灣使用鋼筋混凝土停滯期的論述，參見李宏堅，《台灣日據時期鋼筋混凝土建築技術與樣式發展間之關係探討》，中原大學建築研究所碩士

　　一九二○年後，有兩項的發展使得鋼筋混凝土再度受到重視，一是一九二三年日本關東大地震，以磚、木構造的房子幾乎破壞殆盡，促成日本建築師重新思考以磚石為主的西方歷史樣式建築的安全問題；另一是自一九二○年，由東京帝大建築學科應屆畢業生所組成的分離派（Sezession）〔註49〕團體於他們畢業作品展中宣布成立，正式宣告與過去建築圈分離。分離派它促使日本建築界脫離樣式建築，走向現代主義之路。〔註50〕從上述兩項背景，台灣也在一九二○年下半開始，藉著日本建築技師的引介，將日本流行的前衛西方現代主義風潮帶進台灣。使得台灣進入折衷樣式建築時期（1920～1930），可以見到簡樸的立面形式，它是融合鋼筋混凝土與磚的加強磚造建築，並非是純粹的鋼筋混凝土結構。〔註51〕主要台灣建築技術尚未能掌握R.C.技術，是處在摸索階段。一九三○年代後，對於鋼筋混凝土的認識更深後〔註52〕，現代建築才算真正在台登場，如流線形水平線條的強調，非對稱手法及自由塊體的造型組合及連續的開口窗帶。〔註53〕

論文，1994年，頁39。

〔註49〕世界建築史上以「分離」為名的建築團體，早就出現在維也納由奧圖・華格納（Otto Wagner）所領導的維也納分離學派（1890～1905）一團體中。他們成立的宗旨是要擺脫以往的歷史樣式，他們認為：「每一種新的風格都是前面一種風格漸漸演變而來：新的施工法，新的材料，人類新的問題，都要求由現有的形式，有所轉變」。參見李宏堅，《台灣日據時期鋼筋混凝土建築技術與樣式發展間之關係探討》，中原大學建築研究所碩士論文，1994年，頁79。

〔註50〕關於1920年代鋼筋混凝土再度受到注意的論述，參見李宏堅，《台灣日據時期鋼筋混凝土建築技術與樣式發展間之關係探討》，中原大學建築研究所碩士論文，1994年，頁79。

〔註51〕關於折衷樣式建築時期（1920～1930）鋼筋混凝土使用的論述，參見李宏堅，《台灣日據時期鋼筋混凝土建築技術與樣式發展間之關係探討》，中原大學建築研究所碩士論文，1994年，頁101。

〔註52〕台灣鋼筋混凝土知識引介可見於，1929年（昭和4）1月成立的「台灣建築會」所發行的雜誌《台灣建築會誌》中，1934「混凝土相關用語集」；1936「鋼筋混凝土樓版的強度計算」、「鋼筋混凝土合理的調和法的實際」、「混凝土構造體施工上的重要事項」1938「建築物的使用鋼筋量」、「經濟的混凝土製作材料的選擇方法」1939「鋼筋混凝土梁撓度相關材料力學的研究」、「鋼筋混凝土造建築物部材斷面選定方法」1940「鋼筋混凝土梁的撓度近似算法」；1941「混凝土配合選定圖表」、「混凝土的引張性質」。

〔註53〕關於現代主義（1930後）鋼筋混凝土使用的論述，參見李宏堅，《台灣日據時期鋼筋混凝土建築技術與樣式發展間之關係探討》，中原大學建築研究所碩士論文，1994年，頁129。

（二）住宅裝修技術之發展

台灣家宅裝修技術在日據時期較為特別的有洗石子技術及彩磁技術，這構成當時民宅外觀形式與視覺效果。

1、洗石子

洗石子係以「水泥」混合「石粒」藉由噴霧器或毛刷清洗方式，塑造模仿石材質感，故洗石子技術是因為水泥的開發而發展出來的新技術。〔註54〕約在日本據台之後洗石子技術才被引進台灣。

洗石子在台灣地區的使用，最遲於一九○一年（明治34）已將洗石子及磨石子的技術，運用於在建築物室內及室外的裝修上。〔註55〕由於洗石子是一新的裝修技術，所以早期的洗石子是由日人匠師來施作，需要一定的技法，及藝術素養。〔註56〕因此約在明治三十年至四十年間，對洗石子的技術，本土工匠尚屬於摸索時期，加上民間對於洗石子質感的陌生，故這段期間少見於本土民宅裝修上，直到一九一二年（大正元年）本土匠師對於洗石子的技法漸趨成熟，也開始運用在一般民宅。〔註57〕加上其施作速度快，甚至可大量複製，造形更形自由，價格亦較為低廉，取代了清代鄉紳宅第中以雕刻為主體的「立體」裝飾。〔註58〕

據學者的研究，洗石子依其製作的方式可分為，平面洗石〔註59〕、泥塑洗石〔註60〕及開模洗石〔註61〕。洗石子被運用於西式立面建築物上包括牆

〔註54〕見葉俊麟，《日治時期「洗石子」技術之研究》，中原大學建築系碩士論文，2000年，頁12。

〔註55〕見葉俊麟，《日治時期「洗石子」技術之研究》，中原大學建築系碩士論文，2000年，頁14。

〔註56〕開模洗石或泥塑洗石，在製作技巧上皆需用「捏、塑、堆、貼、刻、畫花」等技法，加上一定的美學訓練。見葉俊麟，《日治時期「洗石子」技術之研究》，中原大學建築系碩士論文，2000年，頁27。

〔註57〕關於洗石子年代的劃分的論述，參見葉俊麟，《日治時期「洗石子」技術之研究》，中原大學建築系碩士論文，2000年，頁22。

〔註58〕見蔡明志，〈台灣鹽分地帶民宅之閩南傳統與殖民現代性〉，《閩南文化學術研討會論文集》，金門縣：金門縣立文化中心，2004年，頁407。

〔註59〕平面洗石是洗石子裝修工法中最普遍的作法，也就是直接將水泥與碎石料的混合，形成水泥漿直接粉刷在內外牆面、天花板、柱身或地面台階等露見部份，並趁水泥漿未乾之前，用「噴霧器」將水泥洗淨而露出石粒面，從外觀上視之，除了粉刷面上之勾縫、施工縫、分割縫、及平面圖案外，並不做任何立體雕塑的洗石子造形者。參見葉俊麟，《日治時期「洗石子」技術之研究》，中原大學建築系碩士論文，2000年，頁9。

〔註60〕泥塑洗石是從傳統的「泥塑」的基礎上所發展而來，一般均需先用銅線或鐵

面、天花板、柱身、地面台階、柱頭、山牆面的花飾、拱心石、窗簷下牛腿、水平飾帶等上繁複動章飾與花草紋飾均有賴於洗石子細膩的模塑能力。這除了增加住宅的仿石效果及視覺富麗感外，也有防災的作用、保護結構體及增進環境的舒適度等功能。

2、磁磚 [註62] 技術與裝飾

中國南方傳統建築善於在屋脊上施以泥塑彩瓷，謂之「剪黏」 [註63]。台灣最遲在清乾隆年間，已開始使用瓷片裝飾，譬如台南三山國王廟的泥塑裝飾，這是將碗片剪破貼於灰泥之上的「剪黏」技巧。至於西洋傳進來的方型瓷磚 [註64]，據建築史家李乾朗就目前現存的建築物判斷，一八九一年英國人在淡水所築的領事館，室內之地面及壁爐出現了彩瓷，這是現存最早的

線作出骨架，再以灰泥或水泥漿仔細雕塑而成，泥塑洗石是趁水泥漿未乾之前，用噴霧器以洗石子技巧噴洗。參見葉俊麟，《日治時期「洗石子」技術之研究》，中原大學建築系碩士論文，2000年，頁10。

[註61] 開模洗石是奠基在「泥塑洗石」的基礎上而發展出來的，兩者在外觀造形及裝飾部位幾乎一致。開模洗石藉由「開模印花」的技巧，可重複生產。參見葉俊麟，《日治時期「洗石子」技術之研究》，中原大學建築系碩士論文，2000年，頁11。另據李乾朗的說法是，開模印花原為缺石地區所採的變通方式，以石膏或水泥灌入預製的陰模中成形，待乾燥後在開模取出修飾即成。參見氏著，《台灣近代建築之風格》，室內雜誌，1992年，頁52。

[註62] 磁磚一詞來自拉丁語名詞「Tegula」，在羅馬時代「Tegula」係指屋頂磁磚。一般來說磁磚上釉產生了不滲水性的表面，磁磚的表面提供了乾淨及防水的衛生觀，且色彩提供裝飾的不同類型及模式。見蔡日祥，《日治時期台灣地區建築上使用彩磁裝飾之研究——以雲林、嘉義、台南地區傳統民宅為主》，淡江大學建築學系碩士論文，2001年，頁14。

[註63] 「剪黏」也稱為「剪花」，它的製作方式是先以鐵絲紮骨架，次以灰泥塑雛形，最後將各種顏色的陶片黏在灰泥的表面上。人像的臉部則另以陶土捏塑燒製後嵌上。這種屬於鑲嵌藝術的工藝品，屬中國南方所特有。見林會承，《台灣傳統建築手冊（形式與作法篇）》，台北：藝術家出版社，1995年，頁165。

[註64] 彩磁為「馬約利卡磁磚（Majolica Tile）」，是源自伊斯蘭陶磁，8世紀因為仿中國白瓷器皿，使用不透明的白錫釉和透明的鉛釉製造類似白瓷的效果。12世紀，磁磚以用來裝飾清真寺穹丘的外部磚造部份及其他重要建築物。伊斯蘭陶瓷傳至歐洲後，在11世紀時西班牙南方已開始製造，直到13世紀時才開始在Malaga生產。受到清真寺建築大量使用磁磚的影響，西班牙的建築也開始使用大量使用馬賽克磁磚，為了省時、省工，乃發明將整片馬賽克圖案做成較大面積的整塊磁磚來取代馬賽克。後來馬約利卡磁磚傳至英國之後受到英國工業革命的影響，將磁磚的生產工業化，以機械壓印製作後再以手工上釉彩，這也影響了日後日本所產製的馬約利卡磁磚。

作品。據說是這些彩瓷地磚來自南洋爪哇。〔註65〕

　　一八九五年之後，台灣受到日本殖民統治，也受到日本西化的影響，從建築立面到室內裝飾，以仿西方為尚。戰前台灣、澎湖及金門地區所建築的傳統民居上，常有鑲嵌裝飾磁磚出現，這些磁磚百分之九五以上都是日本所製造產品，其樣式為抄襲英國維多利亞樣式，〔註66〕在日本即稱此類磁磚為馬約利卡磁磚。〔註67〕日本第一次成功仿製英國維多利亞磁磚是在一九○七年（明治四十），台灣地區年代在此之前可能為英國製的產品，或是日本所產製的溼式磁磚。〔註68〕

　　由於明治後期日本磁磚工業迅速發展，〔註69〕使得磁磚大量運用於民宅裝飾上。彩磁由於色彩鮮麗、施作簡便迅速、耐久，加上是舶來品，相較於傳統的各式雕刻亦來得便宜，成為日據時期民宅常用的裝飾材料。〔註70〕彩

〔註65〕關於最早使用彩磁的論述，參見李乾朗，《台灣近代建築之風格》，室內雜誌，1992年，頁44。

〔註66〕維多利亞磁磚的裝飾圖案，以「新藝術（Art Nouveau）」為主流，裝飾曲線大部分是模仿自然界動植物，將富感性的曲線佈滿全面，是純裝飾無任何意義，其技法有銅版轉印、手繪彩色磁磚及泥漿裝飾浮雕磁磚，在台灣地區僅英國領事館（現今淡水紅毛城）及台北賓館（日據時期總督官邸）使用。參見蔡日祥，《日治時期台灣地區建築上使用彩磁裝飾之研究——以雲林、嘉義、台南地區傳統民宅為主》，淡江大學建築學系碩士論文，2001年，頁22。

〔註67〕製造時代約在日本大正初期（1910年代）到昭和初期（1930年代）在台灣建築史上使用期間為一九二○到四○左右的二十年。參見土屈込憲二，〈日治時期台灣地區建築上使用彩磁裝飾之研究〉，《中華民國建築學會第十四屆建築研究成果發表會論文集》，2002年十一月，B21-1。

〔註68〕乾式磁磚是在1840年時，理查普魯塞（Richard Prosser 1800-1854）發明了「乾式成形法」，這是一種粉末狀的磁磚黏土原料。透過在金屬沖模之間壓縮乾黏土而製成磁磚胚體，再送進窯內培燒而成，與傳統的溼式成形法比較，因減少了水份的含量，所以燒製時磁磚的變形及破壞機會減少，相對的使製作成本大幅降低。見蔡日祥，《日治時期台灣地區建築上使用彩磁裝飾之研究——以雲林、嘉義、台南地區傳統民宅為主》，淡江大學建築學系碩士論文，2001年，頁21。

〔註69〕日本磁磚工業發展，從明治末期至昭和時代（戰前），磁磚公司數量至目前為止已知有四十三家左右，台灣地區所使用之磁磚製造公司約有九家，包括：淡陶、不二見燒、佐治TILE、佐藤化粧煉瓦工場、日本TILE工業、神山陶器、山田TILE、廣田商店、淡路製陶等九家。參見蔡日祥，《日治時期台灣地區建築上使用彩磁裝飾之研究——以雲林、嘉義、台南地區傳統民宅為主》，淡江大學建築學系碩士論文，2001年，頁29。

〔註70〕見蔡明志，〈台灣鹽分地帶民宅之閩南傳統與殖民現代性〉，《閩南文化學術研討會論文集》，金門縣：金門縣立文化中心，2004年，頁406。

磁因多自島外進口，價格較昂貴，非經濟較富裕者無法運用。小康之家以洗石子面居多，彩磁只是數片點綴其間；殷富之家則以彩磁爲表現主體，以相當數量的彩磁組合成大面積的裝飾面。可見當時彩磁做爲屋主社會經濟地位的表徵。台灣民宅彩磁運用曾在一九二五年間到一九三六年間廣爲流行。但在日據晚期彩磁的使用率突然降低，彩磁的品質色澤大不如前，加上受到現代建築潮流的影響，洗石子的外牆使用已大大取代了彩磁的角色。〔註71〕

二、現代工藝與造型風格的演變

日據時期台日士紳所建的住宅深受西洋風潮影響，從立面到室內的裝飾無不體現出新時代品味。機械製造、新工法及工匠團體也應運產生，傳統技術則轉向民間廟宇施作。當時台灣的裝飾技術工匠，大都是傳統師傅轉型過來，雖仿作西洋圖案，但混雜著中式裝飾語彙，形成有趣的風格造型。〔註72〕

（一）西洋裝飾的引進與風格演變

1. 殖民化的象徵──巴洛克（Baroque）風格

西化在日據台灣最明顯的風格特徵就是巴洛克（Baroque），在歐洲文化史「巴洛克」〔註73〕指的時間是十七世紀到十八世紀上半葉，這兩個世紀

〔註71〕台灣地區使用馬約利卡磁磚可分爲三個階段，第一階段：承襲期（1919～1924年）是適應期，未普遍使用於民宅；第二階段：流行期（1925～1936年），此時民眾已能接受此裝飾形式，普遍用於民宅上的傳統裝飾位置，如屋脊、土犀頭、廊牆（裙堵、身堵、水車堵）、出入口、窗框、階梯、窗楣、門楣、山牆及懸魚等位置。第三階段：黑暗期（1937～1945）這一時期使用馬約利卡磁磚完成的建築，呈下滑趨勢，因一九三七年（昭和12），蘆溝橋事件，中日進入全面戰爭，日本國內開始對於物資、電力及燃料等必需品管制，當時馬約利卡磁磚被認爲是奢侈品「非國策品」，生產大受限制。參見蔡日祥，《日治時期台灣地區建築上使用彩磁裝飾之研究──以雲林、嘉義、台南地區傳統民宅爲主》，淡江大學建築學系碩士論文，2001年，頁42。

〔註72〕李乾朗在其《台灣近代建築之風格》一書中提到以興建迪化街牌樓厝而聞名一時的陳旺來、陳三川兄弟。其曾參加台北博物館與總督府的興建，習得了西式花草的泥塑技巧，再加上自身的傳統泥塑及剪黏的技術，二兄弟融合了中西的裝飾紋樣，爲迪化街牌樓雕塑出另一種華麗風格。

〔註73〕最初，「巴洛克」擺明了是貶義詞。它與古怪、奇怪同義。直到19世紀末，後文藝復興藝術開始成爲學者研究對象時，巴洛克才被用來界定這段時期的所有作品。因此17、18世紀的建築作品，只要具有相當清楚的富麗、異想或扭曲風格，就很可能被稱作巴洛克。參見Frederic Dassas原著：陳麗卿、蔣若蘭譯，《巴洛克建築：1600至1750年的華麗風格》，台北：時報文化，2005

中適逢歐洲文明的擴張時期，中產階級的興起及向外擴張殖民，成為世界文明的中心。英國以印度殖民的經驗發展出外廊式「小別莊」（Bungalow）〔註74〕洋樓形式，也影響著西方殖民國家，並且傳回英國之後成了休閒及渡假住居〔註75〕。隨著小別莊（Bungalow）式的領事館及洋樓興建，西方的中產階級（布爾喬亞）的生活方式也跟著傳入。據藤森照信研究認為，印度、東印度群島、中國、日本、韓國、東南亞國家的近代建築歷史，始於外廊樣式。〔註76〕中國洋樓正是形成於近代帝國主義的權力拓展與文化傳播的歷史脈絡中。從十九世紀中葉起，隨著通商口岸的開放，閩粵的勞動力大量出洋到南洋及北美，他們辛勤工作，累積所得匯回家鄉，更將外洋文化帶回僑鄉；僑領資本家們，更在通商口岸或租界城市裡，仿效洋人的殖民建築及其生活方式，表現其優越的身份地位。〔註77〕此時的洋樓建築除了附上具有殖民特徵的外廊外，其主要門面則表現出異國情調的巴洛克風。

巴洛克風格因符合都市中產階級的富奢誇飾的作風而受到歡迎，並區別傳統士紳與一般百姓成為其優越地位的表徵。〔註78〕從一九〇〇年至一九二〇年，是日本所謂樣式建築〔註79〕之高峰時期。在台灣方面，進入二十世紀後，

年，頁 121。

〔註74〕 根據英國學者安東尼・金（Anthony King）的研究，它起源於十七世紀英國殖民印度時，為了有效解決熱帶的居住問題，從印度土著建築的深遠屋簷之茅屋得到啓發，進而發展出有外廊的小別莊。參見江柏煒，《閩粵僑鄉的空間營造》，金門國家公園管理處，2004 年，頁 25。

〔註75〕 小別莊的盛行，可說是資本主義財富流通思想的結果，同時也是社會中對於健康、高尚行為、階級分化的意識型態之建構。盛行於殖民地的小別莊，成為一種新的住居形式，用安東尼・金的話來說，是一個布爾喬亞階級第二個家。參見江柏煒，《閩粵僑鄉的空間營造》，金門國家公園管理處，2004 年，頁 27。

〔註76〕 見藤森照信，〈外廊樣式——中國近代建築的原點〉，《第四次中國近代建築史研究討論會論文集》，北京：中國建築工業出版社，1993，頁 21～30。

〔註77〕 見江柏煒，《閩粵僑鄉的空間營造》，金門國家公園管理處，2004 年，頁 103。

〔註78〕 十九世紀中葉以後，巴洛克建築之遺風隨著西洋帝國主義的勢力侵入東方。中國及日本都接受了這種代表西洋文明的建築。日本人將之稱為「西洋館」，中國人則鄙為「夷館」。台灣又稱「番仔樓」。（李乾朗）另黃俊銘認為巴洛克風格，是一種具有強烈戲劇性的建築樣式，無論在形與色上，都能給予觀眾驚豔。這種易懂也易傳的建築表現，不僅在保有裝飾傳統的地方上生根，易能毫無限制的傳播到全歐洲、美洲、非洲及亞洲各地，得到共鳴，其中日本的皇室建築就深受影響。參見黃俊銘，《總督府物語：台灣總督府暨官邸的故事》，台北：向日葵，2004 年，頁 65。

〔註79〕 樣式建築為歐洲文藝復興建築之後期形式，約流行於十九世紀後半葉的 Neo-Renaissance 或 Neo-Mannerist Style（李乾朗）。為明治末期及大正初期建

武裝抗日活動止息，轉而以文化抗爭手段來對付日本統治當局。大正時期自由氣氛較濃，放任的藝術政策激起台灣巴洛克建築裝飾的風潮。〔註80〕

　　巴洛克風，本身就是融合不同元素所組成混雜風格，巴洛克的華麗風格易與台灣傳統家居裝飾相融，容易得到共鳴。尤以鄉紳大宅及市區內的街屋最爲明顯，鄉紳階級大多爲地主，得到良好的教育機會，其子弟有的留學日本，有的遠赴歐洲求學，它們很容易接受巴洛克的藝術。〔註81〕巴洛克建築樣式，有各式的的圖案所組成，包括花草、瓜果、怪誕人物等，帶給觀賞者視覺上的刺激，也給建築物帶來宏偉的印象。

　　台灣南北各地望族大多在 1910 年代或 1920 年代興建洋樓〔註82〕。例如建於一九一三年的鹿港辜顯榮住宅，其擁有人辜顯榮是當時台籍人士取得最高政治地位。此宅設計者是參與「總督官邸」興建的匠師，仿總督官邸的外觀規劃設計成。外立面採用西洋古典對稱原則與造型，裝飾形式爲仿法國巴洛克樣式。〔註83〕在其立面的細部裝飾中以開模灌注水泥或石膏而成壁飾浮塑最重要，尤其在山頭（Pediment）中央或拱心石（Key Stone）上使用所謂「鮑魚」狀的飾物。另外，在紅磚外牆上以洗石子橫帶（Band）裝飾，有如斑馬，亦是頗爲流行的作法。〔註84〕

　　日據初中期的洋樓或街屋立面裝飾上採用新古典主義樣式，講究對稱均衡。巴洛克的藝術風格表現在新古典主義樣式中，在對稱典雅中變化出炫麗的視覺效果，使得豪宅顯示出氣派非凡，到日據末期，巴洛克風似乎稍減，除了與台灣社會經濟不無有關外，國際的新藝術潮流也已吹進台灣，住宅不以豪宅邸院爲尙，而三十坪內的小住宅漸已成爲主流。

　　　　築之主流，可分爲古典系與非古典系兩大類。古典系所指的是以希臘、羅馬柱式及三角形山頭爲規範的文藝復興建築，若是仿十七世紀歐洲文藝復興式的，常會出現圓拱形窗、牆身圍繞著白色「環帶」，拱頂石牛眼窗等繁複的裝飾。而非古典系則泛指參雜了埃及、拜占庭、印度或其它地方風格之文藝復興建築。參見文芸，《日治時期台北三市街店屋立面風格之研究》，淡江大學建築系碩士論文，2000 年，頁 23。

〔註80〕見李乾朗，《台灣近代建築之風格》，室內雜誌，1992 年，頁 32。
〔註81〕關於巴洛克風格易於台灣傳統民居產生共鳴之論述，參見李乾朗，《台灣近代建築之風格》，室內雜誌，1992 年，頁 38。
〔註82〕見本章第 27 註。
〔註83〕關於鹿港辜顯榮住宅形式之論述，參見沈祉杏，《日治時期台灣住宅發展》，台北：田園，2002 年，頁 144。
〔註84〕關於鹿港辜顯榮住宅立面裝飾之論述，參見李乾朗，《台灣近代建築之風格》，室內雜誌，1992 年，頁 38。

2. 摩登化的象徵──裝飾藝術（Art Deco）風格

裝飾藝術式樣（Art Deco）〔註85〕盛行於一九二○年到一九三○年代二次
大戰之間。一九二五年夏，在法國巴黎舉行的現代工業藝術裝飾國際博覽會，
將裝飾藝術推向高峰。裝飾派藝術提倡功用重於裝飾的首要原則，一直被奉
為經典。〔註86〕其顯著的特點是輪廓簡單明朗，外表呈流線型，圖案呈幾何
形或具象形式演化而成。

　　一九二○年代台灣，正處於所謂大正民主時期，整個時代較為活潑。二○
年代台灣總督府營繕課吸收了一些年輕的建築技師，〔註87〕他們雖然受到日
本正式的建築教育訓練，但來自日本國內分離派影響，〔註88〕一些公共建築
逐漸擺脫古典樣式之束縛，進入折衷主義時期的建築風格。這時期的作法較
為保守，以簡化的形式來取代，但還談不上 Art Deco 風格。但在民間，卻有
一批地方上的建築技師，藉由建築雜誌或書籍之圖片及說明首先進行嘗試。
將西方流行的 Art Deco 理論運用於建築裝飾及家具設計上。但台灣真正進入
Art Deco 時期，則應該是一九三五年的台灣博覽會之後。會場中各展示館的建
築設計形式，幾乎都不謀而合地以 Art Deco 風格表現之。〔註89〕

〔註85〕亦稱「現代風格」（Style Moderne）起源於二十世紀 20 年代，並發展成為 30 年
　　　　的主導風格的裝飾藝術和建築藝術運動。參見 Alastair Duncan 著；翁德明譯，《裝
　　　　飾藝術》，台北：遠流，1992 年，頁 6。這個用詞真正出現的時間不像新藝術運
　　　　動或是分離派、立體派在當時便有特定的式樣指稱，而是在 1960 年代末掀起「大
　　　　戰之間裝飾藝術」的研究熱潮中才出現的用辭。參見林育菁，《裝飾藝術式樣在
　　　　台灣日據時期建築之運用》，成功大學建築研究所，1998 年，頁 9。
〔註86〕在一九二○年代末期，這個目標經由工業的最新生產方式（亦即機器生產）得
　　　　以完美實現。參見 Alastair Duncan 著；翁德明譯，《裝飾藝術》，台北：遠流，
　　　　1992 年，頁 4。
〔註87〕曾 1924 年開始，井手薰接掌了總督府營繕課長之位置，井手薰在他任內曾積
　　　　極地推動臺灣現代建築之發展。1928 年 9 月與一群在台灣的建築工作者於台
　　　　北蓬萊閣創立台灣建築會，其成員有栗山俊一、白倉好夫、八板志賀助及陸
　　　　軍技師淺井新一、梅澤捨次郎及千千岩助太郎等努力推動現代建築。參見李
　　　　乾朗，〈台灣近代建築之起源與早期之發展（下）〉，《建築師》9 月號，1979
　　　　年，頁 16。
〔註88〕日本分離派建築師，是以土屆口捨己為代表，他們在 1924 年提出宣言，力倡
　　　　建築革命，企圖擺脫桎梏，開創新局。台灣的建築界受到波及，當 1919 年台
　　　　灣總督府完工之後，也宣告了古典樣式之結束。參見李乾朗，《台灣近代建築
　　　　之風格》，室內雜誌，1992 年，頁 82。
〔註89〕關於 Art Deco 在台灣發展之論述，參見李乾朗，《台灣近代建築之風格》，室
　　　　內雜誌，1992 年，頁 76。

圖 5-1　1935 年台灣博覽會之糖業館的 Art Deco 造型

（資料來源：鹿又光雄編輯，《始政四十周年紀念台灣博覽會誌》，昭和 14 年。）

博覽會之後，台灣各地民間建築廣受啟示，許多三○年代落成的住宅、醫院無不顯露出 Art Deco 的影子。尤其在一九三五年台灣中部大地震之後，鄉鎮城市的街屋立面改建，如鹿港、台中、豐原、嘉義等地皆可見到。

以 Art Deco 為裝飾的建築形式，是在井手薰的建築發展分期中邁入「新式樣的時代」〔註 90〕，新式樣的出現並不是突然的，它承繼的是「鋼筋混凝土時代」對新構造材料的熟悉與廣泛使用而伴隨產生。一九二三（大正十二）年日本發生關東大地震，以磚石為主之西方歷史式樣建築大量震毀，民眾對於磚石造建築的堅固強度開始產生懷疑，促使日本建築師開始認真的檢討未來的建築走向。當時現代建築正在西方崛起並盛行，其自由構成與新建材之應用很快被日本建築師引入，台灣自然也在這個大脈絡中開始出現「新」的建築。另一方面，鋼筋混凝土的應用使得建築思潮容易從歷史式樣中解放

〔註 90〕 1931 年井手薰在〈台灣建築之今昔〉一文提到，第一期為內地式建築的試驗階段（明治 30～40），第二期為紅磚全盛時代（明治 40～大正 5、6 年），第三期為淺色面磚時代（大正 5、6 年～15 年），第四期為鋼筋混凝土時代（昭和元年～10 年），第五期為新樣式時代（昭和 10～現今）。參見黃建鈞，《台灣日據時期建築家井手薰之研究》，國立成功大學建築研究所碩士論文，1995年，頁 146。

出來。到 1930 年代中期，現代主義建築則成了台灣建築發展最主要之潮流。
〔註91〕例如建於一九三三年的日人高橋家宅。

圖 5-2　高橋氏宅

（資料來源：《台灣建築會誌》第 6 輯 5 號）

　　上圖高橋氏宅造型風格與歐洲 20 至 30 年代的新建築風格相似，其平面
近矩形，西北角被騎樓穿過，形成有趣的轉折。自由發展的平面與屋頂平台
露亭及轉角半圓形瞭望台之設計，加上平素的白牆面及連續的水平窗，均充
分地顯示來自包浩斯及柯布之影響。〔註92〕

　　從巴洛克到 Art Deco 裝飾藝術的演變，反映出當時住宅對於西方文化時
尚的追求，猶如今日的香奈兒等知名品牌的追求。台灣當時的住宅形式也是
隨著世界潮流，從樣式建築，經折衷建築到現代主義建築，在日據五十年中
相繼在台灣的建築中出現。

〔註91〕關於鋼筋混泥土與現代主義關係之論述，三見張世朋，《日治時期始政四十年
　　　　台灣博覽會之研究》，國立成功大學建築學系碩士論文，2005 年，頁 78～79。
　　　　另在《台灣建築會誌》第 1 輯 4 號中有一篇安田勇吉〈所謂新しい建築に就
　　　　て〉，介紹世界流行的新建築。
〔註92〕關於高橋住宅的建築風格之論述，參見李乾朗，《臺閩地區近代歷史建築調查
　　　　（一）》，1993 年，頁 41。

表 5-1　日據時期台灣住宅形式分期與風格

建築形式	形　式　內　容	構　造	裝飾風格	流行時期
樣式建築	· 二層磚拱建築、四周有迴廊 · 磚拱、密簷線腳、清水紅磚、閩南紅磚瓦、綠釉花磚、竹節欄杆 · 紅磚與白色水平帶的配合 · 建築形制對稱、應用嚴謹的古典元素 · 希臘羅馬之古典柱飾 · 巨大山牆門廊或柱廊與對應的量體	磚構造	巴洛克式裝飾	1900～1920
折衷建築	· 自然取向、生物式造型、仿有機形體、生物式缺口、不對稱、表面平滑無裝飾、具曲線及流線感	加強磚造	簡化巴洛克裝飾	1920～1930
現代主義建築	· 幾何圖形裝飾、塊體交錯重組、鋸齒狀線條、箭頭菱形圖案、回字紋、放射狀線條、花卉圖案 · 水平線條和垂直線交錯	鋼筋混凝土造	Art Deco	1930 之後

　　從表 5-1，住宅的形式風格可以說與建築的構造、裝修及裝飾風格有相互的關係。譬如樣式建築是以磚構造為主，其表現手法是以巴洛克裝飾為主，折衷建築是從樣式建築到現代主義建築的過度時期，除了仍沿襲著樣式建築之風格，但裝飾上已趨於簡化。現代主義建築因對於鋼筋混凝土造的熟悉，大膽的表現建築的造型上，其表現手法是 Art Deco 的裝飾。

（二）西洋裝飾的社會心理與審美觀

　　台灣都市家宅裝飾深受社會時尚與風格的影響，社會時尚可能涉及集體心理層面，並投射出時代的美學品味。日據台灣社會是處於帝國主義下的資本主義的一環，是現代化的殖民社會，身受殖民統治者意志左右。另外新興的中產階級也仿效西歐布爾喬亞的生活，注重家庭生活並開始裝飾自己的家，然傳統的習慣勢力並未消失，它也繼續影響台人心理結構。以下將從裝飾圖案的主題，反映出當時的社會風氣及審美觀。

1、立面裝飾題材類型與原則

　　台灣傳統民宅立面的裝飾圖案，因禮教社會中必須符合神、祖先、人以及官、民在傳統社會中位序上的差異以及吉凶禍福觀念，所以有些裝飾在民

宅中是有禁忌與規則。譬如為了制煞等緣故,傳統家宅門前常有八卦鏡、山海鎮及劍獅等圖案,或者是忌用護衛性門神、神仙故事及征戰殺伐的題材圖案。〔註93〕

　　在日據時期都市家宅所見的裝飾題材,有些是從西洋紋樣直接模仿,包括動物主題類的「貝殼」、「老鷹」;植物類的「漩渦花捲」、「草花花環」、「幾何花卉」、「棕櫚葉」、「草葉」、「蔓草」、「花環」;器物類的「盾牌」、「彩帶」、「勳章」、「網球拍」、「武士刀」、抽象主題類的「螺旋文」、「幾何形狀紋」;文字主題類的「年代」、「宣示屋主意念」、「英文譯名」等;有些是本地特有植物的紋樣,如「曇花」、「野百合」、「玫瑰」、「山蘇葉脈」、「稻穗」、「蓮霧」,使得都市家宅的裝飾紋樣語彙大為增加。已超越傳統家宅裝飾圖紋六大類題材範圍〔註94〕。

　　都市家宅的裝飾圖紋的使用,可發現傳統人物故事主題已較為少見,因其題材大致取自神話故事、民間故事及歷史、文學典故等,講的大都是忠、勇、仁、義、信等傳統價值的《三國演義》故事場景,宣揚孝道的《警世通言》中二十四孝故事,以及祈求福壽雙全的「郭子儀大拜壽」(七子八婿)、「張公九世同居」等的圖紋意涵已不適合現代都市家宅理念表達,故少見於都市家宅的裝飾。動物主題類,因其名稱諧音,具有獨特屬性而被賦予祈福、辟邪的象徵意涵,仍可見於當時的牌樓厝之上。其動物造形多以漢式風格為主,甚至打破傳統裝飾原則,將「龍」、「虎」圖紋運用於家宅之中,來表達屋主身份地位。在植物類方面,是當時最常用於民居的裝飾,以西洋式「蔓草」佔大多數,做為烘托主體的裝飾物。另外出現以許多台灣特有植物「曇花」、「野百合」、「玫瑰」、「山蘇葉脈」、「稻穗」、「蓮霧」為題材的裝飾圖案,其地方性特色相當濃厚。

　　都市家宅的裝飾紋樣中,器物主題類也是常採用,如「盾牌」、「彩帶」、「勳章」、「瓶子」,而這些器物大多是西方象徵身份的物品。另外還將日本風味的「武士刀」與日據時期上流社會所流行的運動「網球拍」,做為都市家宅

〔註93〕關於傳統民宅裝飾禁忌與規則之論述,參見林世超,〈澎湖地方傳統民宅裝飾藝術之研究〉,《C＋A研究集刊》第七期,1998年,頁59。

〔註94〕在傳統住宅立面的裝飾圖案有六大類題材:包括有(1)人物故事主題;(2)動物主題類;(3)植物類;(4)器物類;(5)抽象主題類;(6)文字主題類等。參見林世超,〈澎湖地方傳統民宅裝飾藝術之研究〉,《C＋A研究集刊》第七期,1998年,頁53～58。

的裝飾，呈現屋主的時尚流行、與眾不同的特色。另抽象主題類，台灣洋樓使用的幾何主體的內容涵蓋相當多，依其圖樣的不同分為「卵形式」、「抽象圖紋」、「套錢紋」、「屈曲」、「螺旋文」、「幾何形狀文」、「龜背文」、「齒狀文」，其中以洋式風格為主。文字主題類，我們發現除了漢字的裝飾外，日據台灣都市家宅也出現以英文的單字「Equality」、「Liberty」等裝飾，企圖表明屋主所欲追求的目標與理想。

　　總體來看，在日據時期圖紋裝飾的教化功能已大大減低，取而代之是能代表象徵屋主身份地位的圖案最受歡迎，尤其以西洋式具有表功的裝飾，如「盾牌」、「彩帶」、「勳章」及「瓶子」最受歡迎。在調查資料發現台灣本土性的植物紋樣的運用，相當特別，其表現法不再是漢式方法（取其音與義），而是著重在圖像視覺所展現的生命力，表現手法是西方式。

2、裝飾圖案的美學手法

　　傳統家宅的圖紋使用必須符合「禮法觀念」，（1）以中為尊的觀念（2）左尊右卑的觀念（3）內尊外卑的觀念（4）中心的概念，來表達位序差別，裝飾性反映在裝飾題材的等級及使用部份二者之上，愈重要的空間，其題材等級愈高，繁複程度愈高，出現裝飾部份愈多。〔註95〕

　　在台灣都市家宅裝飾雖然仍遵守以中為尊的觀念，但開始對內外左右的尊卑關係並不強調。台灣洋樓住宅裝飾性多集中於外廊立面，且左右多為對稱性、鏡射形的西洋式表現手法，左右兩側地位是相等而無左尊右卑的狀況產生。〔註96〕這表明了傳統社會的倫理觀已開始鬆動，作為裝飾圖紋表現手法較為自由，且集中於外廊立面上，使得圖紋的整體表現較具美學趣味。在台灣牌樓厝的外廊立面我們可以找到美學的表現手法，其利用重複〔註97〕、對稱〔註98〕、呼應〔註99〕、對比〔註100〕到動勢〔註101〕的美學表現手法，使

〔註95〕　關於傳統民宅裝飾圖紋禮法觀念的論述，參見林世超，〈澎湖地方傳統民宅裝飾藝術之研究〉，《C＋A研究集刊》第七期，1998年，頁59。

〔註96〕　關於洋樓住宅裝飾圖紋運用之論述，參見王素娟，《日治時期台灣洋樓住宅外廊立面形式之研究》，雲科大空間設計碩士論文，2004年，頁134。

〔註97〕　重複，即是一種圖案連續出現在畫面上，造成延續循環的效果，具有強烈的整體美感。

〔註98〕　對稱，利用中軸線為基準線，裝飾以此為中心，呈左右對稱方式設置。

〔註99〕　呼應以唱和的姿態成對表現的方式，雖是成雙出現，但不構成對稱的條件，雙方在畫面上地位相當，關係密切，有種相生共容的和諧氣氛。

〔註100〕　對比，利用對比來區分主題與背景，在線條的結構上表現不同的肌理質感手

得日據台灣洋樓或街屋的牌樓厝在整個立面視覺表現出莊重、均衡的審美觀。

另外在現存日據時期的家宅當中，我們也發現一種中西混合的趣味，西式裝飾樣式的變形。對沒受過學院派訓練的傳統工匠，建造按比例尺與繁複裝飾的建築式樣是比較困難的。因此對於民間自行改建的店屋立面，工匠只能從模仿與觀察中學習，使外觀立面式樣的表達能維持西式風格。開港通商時期的洋樓建築，以及日據時期殖民政府所興建的公共建築等西式建築，自然就成為改建過程中建築形式的觀察對像。不過工匠的營造過程中，在過去傳統營建背景的影響下，一些細部作法或裝飾題材上仍沿用傳統習慣施作，以致使用的語彙不標準，如原本西式的科林斯柱式（Corinthian Order），在匠師的詮釋下卻出現白菜、南瓜的形式，這是各殖民地常見的現象，如美洲地區就出現以玉米代替科林斯柱上的莨苕葉。〔註102〕

在台灣的例子，如台北汐止周宅的柱頭就是仿科林斯西洋柱子，將莨苕葉換成台灣本土植物的白菜葉。這使得圖案紋樣變得較為親切，易使人熟悉。另外也將中國獨特的視覺圖像運用在店屋立面上，如在牌樓厝中間開面的欄牆或女兒牆上，作有店號或姓氏的匾額裝飾，形式上不僅只是以線腳框架來處理，同時也仿照匾額懸掛在牆上傾斜的形態，線腳框架是由下而上的往外凸出；而且立面上的裝飾元素題材也不時透露出以傳統建築風格的語彙。〔註103〕這樣混合形式是在模仿的過程中逐漸發酵後所演生出來。

第三節　都市家宅裝飾的家具物品與陳設

家居室內陳設反映出家居主人品味，在裝潢中物品是不可取代，舉凡形制、造形、材料均以時尚流行有關，反映出時代的工藝水準及美學風尚。而物品的擺設也反映出時代人的精神與交往關係。日據昭和時代（1926～1945）

法包括，大小對比、明暗對比。

〔註101〕動勢，利用主體產生動感，加入外在條件，風的吹拂、雲的走向、身體的旋轉等來輔助使得動物的身軀產生能量，更加強整體的氣勢。

〔註102〕據藝術史家貢布里希指出，要把有生命的東西做在石器上，想像力是必不可少的，很少有人只一味直接地死板模仿。如果一位裝飾師不能夠使我們聯想起鮮花、綠葉、花環和花彩的話，那麼他的裝飾就會變得較為乏味。參見E. H. 貢布里希著；范景中等譯，《秩序感──裝飾藝術的心理學研究》，湖南科學技術出版社，2003年，頁193。

〔註103〕關於牌樓厝匾額裝飾的例子，參見文芸，《日治時期台北三市街店屋立面風格之研究》，淡江大學建築系碩士論文，2000年，頁116。

的台灣，是日本殖民台灣漸趨成熟的階段。這期間雖然政治浪潮波濤洶湧，然而文化及藝術活動卻不曾間斷，外來的刺激與內部之蘊釀互相激盪著。歐美藝術思想之引入與留學青年之回台，帶動了新的審美判斷。〔註104〕

一、西式家飾的發展與造型

　　從資料來看台灣都市家宅裝飾物品有椅子、櫃子、桌子等家具類；吊燈、壁燈等燈飾類；盆栽類；地毯類；窗簾類等物品，其形制與擺設更與以往大不相同。當時的家具是以清代家具為母，以西洋家具（包括少量東洋）為父，雜交而生的家具，它改良了明清以床榻、几案、箱櫃、椅凳為主要格局的模式，最大限度引進沙發、衣櫃、梳妝台、多寶櫃。〔註105〕在一幅兩個婦女坐在兩張西洋椅子上編織物品，圖中椅子是長方靠背，彎曲扶手及鏇木的椅角，椅座及背都有軟墊。

圖 5-3　1935，李石樵，〈編物〉之西式家具

（資料來源：《台灣美術全集（八）》，圖 4，頁 54。）

〔註104〕自一八九五年台灣改隸日本版圖以來，本島地主富商或上層社會之第二代已經接受了新式的教育，他們大都留日，一部份學藝術的人留歐。至 30 年代逐漸回到台灣，接掌家業並取得了發言權。這些見過世面的新一代能夠接受 20 年代西歐蓬勃發展的現代運動之產物，包括國際樣式之建築。參見李乾朗，《台灣近代建築之風格》，頁 86。

〔註105〕見姜維群，《民國家具的鑒賞與收藏》，天津：百花文藝出版社，2004 年，頁 7。

圖中的椅子是被放置在花草紋樣地毯上，兩位婦女腳下是穿著室內拖鞋。兩女似乎是沈浸在一間專屬空間裡悠閒聊天。這是李石樵於一九三五年，所完成名爲織物的作品，其室內裝潢不同以往傳統漢式布置，其人物穿著西式洋服，坐在洋式造形椅子上及花紋地毯，這是一種新的生活方式所帶來的改變。從當時繪畫作品及照片我們可以發現台灣的家宅裝飾已有不同審美觀。

（一）沙發坐椅的發展

日據台灣家居生活已著意在「舒適」的追求，對於傳統木椅不便久坐缺點因西洋式沙發的傳入，而開始作改良，調整椅背的傾斜度並加上墊子，使人坐在椅子上舒適感增加。

中式椅子是以木質爲主，椅座則有木板式及籐編式較趨於硬式座椅。中國明清時期流行的椅子中無論是圈椅、官帽椅、太師椅、玫瑰椅、燈掛式及一統碑式椅，椅背和椅坐大致成九十度。除交椅，其背板依照人背脊做出曲線，坐面是絲繩編織的，頗爲輕便舒適。十七世紀再從交椅演化出一種躺椅，也是交足靠背後仰，上有橫枕，座面及背後都是絲繩或藤編成，但只能擺在內室。〔註106〕

西方中世紀的座椅，幾乎從不使用填充墊料，最多只是在椅子上擺個墊子而已，不久以後，眾人開始運用皮革、籐與燈心草等各式較具彈性的材質製造椅座。爲防滑動，工匠自難免設法在椅子上加墊，於是導致十七世紀末期附椅飾座椅的問世。這項發明因法國洛可可家具的出現而達於頂峰。〔註107〕一八三〇年前後，椅子製造商在座位下面以及椅背上裝上彈簧。在彈簧上加上軟墊，裏面填充物是利用機器紡紗機所產生的副產品，即用折起的馬毛和梳落下的羊毛填充而成。由於設計上要用軟墊鋪滿椅子與沙發，因此椅子和沙發木架尺寸放大許多。法國的椅墊業者德維萊爾（Dervilliers）于一八三八年開始制造這種椅子，稱之爲「安樂椅」（comfortables）。在這些安樂椅中，身體陷入了封閉的結構，無法隨意移動，隨著批量製造的技術不斷進步，尤其是改由機器來織成軟墊之後，椅子開始成爲大眾能夠使用的產品，並成爲工人與小職員的家中，成了驕傲的象徵，以及一個可以暫時擺脫俗務的地方。〔註108〕

〔註106〕關於明清時期，中國各式椅子發展之論述，參見崔詠雪，《中國家具史——坐具篇》，台北：明文書局，1990年，頁156～157。

〔註107〕見 Rybczynski Witold ,*Home:A Short History of an Idea*,p. 95.

〔註108〕關於西方沙發椅發展之論述，參見 Richard Sennert 著；黃煜文譯，《肉體與石

　　清廷於甲午戰爭後的馬關條約中將台灣割讓給日本，日本原是一封建國家，自明治維新（西元一八六八年）後，轉變為西化的現代國家。在接受西化過程中，將歐洲的西洋式建築和器物，大量的移殖到日本。台灣成為日本的殖民地之後，這些由歐洲移殖到日本的建築和器物，亦再由日本移殖至台灣。而日本所吸收的歐洲傳統建築與器物風格中，以哥德式、文藝復興式、巴洛克、洛可可和新古典主義等為主。在運用與表現時，則以混合方式（折衷主義）呈現出來。家具亦受這些風格影響，其中以床〔註109〕、衣櫃〔註110〕、梳妝台〔註111〕等私密生活空間使用的家具，所受影響較大。而對於在祭祀空間的正廳中使用桌、案、椅、几則影響較少，仍保持中國傳統的文化特色。但在裝飾圖案的題材、構件的造型和製造技術上，則略有改變。而受西洋文化影響的台灣傳統扶手椅，最大的改變就是「鏇木」式的座椅的出現〔註112〕。日本明治維新時，英法為當時世界的強盛國家，許多事物成為日本所師法與學習的對象。而對台灣傳統扶手椅發生較影響的主要風格，如巴洛克時期的「安尼皇后風格」（Queen Anne）、洛可可時期的「齊彭代爾風格」（Chippendale）和新古典主義的「亞當兄弟風格」（Adam）等式樣。〔註113〕台灣都市家宅椅

頭——西方文明中的身體與城市》，上海：上海譯文出版社，2006 年，頁 343。另參見 Thornton Peter,*Seventeenth-Century Interior Decoration in England, France and Holland*（New Heaven:Yale University Press）pp. 180-181.

〔註109〕床是臥室中必備的器物，隨著都市化的進程加快，人的居住空間變小，而且遷移性增大。清末的床漸由以前後兩個片架組成的「片子床」取代四周有圍欄的「架子床」。在臥室家具歐化過程中，只有床先矮化，臥室中視覺才感到開闊，才有了大衣櫃、梳妝台來填充空間。參見姜維群，《民國家具的鑒賞與收藏》，天津：百花文藝出版社，2004 年，頁 182。

〔註110〕衣櫃的出現應該是清末，這與洋裝的流行和裝束改變有關。我國傳統衣服的存放都是疊放，而新式服裝需要掛放。見姜維群，《民國家具的鑒賞與收藏》，天津：百花文藝出版社，2004 年，頁 170。

〔註111〕明清中國家具沒有梳妝台這一品類，只有梳妝匣或鏡台，它們不是獨立的家具，都是依附於其他家具的器件。受歐風影響，尊重女性的呼聲越來越高，與女性有關的物品也越來越受到社會的關注。見姜維群，《民國家具的鑒賞與收藏》，天津：百花文藝出版社，2004 年，頁 173。

〔註112〕鏇木技術使用在家具上，最早出現於埃及、亞述、巴比倫、希臘和羅馬皆可見其鏇木式樣，奉為模仿的準則，發展出「仿羅馬風格」。鏇木又俗稱「車枳仔」即是木工車床利用旋轉削木的原理，鏇出圓周面粗細大小、寬窄不一的各種圓柱形態、線條裝飾，相當優雅美觀，即為家具的支柱、支腳，亦可為窗條及梳妝台之「頂尖飾形」、「踢腳檔」、「頂簷」、「懸垂」等。

〔註113〕關於台灣傳統扶手椅受到西方家具風格影響的論述，參見李億勳，《台灣傳統

子造型傳統漢式樣已不合時代潮流，必須加入許多西洋的裝飾元素，如圓柱式、弧彎式、線軸式、紡錘式、蹄式；獸爪式、獸爪抓球式、方塊式及蓮瓣式等椅腿以吸引愛好者。另一以追求舒適為尚的坐椅，如藤椅、沙發都已成為當時中上層階級家庭中不可或缺的家具擺設。

1、藤　椅

日據時期台灣藤製家具非常發達，通常用於較休閒之處，在當時畫家繪畫常見的主題。如顏水龍，一九二九年參加台展第三回，名為窗際的作品，其人物少女就坐在窗邊的藤編椅子上，專注編織物品。

圖 5-4　1929 年，台展第三回，顏水龍，〈窗際〉

（資料來源：《日據時期台灣美術檔案》，頁 389。）

上圖少女坐在圓弧形藤編椅子上，其椅單獨坐落屋子之一偶，可見並不是常置性的佈置，端視主人的需要而更動。藤編除製成扶手座椅外，還製成躺椅式，如圖 5-5 是李梅樹於一九四二年所畫編織，人物婦女就依坐在一張扶手藤編躺椅上，其靠背成一百二十度，便於躺臥。

坐椅之研究──以扶手椅為例》，國立台灣師範大學美術研究所碩士論文，1992 年，頁 69。

圖 5-5　1942 年，李梅樹，〈編織〉

（資料來源：《台灣美術全集（五）》，圖 16，頁 54。）

　　另在鄭安參加府展第六回名為窗邊的作品，其人物婦女就舒適坐在窗邊的籐編椅子上，愜意的閱讀，窗外有一女二童絲毫不影響此婦女閱讀的興趣。（參考圖 3-17）因其舒適性，漸漸也被用來做為閱讀的椅子，可見籐編坐椅也用於書齋做為讀書用椅，漸漸普遍。據當時的照片，籐編坐椅可說是最受歡迎的家具之一。如韓石泉在讀台灣總督府醫學校時伏案苦讀時的坐椅。

圖 5-6　韓石泉與籐編椅

（資料來源：《島國顯影（四）》，頁 23。）

　　另有一張照片是陳紹馨於書房閱讀時的坐椅。（參考圖3-18）可見籐椅可符合長時坐姿，雖無沙發柔軟舒適，但無久坐襖熱之弊，價格也較為便宜。

　　籐編坐椅除用於休閒及讀書之處，但也漸用於較為正式場合，如井手薰、粟山俊一及白倉好夫等宅的應接室內桌椅家具（如〈附錄三〉之A-3；A-5；A-6）。被用於接待客人的正式場合，也使得籐製的桌椅漸走向精緻化。

2、沙發椅

　　沙發是舶來品，在日據時期台灣家宅西化家具中最代表性，沙發有單人、雙人和三人之分。台灣士紳階級很快接受這種舒適且豪華的坐具，並根據自身的審美習慣進行改良。其擺設場所大部分是應接室、客間及書房，這些是當時的洋化空間，如河東氏、台北帝大總長官舍、小原時雄氏、大阪商船株式會社高雄支店長宿舍、糖業試驗所所長宿舍、台中地方法院長官宿舍、楊子培等應接間的沙發家具（如〈附錄三〉之A-1；A-2；A-14；A-7；A-8；A-9；A-11；A-12）。及台灣軍司令官邸客間的沙發家具（B-13）。及楊子培書房的沙發家具（C-12）。這些沙發是組件式沙發椅，通常是以四椅一几、三椅一几或二椅一几的組合，以茶几為中心，相向排列。

　　沙發是由西方傳進台灣的新式低坐椅，強調是舒適，使人沈溺在其中。有一張照片是高長牧師的客廳照片，其西式沙發較漢式家具來的低。

圖5-7　高長牧師與沙發

（資料來源：《島國顯影（二）》，頁23。）

　　上圖可見高牧師坐在沙發上，其身體略顯後傾，身姿也較漢式太師椅低矮。一幅是顏水龍，一九三八年，入選府展第一回，名為「憩」的作品，一位少婦安逸坐在沙發椅上，後有一窗景，地上鋪有地毯，後牆面以簡單幾何的木裝潢為造型。此沙發較人為大，整個人似乎可以陷進沙發椅裡。

　　圖 5-8　1938 年，府展第一回，顏水龍，〈憩〉之安樂椅

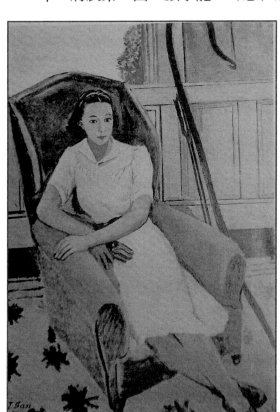

（資料來源：《日據時期台灣美術檔案全集》，頁 397。）

　　在當時眼中沙發，大多是軟椅。沙發與軟椅的區分在於腿爪上。沙發是沒有腿的，顯得笨重浮華。而軟椅有四條椅腿。另外隨著螺旋彈簧的出現，更厚、更軟的軟墊問世，沙發的發展日趨完善，成為今日家庭的主要坐具。[註114] 當時除了布質（皮質）扶手沙發外，也有木質式扶手沙發，如李石

〔註114〕見姜維群，《民國家具的鑒賞與收藏》，天津：百花文藝出版社，2004 年，頁157。

樵在一九四六年畫的少女，畫中少女身著漢式短袖旗袍，交腳式就坐在木質扶手白底藍花紋的沙發上。楊子培書房（如〈附錄三〉之 C-12）圖中的沙發就是木質扶手沙發。

圖 5-9　　1946 年，李石樵，〈少女〉

（資料來源：《台灣美術全集（八），圖 12，頁 63。》）

另外還有躺椅式沙發，如李石樵，府展第五回「憩」的作品，其女就是躺在一百二十度的沙發上。（參考圖 3-18）這些西式沙發，成為中上層階級家庭佈置中，很重要的家具物品，並業已開始改變以往台人坐姿習慣。

3、西式木椅

傳統漢式木椅，依然在傳統合院空間佔有一席之地，但其式樣造型漸漸融入東西洋的裝飾元素，尤其是鏇木造型的木椅，因批量生產而產生流行。

圖 5-10　1938 年，府展第一回，楊三郎，〈夕暮の庭〉

（資料來源：《日據時期台灣美術檔案全集》，頁 279。）

　　上圖少婦坐的木椅，其椅子靠背的兩直木及底部支撐的腳都是以鏇木爲要素做造型。在都市家宅，木椅的重要性已被沙發所取代，其擺設地方以食堂最爲常見。如台北帝大總長官舍、粟山俊一、林熊光、楊子培及深川住宅等的食堂的椅子（如〈附錄三〉之 D-2；D-5；D-14；D-12；D-15）是以木椅爲主，其造型呈現簡單、無扶手，是便於移動及收納。在大島金太郎及糖業試驗所奏任官官舍的應接間的椅子（A-4；A-10）也使用木椅，但此時的木椅在坐墊及椅背均有軟墊，增加舒適感。

　　另外在日據時期，還流行木搖椅〔註 115〕。在畫家邱潤銀於一九四五年參加府展第六回的入選作品中，畫面中就有一婦女坐在木搖椅上。

〔註 115〕是 18 世紀的形式，譬如溫莎搖椅，坐的人用腳蹬著，以和緩的方式擺動著。
　　　　參見 Richard Sennert 著；黃煜文譯，《肉體與石頭——西方文明中的身體與城市》，上海：上海譯文出版社，2006 年，頁 344。

圖 5-11　1945 年，府展第六回，邱潤銀，〈シユミーズ〉

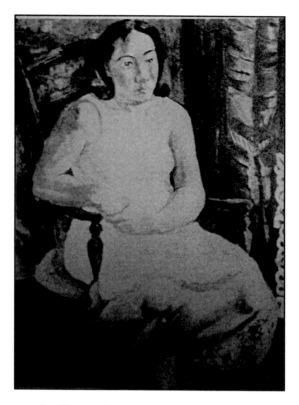

（《日據時期台灣美術檔案全集》，頁 93）

搖椅分為坐式、半躺式和躺式三類，都是根據圓的重心原理設計製作的，是將椅子的腿變成弧形的圓木，藉由慣力前後搖晃椅子，使人感到一種安適感。這種椅子通常置於洋樓迴廊上，一面休閒地向外觀看宅外，另一方面緩慢的搖動下可在午後小憩一下。

（二）木板、地磚及地毯

都市家宅除了可由家具的擺設來瞭解西化的程度之外，也可以從使用鋪面材料的改變來考察其轉化的痕跡。台灣傳統合院家居，以鋪設地磚為主，允許穿鞋進入室內，只有上床時才脫鞋，因此對於地板的要求，並不講究。一般民宅以三合土為主要地板鋪設材料，只有較富有之家，才以石板條及磚來鋪設。

傳統合院式中庭所鋪設的紅瓦磚地坪，其所鋪設的形式除了美觀之外還有喻義性符號，如「丁」字形等，一般均可穿鞋入室。日據時期台灣都市住

宅開始注意家居的清潔，並要求進入室內需脫鞋並換上室內拖鞋的，所以在現代家居生活中，尤其在「應接室」與「書房」是主要待客場所，為考慮客人使用上的方便，因此地面的材質會鋪上木地板，如從本文的〈附錄三〉的十七個圖例當中，均可見到木板的鋪設。

通常木質地板上，會加上地毯後再擺設座椅，供訪客使用。可見地面鋪設是都市家宅裝飾重要一環。在日據繪畫中，為了表現西洋化的氛圍，除了沙發、西洋式木倚之外，地毯也成為繪畫重要元素，可參考圖 5-4。

（三）燈飾類（吊燈、壁燈）

都市家宅燈具，也成為裝飾的一部份，日據時期電氣設備日趨完善，電燈成為家居生活不可或缺的設備之一，其通常安置在屋內天花板上，成為固定家居裝飾物。從〈附錄三圖例〉，也可發現日據時期燈具已出現各種造形，有仿洛可可燭台也有簡單幾何造形，使得燈泡與電線被隱藏起來。也因功能而有不同造型如桌上型的抬燈，放在牆壁上的壁燈以及玄關的天井燈，都成為家宅裝飾的一部份。甚至在天花板的燈座上，也有講究裝飾。

（四）盆　栽

中國傳統雅緻的士人生活，除了做詩外，書畫、藏書都是讀書生活密切相關的，除此之外，居家生活的重要消遣恐莫過於種花蒔草，種花、賞花似乎和文人日常生活是不可分離的。〔註116〕一般台灣街市家庭不似富豪之家得以營造私人園林，只好以盆花盆景來涵詠怡情，常種的花草有蘭花、水仙、梅花、榕樹等。台灣士紳傳統上，是以賞花為主，尤其花香更是文人墨客所珍重，但自日據中期起，也受日本人影響，賞葉而不重花，「那時都市的人們，多被染上愛蘭熱，蘭迷滿街載道，到處話蘭」。〔註117〕在台灣只要是中等以上家庭的花園或客廳，都很容易看到蘭花。

〔註116〕可參見〔明〕文震亨，《長物志》卷二〈花木〉。及〔清〕李漁，《閒情偶記》〈種植部〉。
〔註117〕見張人傑，《台灣社會生活史》，台北縣：稻香，2006 年，頁 97～98。

圖 5-12　楊子培的應接室之水仙盆景

（資料來源：《台灣建築會誌》第 6 輯 2 號）

　　日據時期台灣除了養蘭風氣盛極一時外，也愛水仙。凡大戶人家廳堂、書齋、閨房都必須擺上來自漳州、日本的水仙，較講究者還有專用的名貴「水仙盆」，配上特選的石子，以增添年節氣氛，並彰顯主人的生活藝術，如圖 5-12。另外當時家居也盛行瓶花的擺設，都使得家居生活因有花草的裝飾更加的舒適。

（五）織品簾幕 [註118]

　　都市家宅很重要特色就是「織品簾幕」的使用。紡織物品被看待成懸掛性的裝飾布幔，是開始於歐洲中部。布幔一開始是被用來間隔空間的介質，也被貴族與富人用來懸掛於牆上，用以抵抗歐洲地理天候環境上的溼氣、寒冷的牆壁與保持溫暖的必需品。直到十六世紀末期，在歐洲，窗戶的窗簾裝飾在房間中變成很重要的一部份。 [註119] 在台灣傳統合院家居，因開口部較

〔註118〕織品簾幕可分為「curtain」和「hanging」兩種，前者指的是附加在窗戶上的織品，後者指的是以織品做的布幔，為空間領域上的界定元素。

〔註119〕關於織品簾幕在西方發展之論述，參見盧圓華；黃婉如，〈織品窗簾在歷史中居家設計應用之試探〉，《2002 中華民國室內建築與生活環境學術研討會論文集》，樹德科技大學設計學院，2002 年 7 月，頁 2A-13。

小，幾乎不用窗帘，或只是以捲帘（竹製）來阻擋強烈的日光，或是在房間出入口放置門帘來保持通風及隱私。但絕少以織品簾幕來裝飾家居。

圖 5-13　傳統窗簾示意圖

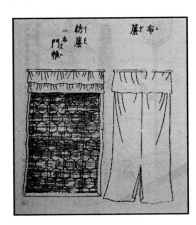

（資料來源：《清俗紀聞》，頁 126。）

日據時期的都市家宅大量採用織品簾幕，從〈附錄三〉之圖例都有織品簾幕來裝飾家居，幾乎每扇窗都會有布簾裝飾。除了遮蔽光外，兼具室內裝飾，其造型樣式都與室內環境相配合，如楊子培住宅的食堂中的窗簾與其室內壁紙、地板及沙發的風格相一致。

圖 5-14　楊子培的食堂之窗簾

（資料來源：《台灣建築會誌》第 6 輯 2 號）

另從〈附錄三〉之圖例來看，當時也盛行以布幔來區隔不同空間領域，如 A-5 粟山俊一宅及 A-8 大阪商船株式會社高雄支店長宿舍，以布幔分隔應接間與書齋。日據時期台灣都市家宅的織品簾幕成爲家居裝飾很重要一環，使整個家庭生活更顯得溫馨甜蜜。

二、昭和時期都市家宅的室內裝飾

台灣家居的現代室內裝飾來自台灣建築會誌〔註120〕的介紹，也鼓動風潮形成運動。由上而下莫不追求現代居家生活品味。由日本官邸到士紳豪宅的裝飾，雖只是台灣中上階級人的生活方式，長時段來看，其生活方式也起了示範作用並影響至戰後。

日據時期台灣現代式的家居陳設，主要是仿日人洋化生活，打破以往傳統陳設方式，以小房間作爲裝飾，並著重在家庭生活的營造。明治維新以降，日人受到西方的住居形態與生活方式之影響，洋式的家具不僅大量的出現在公共場所，私人住宅中亦是頻繁出現在待客空間的規劃中。〔註121〕

圖 5-15　河東氏宅之應接室

（資料來源：《台灣建築會誌》第 1 輯 4 號）

〔註120〕台灣建築會誌，從 1929 年 3 月創刊，持續至 1944 年，共 16 輯。刊物以台灣本島建築爲討論爲討論對象，台灣建築會更常舉辦演講與展覽，肩負社教責任。
〔註121〕關於日據時期私人住宅出現洋式家具之論述，參見郭雅雯，《日治時期台灣日式住宅平面構成之研究——以官舍與民宅爲例》，國立雲林科技大學空間設計系碩士論文，2003 年，頁 115。

總督府營繕課井手薰認爲：「在現代的客廳和書房多半採用西洋式，使用座椅式較好，相信餐廳如此也比較方便，這些是因爲家族的關係及其各家的習慣，也難以下定論的，可以注意取捨的問題，寢室也因個人的喜好可適當選擇，其他各室還是採用日本式的比較好，廚房盡可能改成西洋式，在效率上比較好」〔註122〕。都市家宅中，凡有待客功能或具有方便及效率的考量，其裝飾將以西洋爲主。在台灣建築會誌中有近 17 個實例 29 張圖例，介紹當時最新的建築及內部裝潢。

表 5-2　《臺灣建築會誌》所載之住宅內部圖片表

	應接間（A）	客間（B）	書房（C）	食堂（D）	玄關（E）	子供室（F）	台所（G）
（1）河東氏	A-1				E-1		
（2）台北帝大總長官舍	A-2			D-2			
（3）井手薰	A-3				E-3		G-3
（4）大島金太郎氏	A-4				E-4		
（5）粟山俊一	A-5			D-5			
（6）白倉好夫	A-6						
（7）小原時雄氏	A-7						
（8）大阪商船株式會社高雄支店長宿舍	A-8		C-8				
（9）糖業試驗所所長官舍	A-9						
（10）糖業試驗所奏任官官舍	A-10						
（11）台中地方法院長官宿舍	A-11						
（12）楊子培	A-12		C-12	D-12			
（13）台灣軍司令官邸		B-13					
（14）林熊光		B-14		D-14			
（15）深川氏				D-15	E-15		G-15
（16）高橋氏					E-16		
（17）尾氏						F-17	

〔註122〕見井手薰，〈我ガ住家〉，《台灣建築會誌》第 2 輯 3 號，1930，頁 24。另參見黃建鈞，《台灣日據時期建築家井手薰之研究》，國立成功大學建築研究所碩士論文，1995 年，頁 139。

我們將從 29 張圖例中分析時代裝潢風格以及人際關係。法國史學家布勞岱爾曾寫道，「一種家具不管有多大特色，它不能創造或者揭示一個整體。只有整體才起作用。博物館裡孤立的展品通常只能告訴我們一部複雜的歷史的基本概念。關鍵不在家具本身，而在於他們的佈置是任意還是不得不然的，在於一種氣氛和一種生活藝術。」〔註123〕布氏認為這種氣氛和藝術，是表現在房間內部的家具陳設，及房間外部的裝潢。在這些裝潢內容及家具物品的擺設模式中，約略可探知在這小天地裡，人們究竟怎樣生活，怎樣進餐和怎樣睡覺。

（一）西洋式的裝潢內容

昭和時期，台灣受日本殖民統治已有三十年左右，生活習慣也已深受西化影響。建築立面也以西洋裝飾語彙為多，顯出對西洋化的價值認同。以家宅室內裝潢而言，漸漸以洋式家具、裝飾物品為主流，而擺設洋式家具的空間而言，大都將家具設在「客廳」、「書房」、「餐廳」、「玄關」及「廚房」等這些空間裝飾成現代風格。

1、客　廳

客廳是受近代西方文化影響而出現的接待空間。日據時期的都市家宅具有此功能的是「應接室」及「客間」，其最大變化是出現了陳列櫃以及待客用的會客桌椅，除此之外也開始有使用沙發的情形。

都市家宅的「應接室」除了會有待客用的桌椅擺設之外，也會在一旁多設置書桌椅，主要是因為家宅室內空間有限，通常將「書齋」與「應接室」合併使用，較少將「書齋」規劃為獨立的空間。〔註124〕例如 A-5 粟山俊一宅的應接室與書齋是合併，其應接室，擺有藤編沙發椅三張，中間置一張藤編圓桌上覆以深色絲質方巾，地板鋪有花紋地毯，其應接間與書齋相通以布簾相隔，牆角放置盆栽，牆上掛有圖框。從附錄三之圖例 A-1 到 A-12 看，以沙發桌椅為中心，是應接間的基本公式，地上通常鋪設有地毯及木板，會在四

〔註123〕見〔法〕費爾南·布勞岱爾著；顧良等譯，《十五至十八世紀的物質文明、經濟和資本主義（一）：日常生活結構：可能和不可能》，北京：三聯出店，1996年，頁 361。

〔註124〕關於日據時期台灣都市家宅中應接室與書齋空間運用之論述，參見郭雅雯，《日治時期台灣日式住宅平面構成之研究——以官舍與民宅為例》，國立雲林科技大學空間設計系碩士論文，2003 年，頁 116。

週擺有盆花及掛上西洋油畫及收藏的物品顯示主人家的品味。

都市家宅的「客間」，從附錄三之圖例 B-13 及 B-14 可知，已具有現代客廳的功能。如 B-13 臺灣軍司令官官邸之客間，其擺有花紋沙發四張，中間木質方桌一張，地上鋪有花紋地毯，有拱砌式壁爐，台上放置飾物及圖框，爐旁有一組沙發椅桌，兩面均有對外木格玻璃窗，光線充足，掛有長布簾，牆角及爐旁均擺有盆栽造景，頂上垂有吊扇，牆壁以木條做簡單十字作為造形。B-14 林熊光宅之客間，其設有磚砌式壁爐，台上置有小飾物，中央壁上掛有油畫圖框，兩旁有菱形木格玻璃窗覆有布簾，下有木質玻璃櫃放置古董藝品，爐旁有白色套沙發一張及木質四腳小圓桌，左邊有一架方型鋼琴上放置玩偶及瓶花，右邊靠大窗戶下擺有皮革長沙發，前有木質扶手椅兩張，中間置木質四腳方桌及小方桌，地上鋪有花紋地毯，牆壁施敷白色頂上垂一吊扇及另一圓形大吊燈，壁上有壁燈。

由上可知「客間」的較「應接間」來的大，可作為家庭生活的一部份，兩例都有壁爐的設置，其旁有沙發座，可供家人圍爐夜話。在林熊光宅之客間有一架鋼琴，顯示此時客間已具有娛樂性功能。

2、書　房

日據時期的都市家宅「書房」已不同於傳統書房，傳統書房有兼臥室的功能，而都市家宅的書房只是寫作兼客廳，已取消臥室的功能。從附錄三之圖例 C-8 及 C-12 可知，書齋的空間也可為辦公，也可用來接待客人。都市家宅的書房已融進了西洋式家庭氣氛。其書房沒有放置床，擺設有書桌〔註125〕、書櫃〔註126〕、轉椅或者是沙發。如 C-8 大阪商船株式會社高雄支店長宿舍之書齋，其有一長方形深色木質書桌，桌上有一菇形台燈，書桌右側一對外外推式木質方格玻璃窗及布簾，窗台上擺有一盆景，頂上垂有一吊燈與應接室相通。可見書齋除了書房也兼具辦公的場所，C-12 楊子培宅的書齋，擺有木質扶手布面幾何花紋沙發椅兩張，中間置木質四腳方桌，後靠牆放置三面木質玻璃書櫃，地上鋪有花紋地毯，牆壁有花紋壁紙為飾，頂上垂有星形吊燈，門、書櫃、桌椅、天花板均以橫直線及方格作為整個房間的造形，不崇尚華

〔註125〕 其書桌具有較大的桌面，兩面設有抽屜。見姜維群，《民國家具的鑒賞與收藏》，天津：百花文藝出版社，2004 年，頁 166。

〔註126〕 書櫃有別於傳統的多寶格與書櫥，常與文件櫃混用，有玻璃門，內中用木板隔成幾層，以便放文件和放書。見姜維群，《民國家具的鑒賞與收藏》，天津：百花文藝出版社，2004 年，頁 166。

麗與曲線。從其擺設楊子培宅的書齋也是具有待客功能。

3、餐　廳

「餐廳」是受西方近代文化影響而出現的西化空間，傳統吃飯的場所一般是在廳堂，將八仙桌移出當成飯桌。在日據時期的都市家宅有此功能的是「食堂」，從附錄三之圖例 D2；D5；D12；D14；D15 可知食堂也是洋化所產生的空間。如 D-2 台北帝國大學總長官舍的食堂，擺有深色木質鑢木四角長方桌七張，六張兩兩合成一大餐桌，餐桌上有兩盆綠葉植栽，另一張則依正牆靠立其上也放一盆綠葉植栽，餐桌四周圍有深色無扶手木質靠背皮革軟墊椅二十張，有兩面對外窗及深色花布簾，大窗的窗台放有一盆綠葉植栽。地上鋪有深色木板，左邊靠牆有一面四方鏡，鏡下有一深色木質高台架，左右置一對青花瓷瓶，中間放置一深色小瓷瓶，屋頂中央垂吊一鐵質彎曲花飾吊燈及吊扇，兩窗牆旁各有一鐵質彎曲花飾壁燈。食堂的佈置以明亮潔淨及寬廣為主，在 D-12 楊子培的食堂及 D-14 林熊光宅的食堂都可看見這樣特色。

另外在 D-5 粟山俊一宅的食堂擺有方型餐桌一張，上覆有一淺色大布桌巾，中央放置一直圓筒花瓶插著蒔花，四周圍有五張無扶手的木質靠背皮革軟墊餐桌椅及一張有扶手鑢木造型的椅子，有一木質對外窗及花布窗簾，窗左旁掛有深色木質擺鐘，右旁牆角有一木質高台花架上置一盆栽，左右兩側各有一深色木質對外門，右側門旁牆上掛有一幅花草油畫，其下有深色木質櫃，櫃上有一盆水果及白瓷花瓶一只，餐桌上也擺上有六只白瓷咖啡杯。及D-15 深川氏宅的食堂擺有方形深色木質餐桌一張，六張無扶手靠背木質餐桌椅坐上有軟墊，正牆中央上掛有一幅花草油畫，下有一方形矮櫃，櫃面上有一花瓶插有時花，旁有清酒玻璃瓶，正面兩側有木質玻璃門兩扇。這兩則均呈現小型溫馨的洋式空間。

食堂大都以木質地板及木桌木椅為主，方便移動與清理。另外我們也可發現台人如楊子培及林熊光等人喜歡圓桌做為食桌，日人則偏好於方桌的使用。

5、廚　房

日據時期都市家宅的「廚房」迥異於以往傳統式，傳統廚房因無現代的自來水及瓦斯爐設備，故常需儲存水及堆積材薪，活動空間狹窄。而都市家宅因有現代設備，相較於傳統式廚房來得明亮清潔。從附錄三之圖例 G-3 及G-15，可知都市家宅的廚房都已具備洋化式廚房，如 G-3 井手薰住宅的廚房，

其左邊有水龍頭式洗手槽，其右旁有兩爐炊事台，右面牆靠著一矮廚櫃上放有日用物品，左右兩牆均有長形木條方格玻璃窗，炊事廚具均掛在眼前以便取用，地面鋪以木板。G-15 深川住宅的廚房，其淺色木質廚具，有水龍頭式洗手槽，週圍擺以清潔物品，上有一對外窗，右面牆上置一壁燈及掛有橢圓鏡子，左面牆上有固定式木架，架上放有調味料瓶，地面鋪以木板。都已經具有洋式的設計理念，為了節約主婦的勞動，除了設計 L 型料理台外，也設計可收納碗盤的櫃子，以及結合「食堂」空間，呈現出西方現代先進之感。

6、玄　關

「玄關」是受西方近代文化影響而出現的西化的家宅空間。其為室外與室內重要的聯繫空間，亦是訪客進入室內空間之前，賓主之間最初的應對場所，除了有供人脫鞋、掛置雨衣，以及儲放鞋具的功能之外，也是居住者彰顯身份品味空間。〔註127〕

從附錄三之圖例 E1；E3；E4；E15；E16，可知在玄關前具有庭園的造景，如 E1 河東住宅的玄關以面磚為牆，地板高於地面且有階，階前兩側置有兩盆栽，屋旁周圍栽有花木。這樣的形式還包括 E3 的井手薰住宅、E4 的大島金太郎住宅、E15 深川住宅及 E16 高橋住宅等，這些除了美化家居空間之外，也可降低台灣地區夏天酷熱的溫度的功能。另外從玄關到室內各房間，還有一過度空間的佈置，就是所謂的廣間，如 E7 小原時雄住宅的廣間，是呈四方格局，是通往各室的過渡空間，正面及左面牆上掛有圖畫，左面靠牆邊有一淺色木質整鏡台及中式深色束腰高花台架，架上置一中式瓷花瓶，地面鋪以深色木板，正面入應接室前地上置有一小地毯。

（二）家具的陳設與心理

台灣昭和時期的都市家宅的內容物與擺設，實受西方化之影響，所產生的人際關係互動中，身體的親疏感受及家具物品的擺設方式，已與傳統不盡相同。

昭和時期的家宅受到現代主義的影響，其住宅是以小住宅抱合型態為主，因此難以傳統家具來陳設，勢必以新的家具物品及新的擺設來滿足。這些似乎已成為一種模式與風格，這樣一種模式將反映出現代人生活的態度及

〔註127〕關於玄關功能之論述，參見郭雅雯，《日治時期台灣日式住宅平面構成之研究——以官舍與民宅為例》，國立雲林科技大學空間設計系碩士論文，2003年，頁34。

美感的品味。我們可藉由家具的位置、家具之間距離以及使用符號裝飾的數量來去進行都市家宅使用者的心理、行為及感受的描繪。〔註128〕

1、坐具位置、距離及姿勢

在中國傳統的家具設計中，並未建立出如現代人體工學般的精確科學性，而是以經驗為前提的約略性概念，〔註129〕再配合魯班尺的吉凶尺度，自成一套家具製作尺度。傳統家具與現代家具最大區別在於所強調的功能不同。傳統家具以禮法為首要功能，其次才是舒適。譬如傳統建築中，較常見之家具為廳堂中的太師椅（有靠背）及茶几。每兩張太師椅搭配一張茶几稱為「一組」，兩組對稱擺設為「半廳」，四組對稱擺設稱為「全廳」。太師椅的造型講究四平八穩，坐上之後雙腳搭於踏腳帳上，身體自然直挺，符合禮俗中「端莊靜肅」之要求。〔註130〕

傳統廳堂裏的座椅的安排具有倫理性格，內尊外卑及左尊右卑的原則，其均緊靠牆壁整齊對稱排列，使得人際交談的機會較少，家長權威性格凸顯。

依據宋默爾（Robert Sommer）對於人際關係與家具空間安排研究認為，人們在（直角區）越角線交談，通常要比面對面情況（越過三十六英吋長的桌面）多六倍，同時，比邊靠邊的安排多上兩倍。〔註131〕都市家宅中座椅是客廳中的中心，擺設是以桌（茶几）為軸，椅子是對稱地圍繞。符合宋默爾（Robert Sommer）直角區的談話空間，下圖是杜聰明家中與客人在客廳談話照片。

〔註128〕家具配置會影響房間裡的人之行為和感受。它是促進交談、建立互動疆界和適當互動距離的主要因素之一。喬尼爾（Joiner,1976）描述三種決定房間中互動風格的基本性質：家具的位置、家具之間距離以及使用符號裝飾的數量。參考 Francis T. McAndrew 著；危芷芬譯，《環境心裡學》，台北：五南，1995年，頁212。

〔註129〕一些常用尺度，往往用口訣表示，但實際上已包括若干實際生活中活動尺度要求。例如「門寬二尺八，死活一起搭」，說明二尺八寸門寬已考慮了搬運家具的尺寸、輿轎進出的尺寸，棺木進出的尺寸等。傳統房屋室內的陳設、具有定式，一套家具應包括案、桌、椅和几各若干；則堂屋的尺度，便以容納這些家具的最低尺度要求為基準。參見李憶勳，《台灣傳統坐椅之研究——以扶手椅為例》，國立台灣師範大學美術研究所碩士論文，1992年，頁141。

〔註130〕關於傳統合院廳堂桌椅家具擺設方式之論述，參見林會承，《傳統建築手冊——形式與作法篇》，台北：藝術家出版社，1995年7月再版，頁141。

〔註131〕關於越角線交談理論之論述，參見霍爾（Edward T. Hall）著；關雲譯，《隱藏的空間》，台北：三山出版社，1974年3月再版，頁110。

圖 5-16 1939 年杜聰明與客人談話

（杜淑純，《杜聰明與我》，2005 年，頁 102。）

從照片當中杜聰明宅〔註132〕之客廳，是以木質四方茶几及四張木質扶手沙發椅爲中心，當其客人來訪，主人家（主要交談者）易與客人在越角線上交談，顯現出都市家宅的座椅並不強調倫理性（主次之分），而較重視舒適的功能性。身體的坐姿也較爲隨意，雙腳大於一百度垂放於地板上，或交腳，身體自然靠躺在沙發椅上。這都是延續人際交談的時間，使的人的社交活動更爲的親密。由於強調親密的佈置，這也使得家庭與純社交活動分離，家庭是成爲可以舒適展現自己身體的地方。

2、物品的擺設、種類與時尚

傳統家居，廳堂是主要家具擺設場所〔註133〕，廳內正面壁懸神佛畫軸，兩邊懸聯，前有長方形的中案桌（神明桌），桌上安置神像及祖宗神位，並放燭台、香爐和酒杯。中案桌的前面放置八仙桌〔註134〕，上面靠內放置几桌，几桌上放宣爐，右側放花瓶仔，左側放古盤子，八仙桌的兩邊放四角凳子。

〔註132〕據杜淑純女士的回憶是在 1929 年 9 月間所建。參見杜淑純，《杜聰明與我——杜淑純訪談錄》，台北縣：國史館，2006 年 4 月初版，頁 64。

〔註133〕見片岡巖著：陳金田譯，《臺灣風俗志》，台北：眾文圖書，1987 年 3 月再版，頁 79～82。及木尾原通好著：李文祺譯，《台灣農民的生活節俗》，台北：臺原出版社，1989 年 7 月版，頁 128。

〔註134〕八仙桌平時是神明桌的一部份，部份隱入中案桌裡。吃飯時或晏客時將八仙桌移到廳堂的中央。參見柯愓思（Curtis Evarts），〈中國傳統家具——從華麗到簡樸〉，《中國古典家具與生活環境》，雍明堂出版，1998 年，頁 39。

廳堂左右兩壁懸掛丹條聯各四軸，下面放茶几。茶几兩側放交椅，在這裡應接客人。

圖 5-17　傳統廳堂的擺設

（資料來源：《清俗紀聞》，頁 283。）

都市家宅常被用來裝飾屋內的物品方程式，已迥異於傳統合院家宅，從本文〈附錄三〉之 29 張圖片解析，都市家宅所要營造出家庭的親密氣氛，包括天花板、窗簾、壁紙、地毯、門窗及物品收藏櫃使得都市家宅的裝潢呈現的是一種溫馨的氣氛，不為外人所打擾。以井手薰宅之應接間裝潢為例，其室內擺有藤編沙發型椅四張，中間置一張藤編方桌上覆以白色編織桌巾，地板鋪有織有花紋地毯，有兩大窗均覆有窗簾，窗台均放置飾品陶壺及牛造型雕塑，靠牆椅旁置有一流線造型方几，右牆角放置一尊白色維納斯雕塑，牆上也掛上三幅西洋油畫。

圖 5-18　井手薰宅應接室之裝潢

（資料來源：《台灣建築會誌》第 2 輯 3 號）

　　從井手薰住宅感受到核心家庭的生活模式，溫馨已有相當物品的擺設，也顯現出主人的西化的品味與樂趣。另外我們從河東住宅之應接室，其室擺有布面花紋沙發三張中間置一張木質圓型桌，後有一木質飾品櫃及裝有菱形玻璃的木門，幾何紋樣簡潔大方，牆四週覆以幾何圖紋的壁紙及深色木料作為裝飾。（參考圖 5-15）

　　以及大島金太郎住宅的應接間，其室擺有深色木質椅三張，靠背及椅坐均有軟墊，造形優美簡潔，中間置深色木桌一張，後有一長方格玻離窗戶，覆有到地板布質窗簾，牆四周覆以簡單花紋壁紙，靠牆近門放有一木質時鐘。

圖 5-19　大島金太郎宅應接室之裝潢

（資料來源：《台灣建築會誌》第 2 輯 3 號）

　　其室內風格具有裝飾藝術風格，均以簡單線條及幾合造型爲主與整個建築風格相配合。這時期，物品裝飾種類不斷以時鐘、油畫及雕塑物品，強調主人對於西化的認同及時尚的追求。另外在林熊光宅的客廳，也可見到鋼琴的設置。

圖 5-20　林熊光宅客廳之鋼琴設置

（資料來源：《台灣建築會誌》第 2 輯 3 號）

　　其代表著家庭娛樂功能已出現在中上層之家居生活中。另隨著科技發達，唱片機及收音機也進入家居生活中，也成爲家居生活不可或缺的物品設備。〔註135〕從家具的位置到家居物品的種類，日據時期的都市家宅生活愈來

〔註135〕收音機之數量，據呂紹理研究，1928 年爲 7864 戶，到 1943 年達到最高點
　　　　100315 戶。1938 年以前，台灣人擁有收音機的比例不曾超過 30%，但是
　　　　1938 年後則增加甚爲快速，到 1944 年時，在收聽戶當中，台灣人就佔了
　　　　44%計四萬餘戶，這個數字大約是當年戶數的 4%，或者是每 25 戶當中就
　　　　有一台收音機。見呂紹理，《水螺響起》，台北：遠流出版社，1999 年，頁
　　　　172。
　　　　另據昭和 13 年 7 月 14 日，《吳新榮日記》所載：「昨日台灣放送局（廣播電
　　　　台）協會來勸誘購置收音機，半強迫性地買了一部，國際牌，五燈管，時價
　　　　75 圓的高級品。過去也想買，但沒有錢與場所。今天勉強以分期付款購之，
　　　　他日若有場所可放，則打算換一台兼備電唱機的收音機。自此，我一家人始
　　　　受現代文明之利器之恩惠，踏進文化生活的第一階段。」。見吳新榮，《吳新

愈重視家庭生活，甚至可以說台灣的小家庭生活是從日據時期發展，尤其是昭和時代是關鍵所在。〔註136〕

榮日記》，台北：遠景出版社，1981 年，頁 71。

〔註136〕昭和時期，台灣經濟改善，住宅需求量劇增，台灣各地之住宅營建組織，有計畫的建造日式住宅，並積急募集許多住宅計畫圖面。 台北建友會在這背景下，為募集理想建築圖面，並舉辦競圖活動，這次參加競圖活動的人數超過 80 名，所提出的住宅設計作品有三百多件，經審查委員從中篩選出 150 件優良作品，彙整在 1943 年的《小住宅懸賞圖面集》。其圖面大小分 15 坪、18 坪、20 坪、22 坪及 24 坪五種住宅形式，均屬小坪數住宅，可見其住宅趨勢。見貝山好美編，《小住宅懸賞圖面集》，台北建友會，1943 年。

第陸章　結　論

　　本論文研究的主要動機，是探討傳統到現代中民眾心態的轉變。其首先發酵的是社會的中上層階級，藉由對這階層人士生活的探討，就能察覺出從傳統到現代轉型的痕跡。日據時期台灣隨著工業化生產經濟帶動的現代化，一方面形成至今為社會階層主流的中產階級大眾，一方面引進西方工業經濟成果帶來的現代化物質與觀念的刺激，終至完全改變台灣日常生活的模式與生活環境。本論文從家宅空間、家宅設備及家宅裝飾等最貼近日常生活的環境考察，整理出日據時期台灣士紳都市家宅生活史，以下略述本文成果及後續研究展望。

第一節　研究成果

　　從整體環境來看，台灣都市家宅在日據時期已達成現代化的準備。如中產階級的擴大、電力工程、上下水道工程完成佈線並輸送至各街庄及民眾住宅。這些現代都市化設施對家宅生活的改變，本論文由以下幾方面的變遷考察發現其影響歷程：（一）都市家宅西化空間的形成。（二）都市家宅科技設備的形成。（三）都市家宅洋式裝飾的形成。

　　從一個歷史時段的家宅生活考察，我們發現台灣都市家宅從傳統社會轉向現代社會家庭生活形態的有趣變化。可以綜合歸納幾個重要特徵與結論如下：

一、都市家宅西化空間的形成

　　台灣西化空間的來源有二，一是開港後洋人所興建的教堂、學校及領事

館；二是日人所帶進來的和洋折衷式的家宅空間。但兩者溯其源，都是英國殖民印度時為因應熱帶地區所發展的小別莊形式，而成西方各國殖民住屋的典型。當時的南洋、中國、日本等亞洲地區都受其影響。在台灣又接受日人殖民情況下，其西化空間更融入了日人所發展的和洋折衷式家宅空間。譬如浴廁分離、大小便分開、和室空間等。西化空間的成立，在日據時期已有大量的傳統房屋被改建。其原因有二：第一個原因，是傳統住宅不符合都市生活，例如建地狹窄，無法發展出「中軸對稱」及「深進平遠」的禮法格局；注重個人隱私，傳統合院格局無法提供個人私密空間；街道平整及都市法，無法配合宅主的風水要求。因此在日據時期改建的傳統合院配以大開口門窗，合乎當時西方住宅，採光與通風等居住條件。

再者傳統合院的中庭原是住宅的核心空間，日據時期由於因應不同功能的室內空間需求提高，戶外的中庭空間逐漸犧牲縮小，成為採光庭，或甚至完全省略不用。傳統神明廳、中庭等公共空間被其他更具私人性質的空間轉換、取代、甚或消失，都是現代住宅特徵的先兆。

除了傳統住宅改變外，本論文認為第二個原因，是來自日本殖民母國的強力放送。在明治維新時期，日本住宅建築受世界潮流影響，進行多次的住宅改良運動，這些革新運動的發生，除了受到歐陸住宅革新運動的影響外，日本本身因工業化而造成社會、經濟與土地等內部結構的改變，亦導致住宅改良運動的產生。其目的為尋找出一種新居住形式，一種結合日本傳統基礎與現代化的住宅形式。這樣一種新家居觀念，以殖民者的強力作為而引進至台灣，並形成最為時尚的居住形式。其觀念有：

（1）注重各房間的隱私，設置中廊的中介空間。
（2）新住宅中的空間使用應以家人生活空間為主，並取代舊式住宅中的客人至上觀念。
（3）新住宅的設計應以實際功能的考量出發並摒棄不必要的裝飾。
（4）住宅內的庭園應不只做為觀賞用，還應加上實際功能。
（5）家具的設計應配合新的住宅空間形式，並強調實用的功能與樸素的外表。

這都是從日本移殖過來的西化空間理念，不僅打破傳統家居的禮教秩序，也是促成新式家庭誕生重要原因之一。西化空間除了強調隱私之外也強調身體的舒適感受。本論文認為，日據時期中上層的家居已有個人的專屬空

間，除了各有男女主人臥室、兒童房之外還包括，浴室、廁所等私密空間。這時的台灣人也已開始反省身體與文明的關係，包括衛生，身體得自主及心靈自我的建構。日人透過教育不斷規訓著台灣人身體走向文明化。如在身體的啓蒙上，努力去除辮髮、纏足、吸鴉片等陋習。台灣人在「文明化」的啓蒙之下，逐漸注意自我的肢體行爲，例如身體的清潔雖被視爲是一種有禮貌的行爲，但與隨地「放尿」及「放屎」等不雅的行爲，都是對身體隱密處的整理。這些行爲都應局限在固定的地方，至少不被人所見，所聞而感到厭惡。換句話說，清潔身體是一私人的密秘活動，是被驅離公領域場所的行爲。

本論文研究也透過日據時期台灣美術檔案，如顏水龍、李石樵等人畫作中家居的私人空間及人物肢體舒適的表現，如手背托腮、交腳、抬腳、手倚在椅背上與扶手上、躺著、臥著，全裸、半裸等，顯示著日據時期台灣人對身體舒適感提升的同時，越需要私密的空間，確保所謂不雅的行爲不被人所瞧見，隱私不被人所聽聞。這種公共領域與私人領域界線增強，也表示著自我意識的增強。

二、都市家宅科技設備的形成

科技的物質設備，是現代家宅的重要元素，筆者試圖對家宅設備做一歷史考察。在日據前台灣傳統家宅設備，包括照明設備、衛浴設備及廚房設備，只能以人力去完成傳統家居生活的各項需求。例如早期廚房的設備，廚房的動力完全依靠人力，從提水、撿薪、燃薪都需人力去完成。這是因欠缺現代科技發明，無法將機器能轉換進入民眾住宅內。從本論文可知，日據時期台灣的都市因電氣工程佈線完成，在新建都市家宅都有電氣線路的配置，反映電氣化家庭的到來。

電氣化家庭，不僅能夠改善居住效能及節省勞動力外，也因民眾的食衣住行育樂的電力相關技術不斷發明出來，使得人類生活有了革命性變化。在日據時期部分台灣都市家宅因進入機械化時代，住宅品質逐步提升，空氣流通、光線充足成爲重要家宅要素。以前需靠人力完成的家務事，現在只需要機械就可以完成，這對於勞動家務者不但是福音，對於家宅生活也具有長遠的影響。

日據時期除了電氣工程外另一項對民眾生活影響較大，就是自來水設備的發展，這使得民眾在家就可以取水使用，不必勞力去取水儲存。另外隨著

住宅內自來水管道及污水管線的配置，使得浴廁有了固定的空間，這是台灣家宅衛生化第一步。自來水的設置除了擴展了都市的平面空間，同時也促進都市內市民生活立體空間的發展。譬如自來水設施完備，高樓層的用水不再需以人力負擔，於是高樓空間的人口數也開始增加。日據時期台灣都市人口成長，高樓層相繼出現，生活用水的需求量也就愈來愈大，而給水系統完備提供民眾用水需求，也提高日據時期台灣都市生活環境的品質。

電氣設備與自來水設備，也改變了廚房空間的設置及婦女勞作的方式。日據時期台灣家庭衛生思想開始萌芽，新建的住宅都希望有個理想的廚房。受到日人的影響，廚房設計也漸趨西洋化，強調無障礙運動的活動空間，注重空氣流通、光線充足及環境清潔。都市家宅廚房會在靠窗下置洗水槽、調理台、瓦斯台形成 L 形或 U 形系統化廚房設備，配膳台則靠近食堂入口，沿著牆壁四周可置戶棚（廚櫃）收納物品及碗盤器具，高低也配合著身形方便取用。另電氣的加入，不僅使夜間廚房可以被照明，電熱盤、電鍋、電熱水瓶及電冰箱都大大提升家務效能。尤其是廚房做為烹煮食物的場所，因使用電器不用再辛苦的撿拾柴薪，堆至在廚房，使得廚房空間較早期來的乾淨。內部設施，也不用早期廚房中的爐灶，使得內部空間擴大，方便主婦烹煮動線。這些都是日據時期，電氣化的都市家宅所帶來的便利性與效能。

三、都市家宅洋化裝飾的形成

現代裝飾的形式手法都與傳統相當不一致。筆者試圖從都市家宅的建築立面及內部的裝潢來分析當時人的審美觀。傳統建築美學是建立在儒家式的禮教原則及陰陽五行的家宅風水，因台灣漢人傳統文化既源自中國，深受傳統觀念影響，特別是表現在建築和家具上的空間位序、尺寸大小和軸線正偏觀念。

在台灣的傳統建築裡，依建築立面、屋頂形制、屋脊高低表現主從關係。例如在中心線縱軸上的正廳（公媽廳、祖先廳）和客廳等主要建築空間屋脊高於橫軸線上的房間和書房等起居休閒空間。這是為顯示尊卑、長幼、親疏的倫理關係建築形式配置。

再者，傳統房屋裝飾的主題與數量，受到儒教與風水觀念影響，必須符合其家族社會地位，不可隨便僭越。裝飾是傳統建築中的象徵符號，除了具

有美化建築的功能外，也因裝飾題材所傳達的象徵意涵而賦予民宅意義。同時，屋主對宅第的期盼亦藉此而得以隱含於其中，如「八仙」、「暗八仙」、「郭子儀大拜壽」及「張公九世同居」等的圖案，傳達出祈福、辟邪、教化以及彰顯屋主的身份地位。這些裝飾圖案，其位置大多偏重於正身與合院內部的立面上，外部牆面則比較樸素，顯示對外封閉的中國美學特質。。另外也因家宅風水觀念而衍生出的裝飾圖案，如石敢當、山海鎮、獅子咬劍、八卦鏡及瓦將軍等﹝註1﹞具有鎮宅制煞功能的家宅裝飾。

　　直到日據時期，整個美學因禮教的鬆脫，而有新的改變。本論文認為，其原因是受到都市化發展，人口集中於都市。合院形式的房子並不適用於都市生活，有越往小住宅形式發展，其房屋各室儘量集結在一起，就像抱合的形態。已打破合院幾何對稱格局，傳統的禮教裝飾與家具的擺設，難以符合都市家宅的親密風格。裝飾的題材較少以（忠孝節義）嚴肅主題出現，代之而起的是自然物等視覺圖案的西方風格。內部的裝飾不再以倫理觀為題，強調是家庭親密氣氛的營造，摒棄傳統的中式家具擺設，改以強調舒適的沙發、窗簾、地毯以及壁紙裝飾等洋式室內的居家環境。

　　另外從都市家宅所使用的沙發椅及家具佈置，也是仿效洋式風格，注重身體的舒適感。日據時期台灣都市家宅之客廳，通常是以木質四方茶几及四張木質扶手沙發椅為中心，當其客人來訪，主人家（主要交談者）易與客人在越角線上交談，可見都市家宅坐椅不強調倫理性（主次之分），而重視舒適的功能性。例如身體的坐姿已變得較為隨意，雙腳可大於一百度垂放於地板上，或交腳，身體自然靠躺在沙發椅上，這些都是日據都市家宅中提升舒適性不可或缺的家具及安排方式。

　　日據時期台灣都市家宅的興建大約從一九一〇年開始，持續到一九四〇年。所興建的現代住宅其風格不同於傳統民居形式，這與中產階級興起有關。這期間改築現代住宅者，都是各地方領導者及成功的商人，在與外商接觸頻繁致富後也多有興建洋風式樣的住宅之舉，這些代表著社會的中產階級，更是牽引著社會脈動，他們的舉動也可顯現出台灣人民漸漸提高對西方文明接受程度。

﹝註1﹞　見〔明〕午榮編，《魯班經匠家鏡》，海南：海南出版社，2002 年，頁 305～315。

　　總括來說，日據時期台灣都市家宅有三次洋式裝飾風格的變化，第一出現，是樣式建築，約 1900 年至 1920 年，模仿西洋歷史折衷主義時期常用的各種樣式與混合樣式。第二次，過渡期建築，約 1920 年至 1930 年，立面上仍可以看出歷史折衷主義風格的形式，但已使用簡化的裝飾元素與風格。第三次，是現代建築，約 1930 年之後，裝飾元素已完全消失，使用自由造型與建材。從樣式建築，經過渡建築到現代建築，美學三階段的轉變，逐步深化傳統民居走向現代民居西化之路，從立面到內部裝飾，大量的使用西方建築及裝飾語彙，改變以往的視覺美學的感受。

第二節　後續研究的途徑與發展

　　不可諱言，缺少私人生活史的資料，對於日據時期台灣都市家宅的歷史考察，可能呈現只是當時片段式歷史樣貌。譬如在本論文中對於沙發椅的論述，只能以物來論史，包括室內裝飾家具寫真照片及當時畫家所畫下的沙發圖像，來去分析這家具沙發椅的擺設、形制及使用，但缺乏文字對沙發描述的記載，更談不上對物品喜好的心理描寫。本論文的研究，雖已提供中上層階級人士的家宅生活情形，而不涉及全面性民眾生活史，在後續研究可往此路徑擴展。但首先需進行私人生活史的民族誌研究，這將對於民眾的生活及心靈史的探討有相當的助益。

一、建立詳實的民族誌（ethnography）〔註2〕

　　日據時期的有形與無形的資產，因年代距今尚未遠，可訪談耆老對當時生活的描述，建立私人生活史的民族誌，是當務之急。〔註3〕透過這種民族誌

〔註2〕　民族誌是一種描述群體或文化的藝術與科學。描述的內容可能是關於某個異國的小部落或中產階級社區中的一個層級。他們要訪問相關的人、檢視檔案記錄、衡量與其他人意見相左的人的可信度，找出特定利益團體與組織之間的關聯，並為關心的大眾以及專業的同行撰寫整個故事的來龍去脈。參見 David M. Fetterman 著，賴文福譯，《民族誌學》，台北：弘智文化，2000 年，頁 10。
〔註3〕　民族誌在西方文化傳統中並不是一個晚近才出現的方法與文類，希臘時代的歷史學者希羅多德（Herodotus）有別於觀念史家（historian of ideas）追蹤形式上的思想從一個哲學家到另一個哲學家的傳承關係，民族誌歷史學家則研究尋常人如何理解這個世界。他試圖揭露他們的宇宙觀，陳明他們如何在心智上組織現實並且將之表現在行為中。參見 Darnton Robert, *The Great Cat*

資料，所累積起來的私人生活發展史，是企圖理解私人生活的各層面情形，
包括有飲食、睡眠、祭祀、情愛及排泄等私人生命整體史的最佳途徑。若要
知道當時人的飲食口味及習慣的改變、住宅的形式的演變、愛情的看法以及
性生活的方式，這些單靠有形資料是不太夠的，勢必要走進田野做深入訪談
才能獲得的材料。

　　在建立台灣私人生活史方面，研究方法以文獻資料收集分析、與深入訪
談相配合。深入訪談多數情況是採以半結構式訪談（semi-structured interview）
〔註4〕在生活史缺乏資料情況下，相對於地區或個人的民族誌書寫（方法）是
有必要的，且是刻不容緩。在台灣近幾十年來，從中央研究院近史所、國史
館以及各縣市文化局所做的訪談紀錄，已有相當豐富的口述歷史資料。其中
有不乏探究到私人生活史的記載，但大部份作品都具有國家史副本之勢，而
不是他個人的私生活史。〔註5〕在撰寫的方向應不再以個人與國家或政治關係
做為主題，而是針對個人的心靈史作為入手的途徑，有關個人的家庭生活、
父母、夫妻及子女的相處之道及對於穿著的服飾、飲食口味、家具的挑選、
家居的裝飾及生活的起居都可作為部份之內容。

二、私人生活史的撰寫與價值

　　家宅史放在文化史的脈絡考察，屬於私人生活史的一部份，不僅是人們
想些什麼，著重他們怎麼思考，也就是他們如何闡明這個世界，賦予意義，
並且注入感情。〔註6〕這樣的切入點是屬於「心靈史」的範圍。在台灣史這個

Massacre and Other Episodes in French Cultural History（New York:A Division
　　of Random House,1985），p.3.
〔註4〕 所謂「半結構式訪談」，訪談時有一份事先擬好的書面訪談指引，對訪談的主
　　　題和問題已清楚載明，不過訪談者不採主導地位，由受訪者自行決定自己的
　　　表達方式、內容。參見周德禎，《排灣族教育：民族誌之研究》，台北：五南，
　　　2001年，頁8。
〔註5〕 據大陸歷史學者趙世瑜認為，這是人們用某種絕對化的、單一化的宏大敘事
　　　模式去研究這些問題。見氏著《小歷史與大歷史：區域社會史的理念、方法
　　　與實踐》，北京：三聯書店，2006年11月，頁10。
〔註6〕 這在 Robert Darnton（羅伯・丹屯）在 "The Great Cat Massacre and Other
　　　Episodes in French Cultural History" 指稱為「心靈史」，其探究的途徑不是遵
　　　循思想史的高速公路，而是探入文化地圖尚未標示的一個領域，可稱作文化
　　　史（culture history），是以人類學家研究異文化的同一方式處理我們自己的文
　　　明。那是民族誌(ethnography)觀察入微所看到的歷史。參見 Darnton Robert,*The*

區塊，私人生活史是一片待開荒的領域，尤其是一九四五年前可說是相當貧乏。﹝註7﹞

私人生活心靈史部份，實有賴於私人日記的記載，如勞倫斯‧史東（Lawrence Stone）的《英國十六至十八世紀的家庭‧性與婚姻》中就採用當時人山繆‧佩皮斯及詹姆斯‧鮑斯威爾等人之私人日記來完成其書。這在中國很少有，在台灣的水竹居主人日記可爲代表，卻也彌足珍貴。爲了彌補私人記載之不足，以田野訪談爲基礎的民族誌，是不可或缺的材料。私人生活史之民族誌也具有法國史學家布勞岱爾所說的區域性﹝註8﹞、借鑑性﹝註9﹞與抵制性﹝註10﹞等文化變遷特性。這些文化變遷將展現區域民眾生活特色，這些端賴詳實的田野考察。並從長時段歷史考察，觀察其變化，這可能是撰寫私人生活史的另一途徑。大陸學者閻雲翔，曾在二○○六年一月出版《私人生活的變革：一個中國村庄裡的愛情、家庭與親密關系 1949～1999》﹝註11﹞一書，以中國黑龍江省下岬村的田野民族誌考察此地區私人生活的變遷，已經突破傳統以家庭結構與家庭制度的途徑，改以個人的心理與行爲方式，作爲

Great Cat Massacre and Other Episodes in French Cultural History（New York:A Division of Random House,1985），p.3.

﹝註7﹞ 在台灣的私人生活等相關問題研究，其時間的起迄大都是從 1945 年開始，而少涉及日據時代。

﹝註8﹞ 人們應描述這個場所裡的各種各樣的「財產」，即從方屋樣式及其建築材料和屋頂，到諸如羽箭製做技術、方言、飲食口味、特殊技術、信仰結構、性交方式等等文化特徵。正是這些經常性的組合、文化特徵的反覆出現及其在一個明確區域的普遍存在，構成了文化一致性的最初標記。參見布勞岱爾，〈文明史：用過去解釋現在〉，《論歷史》（台北：五南圖書公司，1988 年 12 月），頁 259。

﹝註9﹞ 所有這些文化財產、文明的微觀因素總是在流動。各種文明在同時交替地輸出和借鑑它們，這種廣泛的交往從未停止過。參見布勞岱爾，〈文明史：用過去解釋現在〉，《論歷史》（台北：五南圖書公司，1988 年 12 月），頁 260。

﹝註10﹞ 但是並非每一次交流都是一帆風順的。實際上，無論是對思想方式、信仰方式、生活方式、還是僅僅對工具的借鑑都存在著抵制。有些抵制是有意的，非常明確，另有一些則是盲目的，似乎是由於門戶關閉或封鎖造成的。當然，每一種抵制，特別是自覺的和反複申明的抵制，是極其重要的。正是這種情況下，每一個文明做出堅決的選擇，並以此肯定和揭示自己。參見布勞岱爾，〈文明史：用過去解釋現在〉，《論歷史》（台北：五南圖書公司，1988 年 12 月），頁 260。

﹝註11﹞ 在其書前言提到，本書的孕育始於大約十五年前我在哈佛大學人類學系攻讀博士學位期間所制訂一個研究計劃。參見閻雲翔著；龔小夏譯，《私人生活的變革：一個中國村庄裡的愛情、家庭與親密關系 1949～1999》，上海：上海書店出版社，2006 年 1 月。

私人生活史的研究途徑。透過各區域的私人生活史個案的累積，才能大致得出一個的發展脈絡。

法國歷史學家埃里亞斯（Philippe Aries）與喬治・杜比（Georges Duby）所主編的《私人生活史》五大冊，可能是考察台灣私人生活史最佳典範。它以私人的日常生活事物為題材，如生活語言、家族照片、私人收藏等等，檢視並分析個中隱藏的心靈世界與私人事件，呈現日常生活中隱誨的心理結構，藉此以進一步探求自我及周遭他人的秘密世界。這個研究方法及其題材開拓出各種有關生活及個人研究的新領域，並為近現代研究開發了新的研究視角。

但為何亟需私人生活史的研究，正如喬治・杜比（Georges Duby）在《私人生活史》序中說到：

> 其編撰這五卷書的目的，是為了向人們展示在時間長河中影響私人生活概念和面貌的或急或緩的種種變化。確實，私人生活的特徵是不停地變化的。〔註12〕

他憂心的提出警訊，在今日科技迅速發展下正在摧毀私人生活的最後屏障。同時，又在不斷加強國家的控制手段。如果人們若對於私人生活史置若罔聞，不對之加以防範的話，那它們很快就會使人淪為一個巨大恐怖的數據庫中的一個數字而已。這隱憂，放在台灣也相當貼切，私人生活正飛快的轉變中。幾年以前，一家人可能正和樂融融在客廳裡看電視，現在可能各自躲在房間內上網，悠遊於網路世界。私人生活的歷史考察，意圖在歷史長河中，追查影響私人生活的力量。這樣的一種歷史考察將有助於理解過去人們的生活方式，並提供我們未來最佳生活的方案。

〔註12〕埃里亞斯（Phili ppe Aries）與喬治・杜比（Georges Duby）主編，李群、趙娟娟等譯，《古代人的私人生活》序言，北京：三環出版社，2007年1月，頁8。

參考書目

一、中文文獻

（一）古籍類

1. 〔魏〕管輅，1995 重印《管氏地理指蒙》。台南：世峰出版社。
2. 〔唐〕卜則巍，2005 重印《雪心賦》。台北：竹林出版社。
3. 〔元〕趙汸，元《風水選擇序》。采自《古今圖書集成。博物彙編。藝術典》。
4. 〔明〕王君榮，2006 重印《陽宅十書》。台南：正海出版社。
5. 〔明〕午榮，2002 重印《魯班經》。海南：海南出版社。
6. 〔明〕徐善繼、徐善述，1991 重印《地理人子須知》。台北：武陵出版社。
7. 〔清〕箬冠道人，1996 重印《八宅明鏡》。台北：武林出版社。

（二）志傳類

1. 〔清〕王禮主修，2005 重印《台灣縣誌》。台北：文建會。
2. 〔清〕周鍾瑄主修，2005 重印《諸羅縣志》。台北：文建會。
3. 〔清〕周璽總纂，2006 重印《彰化縣志》。台北：文建會。
4. 〔清〕高拱乾，2004 重印《臺灣府志》。台北：文建會。
5. 〔清〕陳淑均，2006 重印《噶瑪蘭廳志》。台北：文建會。
6. 台中縣立文化中心編，1992《中縣口述歷史第一輯》。台中：台中縣立文化中心。
7. 石再添等編纂，1994《重修台灣省通志・卷二土地志地形篇》。台灣省文獻委員會。

8. 吳新榮著；張良澤主編，1981《吳新榮日記》。台北：遠景出版社。

9. 吳瀛濤，2000《台灣民俗》。台北：眾文圖書公司。

10. 李騰嶽，1980《台灣省通志.卷三政事志衛生篇》。台灣省文獻委員會。

11. 杜聰明，1955《杜聰明言論集》。杜聰明博士還曆紀念獎學基金管理委員會。

12. 張麗俊，2000《水竹居主人日記》。中央研究院近代史研究所。

13. 陳國彥、楊貴三編纂，1995《重修台灣省通志・卷二土地志氣候篇》。台灣省文獻委員會。

14. 楊肇嘉，1967《楊肇嘉回憶錄》。台北：三民書局。

15. 鄭三郎，2002《嘉農口述歷史》。嘉義市：中華嘉義大學校友會。

16. 韓石泉，1966《六十自述》。韓石泉先生逝世三週年紀念專輯編印委員會印行。

（三）報紙、雜誌類

1. 台灣雜誌社，1922～1924《台灣》3 年 1 號～5 年 2 號。

2. 台灣民報社，1923～1931《台灣民報》、《台灣新民報》，創刊號～395 期。

3. 台灣青年雜誌社，1920～1922《台灣青年》，創刊號～4 卷 3 期。

（四）歷史建物調查報告

1. 王惠君，2002《萬華林宅調查研究》。台北：台北市政府文化局。

2. 成功大學建築學系，1996《陳中和翁舊宅調查研究與修復計劃》。陳中和翁慈善基金會。

3. 成功大學建築學系，2000《嘉義縣日治時期建築研究》。嘉義：嘉義縣文化局。

4. 李乾朗，1993《台閩地區近代歷史建築調查（一）》。內政部。

5. 李乾朗，1994《台閩地區近代歷史建築調查（二）》。內政部。

6. 李乾朗，1998《嘉義縣歷史建築調查》。嘉義：嘉義縣立文化中心。

7. 林世超，2004《高雄市市定古蹟內惟李氏古宅——修復之調查研究暨規劃》。高雄市政府文化局。

8. 許雪姬，1993《台中縣建築發展（民宅篇）——田野調察報告書》。台中縣立文化中心。

9. 許雪姬，1993《彰化民居》。彰化縣立文化中心。

10. 傅朝卿，2005《彰化縣重大意義歷史建築調查研究》。彰化縣立文化局。

11. 華梵大學建築系，1998《歷史建築：基隆市港區歷史建築調查——第一階段：港區歷史建築普察》。基隆市立文化中心。

12. 黃俊銘，1999《美術家聯誼中心（圓山別莊）調查研究與修復再利用委託規劃──報告書》。台北市立美術館。

13. 薛琴，2000《台北市日式宿舍調查研究專案報告書》。台北市政府民政局。

14. 李重耀，1998〈台灣民俗村──建築規劃設計與工程圖集〉，《空間雜誌──建築技術增刊》第 13 號。

15. 台灣省建築公會，1995《台灣建築（上）》。台灣省建築師公會編印。

16. 陳登欽，1992《宜蘭縣頭城鎮文化史蹟勘查測繪報告》。宜蘭縣立文化中心。

（五）影像圖片類

1. 王行恭編，1992《臺灣畫家西洋畫圖錄──日據時期台灣美術檔案（壹）》。

2. 何政廣編輯，1992《台灣美術全集》（1 之 25 卷）。台北：藝術家。

3. 臺美文化交流基金會，1993《島國顯影》（1 之 4 冊）。創意力文化。

二、日文文獻

（一）報紙、雜誌類

1. 台灣日日新報社，1895～1943《台灣日日新報》。

2. 臺灣建築會誌社，1929～1944《台灣建築會誌》第 1～16 輯。

3. 臺灣婦人界社，1934～1939《台灣婦人界》第 1～6 卷 6 號。

4. 愛國婦人會台灣支部，1915～1916《台灣愛國婦人》，第 74～88 卷。

5. 臺灣總都府，1897～1945《台灣總督府府報》。

6. 臺灣總都府，1942～1945《台灣總督府官報》。

7. 臺灣子供世界社，1919～1920《婦女與家庭》第 1、2 卷。

（二）專著類

1. 大倉三郎，1942《熱帶家屋の研究》。台灣總督府情報課。

2. 台北州警務部，1930《便所の話》。

3. 台灣新民報社調查部編，1934《臺灣人士鑑》。

4. 台灣電力株式會社，1939《台灣電力の展望》。

5. 台灣實業界社編，1939《台灣電力讀本》。

6. 台灣總督府民政部土木局，1921《台灣電氣事業概況》。台北：台灣總督府民政部土木局。

7. 台灣總督府交通局遞信部電氣課編著，1929《臺灣電氣法令》。

8. 台灣總督府圖書館編，1929《臺灣總督府圖書館一覽》（昭和四年）。

9. 池田卓一，1937《新時代の台灣建築》。大明社。

10. 池田敏雄，1944《台灣の家庭生活》。台北：南天書局，1994 年重印。

11. 貝山好美編，1943《小住宅懸賞圖面集》。台北建友會。

12. 東方孝義，1942《台灣習俗》。台北：南天書局，1997 年重印。

13. 林進發編著，1932《臺灣官紳年鑑》。台北：成文出版社，1999 年重印。

14. 鹿又光雄編輯，1939《始政四十年週年紀念台灣博覽會誌》。

15. 關重廣，1934《家庭電氣讀本》。新光社。

（三）期刊論文類

1. 台灣婦人界社，1934〈電氣の家：後藤曠二氏宅を訪ふ〉，《臺灣婦人界》11 月號。

2. 安田勇吉，1942〈台灣の住宅問題〉，《台灣時報》6 月號。

3. 千千岩助太郎，1942〈南方住宅雜考〉，《台灣時報》6 月號。

4. 大倉三郎，1942〈熱地住宅の構成〉，《台灣時報》6 月號。

5. 野田健三郎，1937〈家庭電化に就て〉，《臺灣電器協會會報》第 12 號。

三、近人論著

（一）專著類

1. 尹章義，1989《臺灣開發史研究》。台北：聯經出版社。

2. 尹章義，1991《台灣近代史論》。台北：自立晚報社。

3. 王健柱，1988《室內設計學》。台北：藝風堂出版社。

4. 台灣銀行經濟研究室，1952《台灣之電力問題》。台北：台灣銀行經濟研究室。

5. 任騁，2004《中國民間禁忌》。北京：中國社會科學。

6. 江柏煒，2004《閩粵橋鄉的空間營造》。金門：金門國家公園管理處。

7. 行政院衛生署編，1995《台灣地區公共衛生發展史（一）》。台北：行政院衛生署。

8. 吳文星，1992《日據時期台灣社會領導階層之研究》。台北：正中書局。

9. 吳文星，2003《日治時期台灣公學校與國民學校國語讀本：解說・總目・索引》。台北：南天書局。

10. 呂清夫，1984《造形原理》。台北：雄獅出版社。

11. 呂紹理，1999《水螺響起》。台北：遠流出版社。

12. 李乾朗，1979《台灣近代建築——起源與早期之發展 1860～1945》。台北：雄獅圖書。

13. 李乾朗，1982《傳統建築》。台北：北屋出版社。

14. 李乾朗，1988《淡水紅毛城》。台北：雄獅圖書。

15. 李乾朗，1992《台灣近代建築之風格》。台北：室內雜誌社。

16. 李乾朗，1995《台灣建築史》。台北：雄獅圖書。

17. 李乾朗，1996《台灣建築閱覽》。台北：玉山出版社。

18. 李乾朗，1998《台灣建築百年》。台北：室內雜誌社。

19. 杜淑純口述，2006《杜聰明與我——杜淑純女士訪談錄》。台北：國史館。

20. 沈祉杏，2002《日治時期台灣住宅發展 1895～1945》。田園城市文化。

21. 周德禎，2001《排灣族教育：民族誌之研究》。台北：五南出版社。

22. 林會承，1995，《台灣傳統建築手冊（形式與作法篇）》。台北：藝術家出版社。

23. 林滿紅，1997《茶、糖、樟腦與台灣之社會變遷（1860～1895）》。台北：聯經出版社。

24. 卓意雯，1993《清代台灣婦女的生活》。臺北：自立晚報。

25. 柯志明，2003《米糖相剋——日本殖民主義下台灣的發展與從屬》。台北：群學。

26. 徐曉夫，1982《世界發明史》。台北：明文書局。

27. 高軍等編譯，1991《西方現代家具史》。台北：博遠出版社。

28. 高棣民，1994〈殖民地時期台灣資本主義的根源〉《台灣政治經濟學諸論辯析》。台北：聯經出版社。

29. 崔詠雪，1990《中國家具史——坐具篇》。台北：明文書局。

30. 張人傑，2006《臺灣社會生活史》。台北縣：稻香出版社。

31. 曹永和，1979《台灣早期歷史研究》。台北：聯經出版社。

32. 曹春平，2006《閩南傳統建築》。廈門：廈門大學出版社。

33. 許佩賢，2005《殖民地台灣的近代學校》。台北：遠流出版社。

34. 許雪姬，1993《滿大人最後的二十年》。台北：自立晚報社文化出版部。

35. 陳九如，1986《黃帝內經今譯》。台北：正中書局。

36. 陳芳惠，1984《村落地理學》。台北：五南圖書公司。

37. 陳紹馨，1992《台灣的人口變遷與社會變遷》。台北：聯經出版社。

38. 陳儀深等編撰，2004《台灣的社會：從移民社會、多元文化到土地認同》。臺北縣：群策會李燈輝學校，年。

39. 游鑑明，1988《日據時期臺灣的女子教育》。台北：師範大學歷史研究所。

40. 游珮芸，2007《日治時期台灣的兒童文化》。台北：玉山出版社。

41. 程建軍、孔尚朴著，1994《風水與建築》。台北：淑馨出版社。

42. 黃俊銘，2004《總督府物語：台灣總督府暨官邸的故事》。台北：向日葵出版社。

43. 黃富三主編，1997《台灣史一百年回顧與研究》。台北：中央研究院台灣史研究所。

44. 楊裕富，1998《空間設計：基本原理》。台北：田園城市文化。

45. 葉石濤，1996《府城瑣憶》。高雄縣鳳山市：派色文化。

46. 葉肅科，1993《日落台北城——日治時代台北都市發展與台人日常生活1895〜1945》。台北：自立晚報出版社。

47. 漢寶德，1988《明、清建築二論》。台中：境與象出版社。

48. 漢寶德，2003《風水與環境》。天津：古籍出版社。

49. 熊秉真，2000《童年憶往：中國孩子的歷史》。台北：麥田出版社。

50. 趙世瑜，2006《小歷史與大歷史：區域社會史的理念、方法與實踐》。北京：三聯書店。

51. 蕭梅，1968《臺灣民居建築之傳統風格》。台中：東海大學。

52. 賴志彰、張興國，1997《蓬萊舊庄：台灣城鄉聚落》。台北：立虹出版社。

53. 閻雲翔著；龔小夏譯，2006《私人生活的變革：一個中國村庄裡的愛情、家庭與親密關系1949〜1999》。上海：上海書店出版社。

54. 戴國煇，1991《台灣總體相》。台北：遠流出版公司。

55. 戴國煇，1999《台灣史探微：現實與史實的相互往還》。台北：南天書局。

56. 關華山，1992《民居與社會、文化》。台北：明文書局。

（二）期刊論文類

1. 土屈込憲二，1993〈如何解讀臺灣都市的風水——風水思想與清代臺灣的城市之研究〉，《哲學雜誌》第 3 期。

2. 土屈込憲二，2002〈日治時期台灣地區建築上使用彩磁裝飾之研究〉，《中華民國建築學會第十四屆建築研究成果發表會論文集》。

3. 尹章義，1990〈清代台灣婦女的社會地位〉，《歷史月刊》第 26 期。

4. 王世慶，1991〈皇民化運動前的臺灣社會生活改善運動：以海山地區為例（1914〜1937）〉，《思與言》第 29 卷第 4 期。

5. 王崇名，1995〈歐洲福利國家的整體史理解〉，《中央研究院民族學研究所集刊》第 80 期。

6. 向華，1933〈現代廚房設計〉，《建築月刊》。上海建築協會。

7. 余舜德，2006〈物與身體感的歷史：一個研究取向之探索〉，《思與言》第 44 卷第 1 期。

8. 李乾朗，1979〈台灣近代建築之起源與早期之發展（上）（下）〉，《建築師》（9、10）。

9. 李乾朗，1983〈二十世紀前半業五十年的台灣街屋立面形式之演變〉，《建築師》19（1）。

10. 李乾朗，1983〈日據時期台灣建築會誌〉，《建築師》19（4）。

11. 李乾朗，1986〈台灣近代建築中地方傳統與外來形式之關係〉，《建築師》（3）。

12. 李乾朗，1994〈台灣的閩式建築〉，《海峽兩岸傳統建築技術觀摩研討會記錄》，台北：中華海峽兩岸文化資產交流促進會。

13. 李乾朗，1997〈台閩地區傳統建築落篙技術〉，《海峽兩岸傳統民居理論青年學術研討會》。

14. 林世超，1998〈澎湖地方傳統民宅裝飾藝術之研究〉，《C＋A 研究集刊》第七期。

15. 林世超，2003〈傳統民宅裝飾之研究〉，《中華民國建築學會第十五屆建築研究成果發表會論文集》。

16. 林美容，1988〈由地理與年籤來看台灣漢人村庄的命運共同體〉，《台灣風物》，38 卷 4 期。

17. 邱澎生，2006〈物質文化與日常生活的辨証〉，《新史學》17 卷 4 期。

18. 柯愓思（Curtis Evarts），1998〈中國傳統家具——從華麗到簡樸〉，《中國古典家具與生活環境》。雍明堂出版。

19. 洪秋芬，1991〈台灣保甲和「生活改善」運動（1937～1945）〉，《思與言》第 29 卷第 4 期。

20. 洪郁如，2000〈日本統治初期士紳階層女性觀之轉變〉，《臺灣重層近代化論文集》。台北：播種者文化。

21. 范燕秋，1995〈日治時期台灣公共衛生之形成（1895～1920：一種制度面的觀察）〉，《思與言》33 卷 2 期。

22. 范燕秋，1995〈鼠疫與台灣之公共衛生（1896～1917）〉，《國立中央圖書館台灣分館館刊》1 卷 3 期。

23. 范燕秋，1996〈醫學與殖民擴張——日治時期台灣瘧疾研究為例〉，《新史學》7 卷 3 期。

24. 浦慕州，1992〈西方近年來的生活史研究〉，《新史學》三卷四期。

25. 張素梅；葉淑眞，2001〈日治時代台灣農家之消費結構〉，《經濟論文叢刊》第 29 輯第 4 期。

26. 張漢裕，1951〈日治時代台灣經濟之演變〉，《台灣銀行季刊》4（4）。台灣銀行經濟研究室。

27. 張漢裕、Ramon H, Myers 合著，1965〈臺灣在日據初期（1895～1906）之殖民地發展政策——官僚資本家企業之一例〉，《臺灣文獻》第 16 卷第 3 期。臺灣省文獻委員會。

28. 連玲玲，2006〈典範抑或危機？「日常生活」在中國近代史研究的應用及其問題〉，《新史學》十七卷四期。

29. 郭永傑，1990〈日據時期官舍住宅使用後評估〉，《建築學報》第一期。中華民國建築學會出版。

30. 陳其南，1990《家族與社會》。台北：聯經。

31. 許聖倫，2007〈傳統廚房爐灶空間、性別與權力〉，《城市與設計學報》，第 17 期。

32. 黃俊銘，1994〈從日據初期家屋建築的相關法規看殖民地台灣理想家屋的原型〉，《中華民國建築學會第七屆建築研究成果發表會論文集》。

33. 黃俊銘，1996〈台灣近代建築圖面史料調查研究〉，《中華民國建築學會第九屆建築研究成果發表會論文集（上冊)》。

34. 黃蘭翔，1995〈日據初期台北市的市區改正〉，《台灣社會研究季刊》，第 18 期。

35. 黃蘭翔，1999〈昭和初期在台日人殖民地官僚住宅之特徵〉，《台灣史料研究》第 13 號。財團法人吳三連台灣史料基金會。

36. 溫振華，1989〈日據時期的都市化以台北市為例〉，《歷史》15（4）。

37. 劉士永，2001〈「清潔」、「衛生」與「保健」——日治時期台灣社會公共衛生觀念〉，《台灣史研究》。中央研究院台灣史籌備處。

38. 劉翠溶、劉士永，1995〈台灣歷史上的疾病與死亡〉，中央研究院經濟所學術討論會。

39. 蔡錦堂，1991〈日據末期台灣人宗教信仰之變遷——以「家庭正廳改善運動」為中心〉，《思與言》，第 29 卷第 4 期，年。

40. 戴寶村，1989〈日據時期臺灣港口市鎮之發展〉，《台灣文獻》，40（3）。

41. 謝文泰，1997〈日治時期建築之主要建材使用發展概況〉，《C+A 研究集刊》第 6 期。

42. 關華山，1980〈台灣傳統民宅所表現的空間觀念〉，《中央研究院民族學研究所集刊》，第 46 期。

43. 關維雅，1991〈中日合院型住宅空間結構之比較研究〉，《建築學報》第四期。中華民國建築學會出版。

（三）博碩士論文

1. 文芸，2000《日治時期台北三市街店屋立面風格之研究》。淡江大學建築系碩士論文。

2. 王素娟，2004《日治時期台灣洋樓住宅外廊立面形式之研究》。雲科大空間設計碩士論文。

3. 王麗夙，2004《日治時期台灣電力設施之研究》。中原大學建築研究所碩士論文。

4. 朱志謀，1998《國家與個人關係的再組——以日領時期台灣自來水事業為中心的探討》。國立台灣師範大學歷史研究所碩士論文。

5. 何心怡，1993《日治中期大溪三峽街屋立面研究》。台灣大學藝術研究所碩士論文。

6. 吳憲政，1998《日治時期台灣的電燈發展》。國立台灣師範大學歷史研究所碩士論文。

7. 呂哲奇，1999《日治時期台灣衛生工程顧問技師巴爾登對台灣城市近代化影響之研究》。中原大學碩論文。

8. 李文孝，1998《形家風水知識及操作體系之研究——以《雪心賦》為例》。私立東海大學建築研究所碩士論文。

9. 李宏堅，1994《台灣日據時期鋼筋混凝土建築技術與樣式發展間之關係探討》。中原大學建築研究所碩士論文。

10. 李億勳，1992《台灣傳統坐椅之研究——以扶手椅為例》。國立台灣師範大學美術研究所碩士論文。

11. 沈伯翰，1998《符號與感應——貪狼諸詞名下之陽宅風水操作體系》。私立東海大學建築研究所碩士論文。

12. 林文通，2003《日治時期始政三十年紀念展覽會之研究》。國立台灣科技大學設計研究所碩士論文。

13. 林志峰，1994《國人對於日式住宅室內空間使用之適應性研究》。中原碩論。

14. 林育菁，1998《裝飾藝術式樣在台灣日據時期建築之運用》。成功大學建築研究所碩士論文。

15. 林怡君，1998《台灣日治時期磚造建築立面構成之式樣化研究》。成功大學碩論。

16. 林淑貞，1997《日據時期街屋立面形式的演變——從思潮與技術的觀點探討》。國立雲林科技大學工業設計研究所碩士論文。

17. 林進益，2002《浴廁空間使用性調查之研究——以台北縣大鵬華城為例》。中國文化大學建築及都市計劃研究所碩士在職專班。

18. 林蘭芳，2003《工業化的推手——日治時期台灣的電力事業》。國立政治大學歷史研究所博士論文。

19. 洪如峰，2000《傳統中國人身體投射風水環境的知識體系之文獻探討》。私立東海大學建築研究所碩士論文。

20. 洪健榮，2003《清代台灣社會的風水習俗》。國立台灣師範大學歷史研究所博士論文。

21. 胡宗雄，1998《日治時期台南市亭仔腳空間形式之研究》。成功大學建築研究所碩士論文。

22. 范燕秋，1994《日據前期台灣之公共衛生—以防疫爲中心之研究（1895～1920）》。師大歷史研究所碩士論文。

23. 徐裕健，1993《都市空間文化形式之變遷——以日據時期台北爲個案》。台灣大學土木研究所博士論文。

24. 高佳琳，2001《台灣日式住宅空間再利用方式之探討》。台科大碩論。

25. 張世朋，2005《日治時期始政四十年台灣博覽會之研究》，國立成功大學建築學系碩士論文。

26. 郭雅雯，2003《日治時期台灣日式住宅平面構成之研究——以官舍與民宅爲例》。國立雲林科技大學空間設計系碩士論文。

27. 陳君愷，1991《日治時期臺灣醫生社會地位之研究》。師大歷史研究所碩士論文。

28. 陳林頌，2003《臺灣日治時期上水道之調查研究與保存行動》。國立臺灣大學建築與城鄉研究所碩士論文。

29. 陳修兀，1990《台灣地區住宅的浴廁空間、設備、使用行爲沿革及使用現況調查研究》。國立成功大學建築研究所碩士論文。

30. 陳益仁，1989《從領域理論試探住宅之空間架構》。國立成功大學建築研究所碩士論文。

31. 陳惠雯，1997《城市、店、家與婦女——大稻埕婦女日常生活史》。國立臺灣大學建築與城鄉研究所碩士論文。

32. 陳錫獻，2002《日治時期臺灣總督府官舍標準化形成之研究（1896 至1922）》。中原大學建築學系碩士論文。

33. 陳麗珍，2003《解讀居家中女性的自我與異己》。中原大學室內設計學系碩士論文。

34. 曾志遠，1994《建築設備歷史初探：人類居住生活與建築設備的歷史》。國立成功大學建築系碩士論文。

35. 黃建鈞，1995《台灣日據時期建築家井手薰之研究》。國立成功大學建築研究所碩士論文。

36. 黃啓煌，1992《台灣地區住宅廚房使用行為與空間特性之研究》。成功大學建築研究所碩士論文。

37. 楊志宏，1996《日據時期台灣建築相關法令發展歷程之研究》。中原大學建築研究所碩士論文。

38. 葉俊麟，2000《日治時期「洗石子」技術之研究》。中原大學建築系碩士論文。

39. 董宜秋，1998《台灣「便所」之研究（1895～1945年）──以「便所」興建及污物處理為主題》。國立中正大學歷史研究所碩士論文。

40. 劉俐伶，2004《台灣日治時期水道設施與建築之研究》。國立成功大學建築研究所碩士論文。

41. 劉惠芳，2001《日治時代宜蘭城之空間改造》。成大建築研究所碩士論文。

42. 劉詩彥，2004《台灣近代身體史的轉變初探（1949～2003）──以浴室的誕生與轉折談公私領域的分化》。國立清華大學社會學研究所碩士論文。

43. 蔡明志，1996《王君榮的《陽宅十書》與 Palladio 的 Quattro Libri 中傳統住宅設計原則與設計程序之重構與比較》。私立東海大學建築研究所碩士論文。

44. 蔡日祥，2001《日治時期台灣地區建築上使用彩磁裝飾之研究──以雲林、嘉義、台南地區傳統民宅為主》。淡江大學建築學系碩士論文。

45. 鄭吉銘，1997《台灣「涼台殖民樣式」建築發展歷程之研究》。中原碩論。

（四）日文譯著類

1. 中川忠英編著；方克，孫玄齡譯，2006《清俗紀聞》。北京：中華書局。

2. 井出季和太著；郭輝編譯，2003《日據下之臺政（一）》。台北：海峽出版社。

3. 木尾原通好著；李文祺譯，1989《台灣農民的生活節俗》。台北：臺原出版社。

4. 片岡巖著；陳金田譯，1987《臺灣風俗志》。台北：眾文圖書。

5. 田中一二著；李朝熙譯，1998《台北市史──昭和六年》。台北市文獻委員會。

6. 矢內原忠雄著；周憲文譯，2002《日本帝國主義下之台灣》。台北：海峽學術出版社。

7. 西山卯三，2000《すまい考今學──現代日本住宅史》。東京：彰國社。

8. 佐倉孫三，1961《台風雜記》（臺灣文獻叢刊第 107 種）。台北：台灣銀行。

9. 林川夫主編，1991《民俗台灣》。台北：武陵出版社。

10. 國分直一著；林懷卿譯，1980《台灣民俗學》。台南：莊家出版社。

11. 鳥居龍藏原著；楊南郡譯註，1996《探險台灣：鳥居龍藏的台灣人類學之旅》。台北：遠流出版社。

12. 鈴木清一郎著；馮作民譯，1994《台灣舊慣習俗信仰》。台北：眾文圖書公司。

13. 廣江文彥，1950《三十坪以内理想の小住宅》。東京：地球出版株式會社。

14. 藤島亥治郎著；詹慧玲譯，1999《台灣的建築》。台北：台原出版社。

（五）西文譯著類

1. 布勞岱爾（Fernand Braudel）著；劉北成譯，1988《論歷史》。台北：五南圖書公司。

2. 布勞岱爾（Fernand Braudel）著；顧良等譯，1992《十五至十八世紀的物質文明、經濟和資本主義》（第一卷：日常生活的結構：可能和不可能）。北京：三聯書店。

3. 安·比爾基埃（Burguiere, A）等主編；袁樹仁等譯，1998《家庭史（三）：現代化的衝擊》。北京：三聯書店。

4. 朱莉·霍蘭（Horan J. L.）著；許世鵬譯，2006《廁神：廁所的文明史》。上海：上海人民出版社。

5. 米彌（Albert Memmi）著；魏元良譯，1998〈殖民者與受殖者〉，收於《解殖與民族主義》。香港：牛津大學出版社。

6. 但肯（Alastair Duncan）著；翁德明譯，1992《裝飾藝術》。台北：遠流出版社。

7. 克勞斯·克萊默（Klaus Kramer）著；江帆等譯，2001《歐洲洗浴文化史》。海口：海南出版社。

8. 里夏德·范迪爾門（Richard van Dülmen）著；王亞平譯，2003《歐洲近代生活》。北京：東方出版社。

9. 尚·布希亞（Jean Baudrillrd）；林志明譯，2001《物體系》。上海：上海人民出版社。

10. 派翠西亞·鶴見（E. Patricia Tsurumi）著；林正芳譯，1999《日治時期台灣教育史》。宜蘭：仰山文教基金會。

11. 約翰·斯梅爾（Smail, J.）著；陳勇譯，2006《中產階級文化的起源》。上海：上海人民出版社。

12. 埃利亞斯（Elias）著；王佩莉譯，1998《文明的進程：文明的社會起源和心理起源的研究（Ⅰ）》。北京：三聯書店。

13. 埃里亞斯（Phili ppe Aries）等主編，李群等譯，2007《古代人的私人生活（Ⅰ）》。北京：三環出版社。

14. 宮布里希（Gombrich, E. H.）著；范景中等譯，2003《秩序感──裝飾藝術的心理學研究》。湖南科學技術出版社。

15. 班納迪克·安德森（Benedic Richard O`Gorman Anderson）著；吳叡人譯，1999《想像共同體：民族主義的起源與散布》。台北：時報文化。

16. 理查德·桑内特（Richard Sennert）著；黃煜文譯，2006《肉體與石頭──西方文明中的身體與城市》。上海：上海譯文出版社，年。

17. 勞倫斯·史東（Lawrence Stone），著；刁筱華譯，2000《英國十六至十八世紀的家庭、性與婚姻》。台北：麥田。

18. 喬治·維加雷羅（Georges Vigarello）；許寧舒譯，2005《洗浴的歷史》。桂林：廣西師範大學出版社。

19. 黎辛思基（Witold Rybczynski）著；楊惠君譯，2005《建築表情》。台北縣：木馬文化。

20. 賴特（Lawrence Wright）著；董愛國、黃建敏譯，2007《清潔與高雅》。北京：商務印書館。

21. 霍爾（Edward T. Hall）著；關雲譯，1974《隱藏的空間》。台北：三山出版社。

22. 羅莎琳·邁爾斯（Rosalind Miles）著；刁筱華譯，1998《女人的世界史》。台北：城邦。

23. Beecher Catherine E. 1975 American Woman's Home.Hartford:Harriet Beecher Stowe Center.

24. Darnton Robert 1985 The Great Cat Massacre and Other Episodes in French Cultural History.New York:A Division of Random House.

25. Perrot Michelle, ed. 1990 A history of private life Ⅳ.Cambriage:Harvard University of Press.

26. Rapoport Amos 1969 House Form and Culture.Englewood:Prentice-Hall.

27. Rybczynski Witold 1986 Home:A Short History of an Idea.New York:Viking Penguin Inc..

28. Thornton Peter 1981 Seventeenth-Century Interior Decoration in England, France and Holland.New Heaven:Yale University Press.

四、工具書

1. 許雪姬主編，2004《台灣歷史辭典》。台北：文建會。

2. 李乾朗，2003《台灣古建築圖解事典》。台北：遠流出版社。

附錄一　十二例在台日式宿舍
平面配置與功能說明

編號	宅　名	時　間	屋　主	內 容 說 明 出 處
日 01	基隆日本商人住宅	1931	日據時期屬於一日本木材商人所有	華梵大學建築系,《歷史建築：基隆市港區歷史建築調查——第一階段：港區歷史建築普查》,基隆市文化中心,1998 年。 沈祉杏,《日治時期台灣住宅發展 1895〜1945》,台北：田園出版社,2002 年,頁 164〜169。
日 02	三井物產株式會社臺北支店長社宅	1937	三井物產株式會社	沈祉杏,《日治時期台灣住宅發展 1895〜1945》,台北：田園出版社,2002 年,頁 174〜178。
日 03	井手薰宅	1929	總督官房營繕課長	《台灣建築會誌》第二輯第三號,台灣建築公會,昭和 5 年 5 月（1930）,頁 24〜25。 黃蘭翔,〈昭和初期在台殖民地官僚住宅之特徵〉,《台灣史料研究》第 13 號,財團法人吳三連台灣史料基金會,1999 年 5 月,頁 119〜153。 沈祉杏,《日治時期台灣住宅發展 1895〜1945》,台北：田園出版社,2002 年,頁 178〜185。
日 04	高橋住宅	1933		《台灣建築會誌》第六輯第五號,台灣建築公會,昭和 9 年（1934）,頁 281〜283。 沈祉杏,《日治時期台灣住宅發展 1895〜1945》,台北：田園出版社,2002 年,頁 185〜192。

日 05	河東住宅	1928～29		《台灣建築會誌》第一輯第四號，台灣建築公會，昭和年 4 年 9 月，頁 61。
日 06	尾辻國吉住宅		總督府專賣局	《台灣建築會誌》第二輯第三號，台灣建築公會，昭和 5 年（1930）。 黃蘭翔，〈昭和初期在台殖民地官僚住宅之特徵〉，《台灣史料研究》第 13 號，財團法人吳三連台灣史料基金會，1999 年 5 月，頁 119～153。
日 07	淺井新一住宅		陸軍技師	《台灣建築會誌》第二輯第三號，台灣建築公會，昭和 5 年（1930）。 黃蘭翔，〈昭和初期在台殖民地官僚住宅之特徵〉，《台灣史料研究》第 13 號，財團法人吳三連台灣史料基金會，1999 年 5 月，頁 119～153。
日 08	小原時雄氏		大阪商船株式會社台北支店長	《台灣建築會誌》第二輯第三號，台灣建築公會，昭和 5 年（1930）。 黃蘭翔，〈昭和初期在台殖民地官僚住宅之特徵〉，《台灣史料研究》第 13 號，財團法人吳三連台灣史料基金會，1999 年 5 月，頁 119～153。
日 09	白倉好夫住宅		總督府技師	《台灣建築會誌》第二輯第三號，台灣建築公會，昭和 5 年（1930）。
日 10	粟山俊一住宅		總督府技師	《台灣建築會誌》第二輯第三號，台灣建築公會，昭和 5 年（1930）。 黃蘭翔，〈昭和初期在台殖民地官僚住宅之特徵〉，《台灣史料研究》第 13 號，財團法人吳三連台灣史料基金會，1999 年 5 月，頁 119～153。
日 11	大島金太郎住宅		台北帝國大學理農學部長 農學博士 中央研究所農學部長	《台灣建築會誌》第二輯第三號，台灣建築公會，昭和 5 年（1930）。 黃蘭翔，〈昭和初期在台殖民地官僚住宅之特徵〉，《台灣史料研究》第 13 號，財團法人吳三連台灣史料基金會，1999 年 5 月，頁 119～153。
日 12	大阪商船株式會社高雄支店長宿舍	1931～32		《台灣建築會誌》第四輯第四號，台灣建築公會，昭和年 7 年 7 月。

日 01	基隆日本商人住宅

此宅的平面符合中廊下型的平面組織原則，〔註1〕但其宅內的空間佈置與一般的中廊下型住宅使用西洋與日本的混合裝飾風格不同，而是統一的日式風格。因為社交的頻繁以及近代日式住宅中所強調的待客空間與家庭生活空間的嚴格區分，入口空間不使用傳統日式緣側（外廊）〔註2〕，而是使用近代空間的玄關〔註3〕做為過渡空間增加私密性。在此宅中玄關被分為三個層次。陌生訪客只能達到第一層玄關，並在雨庇之下的室外空間等待著，還可以欣賞前庭花園。重要的客人則可以進到第二層玄關，脫去鞋子、向右手邊的應接室而去。至於家人則可以直接進入與中廊相連的第三層玄關，中廊的左手邊為家庭生活空間，如居間〔註4〕、飯廳、茶間〔註5〕與廚房等，中廊的右手邊則為座敷〔註6〕、次間與其他如廁所、浴室等衛生設備空間。在此宅中女中室（女傭人）與廚房等服務空間被安排於家庭私生活空間部份，亦即屬於婦女小孩等空間部份，而衛浴設備等在當時屬於奢侈的空間，則安排在主人與客人所屬的待客空間範圍內等。但由於中廊的設置，屬於家庭成員的獨立空間隨之產生，相較于日本的傳統家庭，婦女小孩的地位已經獲得改善。在此住宅中，更由於將飯廳做為獨立空間，設置於家庭私生活範圍內，代表對于家庭共同生活的重視。

日 02	三井物產株式會社臺北支店長社宅

此宅平面圍繞中庭，各房間以走道來相通，提高各房空間的隱私性。與典型的中廊下型空間類似，其內的空間可被分成三大範圍：社交待客空間、家庭日常生活空間、以及僕役衛浴等服務空間，每一空間範圍都擁有自己的獨立出入口。社交待客空間位於西南邊，包括入口空間（車寄與玄關），待客空間（應接室、客間與書齋以及客人專屬的衛浴設備），這些空間都使用西洋風格。家庭日常生活空間是位於房屋之東北角與西南邊的入口處最遠，有座敷、次間、居間及寢室（臥室），其家庭生活空間以日式風格為主。此空間範圍的衛浴設備被配置在西北角邊區，以遠離生活起居空間，而和接下來的僕役服務空間相鄰。服務空間位於基地西側，包括茶間、配膳室、廚房與多間女傭房，女中室擁有自己的小廁所。社交待客空間的入口與家庭日常生

〔註1〕 中廊下型是將緣側（外廊）或是走道置於房間的背部，隔以牆壁或拉門，可不擾其他房間，通往所要去的房間。如此一來，相對於座敷或居間的正面的緣側，就產生了背面有木板廊道的背面廊道型的平面配置。若加以發展，於廊道另一側，附加上如納戶（倉庫）、廁所、女中室（幫傭婦女房）、台所（廚房）等不太需要陽光的附屬空間，或是排列那些正面擺不下的居間，那麼原先稱為背後的廊道就成了中央廊道，而所謂的中央走廊型的平面配置就自然的發生了。大正初期的中流住宅，大部分都是這種中央走廊道型的樣式。所以大正時期可說是中廊式住宅的確立期。參見西山卯三，《すまい考今學——現代日本住宅史》，東京：彰國社，2000年9月，頁180～181。

〔註2〕 緣側，日式住宅較窄的外廊，一邊接房間，另一邊臨庭院，有採光功能。

〔註3〕 玄關，指日式住宅主要入口門內的小廳，其地面尚未抬高，入內才上階，可供脫鞋使用。

〔註4〕 居間，日式住宅內的起居間，供家人聚會之用。通常設於應接室與食堂之間。

〔註5〕 茶間，日式住宅內供用餐喝茶之所。

〔註6〕 座敷，日式住宅的廳堂，為接待客人與供奉神明之處。

活空間的中心（居間），兩者位置形成對角關係，加上東北西南向較長的長方形中庭的使用，使得此二空間的距離更形加長，家庭日常生活空間的隱密性因此而提高。

日 03	井手薰宅

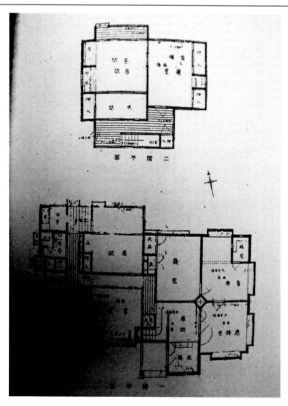

（資料來源：《臺灣建築會誌》第 2 輯第 3 號）

此宅平面擁有中廊下型的基本特徵，亦即空間可以分成三大範圍：社交待客空間、家庭日常生活空間與服務空間。家庭日常生活空間位於東側的社交待客空間與西側的服務空間之間，亦即約位於住宅一樓的中央部份，其空間內容包括日式的居間、次間與一洋式的食堂。居間與食堂之間設置中廊通向西側的服務空間。廁所的設置在此宅中與一般中廊下型不同，典型的中廊下型平面中，在入口附近配置衛生設備，屬於待客空間範圍內。但在此宅中的社交待客空間並沒有衛生設備。二樓的空間是一樓待客空間的延伸，其空間內容包括做為客房的居間與次間，以及一擁有同樣功能但面積較小的預備客房。住宅內有日式與洋式兩種不同的裝飾風格的空間。因中廊的使用帶給房間獨立性與提高其隱密性，顯現出現代住宅空間特質。此宅之格局安排，是對於家庭日常生活空間的重視，如在臺灣炎熱的氣候下，避免太陽直曬的一樓空間要比二樓空間涼快，居間與飯廳等家庭生活中心空間被安排于一樓的中心位置，除了空間重要性的隱喻外，更擁有實質上的環境優勢，客人在此住宅中不再享有至高無上的地位，除了其位置被配置在相對于一樓而言較熱的二樓外，省去其專有的衛浴空間亦大大降低其重要性。

日 04	高橋住宅

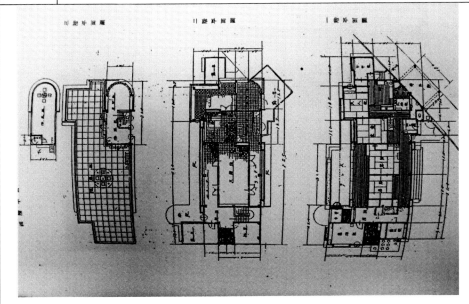

（資料來源：《臺灣建築會誌》第 6 輯第 5 號）

此宅的空間規劃亦符合中廊下型的空間組織與造型原則，因此在一樓平面中擁有分屬於社交待客空間與家庭生活空間範圍的雙重入口：位於南邊的社交待客空間入口與位於北邊家庭日常生活空間入口。兩入口位於建築體對角線兩端，亦即取建築體中距離最遠的兩點，用意在於將此兩空間範圍嚴格區分，讓家庭生活空間不受社交活動的干擾，有現代家庭重視生活的意圖。一樓的家庭日常生活空間包括食堂、夫人室、台所、女中室與衛浴設備〔註 7〕等（夫人室及女主人房間，傳統日式住宅中並沒有此空間，事實上，傳統日式住宅除了家督（家長）外，所有家庭成員都沒有自己的特定空間，雖然夫人室的位置偏向廚房與女中室，仍屬傳統對女性的定位，但根本上，女性擁有自己獨立空間的這個安排，在日本住宅中已經算是女權提升的象徵。樓層越往上，空間性質越偏向西洋形式，亦即空間獨立性越高。）二樓空間包括中央的大廣間、客間、展望室與階段室，東側的物置、樓梯間與衛浴設備。中央的大廣間多做為宗教慶典儀式性用途及家族集合場所，其空間是日式風格，其餘則以西洋風格為主。三樓、四樓為對外平台，可作為瞭望賞景之用。

〔註 7〕　高橋住宅的衛生工事，客人用廁所是水洗式淨化槽，淨化後的污水經由地下暗渠到淡水河流放。家庭用廁所是準內務省式廁所。其住宅另有電氣設備和自來水設備。見《台灣建築會誌》第 6 輯 5 號，頁 283。

日 05	河東住宅

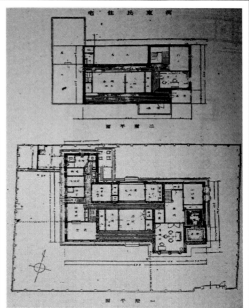

（資料來源：《臺灣建築會誌》第 1 輯第 4 號）

此宅平面擁有中廊下型的基本特徵，亦即空間可以分成三大範圍：社交待客空間、家庭日常生活空間與服務空間。家庭日常生活空間約位於住宅一樓的中央部份，其空間內容包括日式的居間、次間、夫人室、納戶〔註 8〕。居間與夫人室之間設置中廊通向後側的服務空間。廁所的設置在此宅中與一般中廊下型不同，典型的中廊下型平面中，在入口附近配置衛生設備，使客人能就近使用。但此宅中的衛生設備〔註 9〕，非位於社交待客空間，而是位於此住宅的後端。此宅的社交空間包括一樓廣間旁的應接室，二樓的書齋、客間與次間。經由中廊以及內陽臺的使用，帶給各房間獨立性與提高其隱密性。這使得住宅內日式與洋式兩種不同的裝飾風格的空間都同時顯示出現代空間的特質。現代住宅特徵在此宅中表現，尚有對於家庭日常生活空間的重視，如在臺灣炎熱的氣候下，避免太陽直曬的一樓空間（家庭生活空間）要比二樓空間（社交空間）涼快，居間與飯廳等家庭生活中心空間被安排于一樓的中心位置，除了有精神上中央性的隱喻外，更擁有實質上的環境優勢，客人在此住宅中不再享有至高無上的地位。

〔註 8〕 日式住宅中作為倉儲使用的房間，農宅多用另建一座在住宅旁，市區住宅則附建於宅內。

〔註 9〕 此住宅的廁所是水洗式污水淨化槽設備。見《台灣建築會誌》第 1 輯 4 號，頁 61。

日 06	尾辻國吉住宅

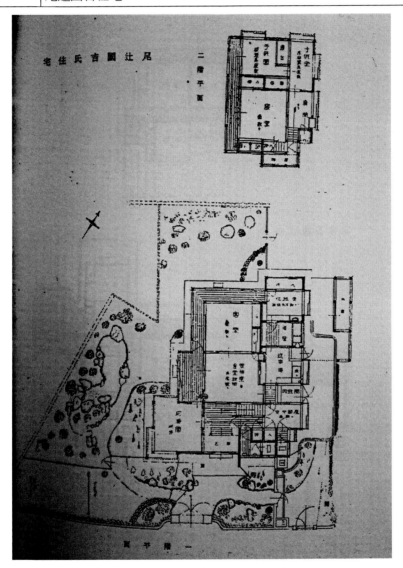

（資料來源：《臺灣建築會誌》第 2 輯第 3 號）

此住宅平面是緣側走廊，圍繞各空間，使家庭日常生活空間及社交接待空間均能看戶外花園景觀。家庭日常生活空間約位於住宅一樓的中央部份，其空間內容包括日式的家族室兼食堂、客間及二樓寢室、子供室（兒童房）。透過客間與食堂可前往服務空間。服務空間有化粧室、浴室、炊事場，被放在右側。社交空間的應接室則是玄關左側旁，客人可經緣側走廊達到浴廁。

日 07	淺井新一官舍

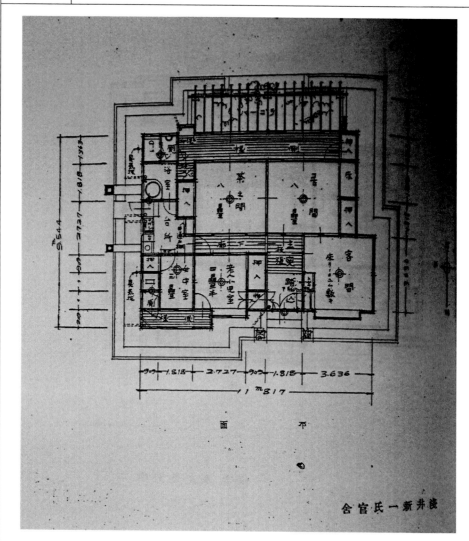

（資料來源：《臺灣建築會誌》第 2 輯第 3 號）

此住宅平面擁有中廊下型的基本特徵，亦即空間可以分成三大範圍：社交待客空間、
家庭日常生活空間與服務空間。家庭日常生活空間佔住宅大部份空間，其內容包括
日式的居間、茶間、老人與小兒室。居間與老人小兒室之間設置中廊通向左側的服
務空間。廁所的設置在此宅中與一般中廊下型不同，典型的中廊下型平面中，在入
口附近配置衛生設備，使客人擁有自己的廁所，但在此宅中的社交待客空間並沒有
自己的衛生設備。廁所位於左側兩端一為家庭成員用，一為家中僕役用。社交空間，
只有玄關右邊的客間空間並不很重要。

日 08	小原時雄住宅

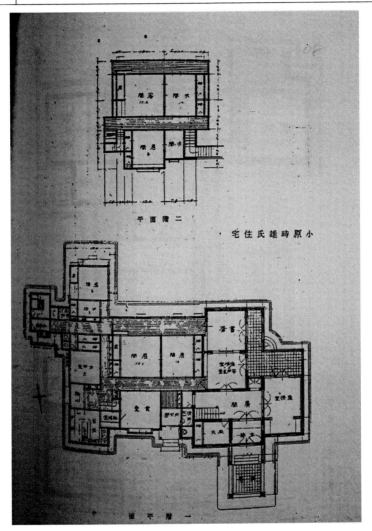

（資料來源：《臺灣建築會誌》第 2 輯第 3 號）

此住宅平面擁有中廊下型的基本特徵，亦即空間可以分成三大範圍：社交待客空間、家庭日常生活空間與服務空間。家庭日常生活空間位於東側的社交待客空間與西側的服務空間之間，亦即約位於住宅一樓的中央部份，其空間內容包括日式的居間、次間與食堂。居間與食堂之間設置中廊通向西側的服務空間。廁所的設置在此宅中與一般中廊下型相同，在入口附近配置衛生設備，使客人擁有自己的廁所，但在此宅中的社交待客空間有應接室、書齋、客用食堂等。二樓的空間，有中廊分開次間、客間、居間。服務空間為住宅的左後部有廚房、女中室及化粧室。

日 09	白倉好夫住宅

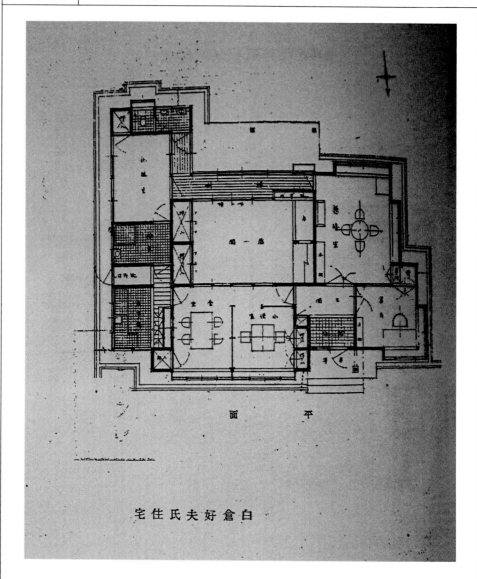

宅住氏夫好倉白

（資料來源：《臺灣建築會誌》第 2 輯第 3 號）

此住宅平面無中央走廊，屬玄關型住宅。其內部空間，玄關右側為書齋、前方為應接室均為洋式空間，玄關左側為小供室、食堂也為洋式空間。服務空間位於住宅左邊，炊事場、浴室、廁所。家庭日常生活空間的居間則為於住宅中央，有緣側可通其服務空間，但不易與社交接待空間相通。對於家庭成員無隱私性。

日 10	粟山俊一官宅

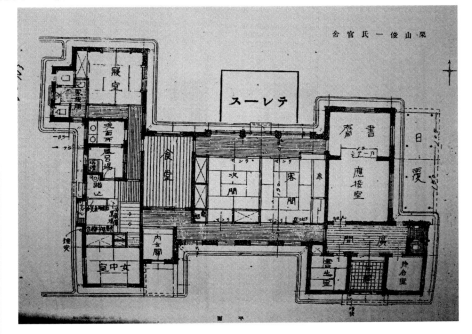

（資料來源：《臺灣建築會誌》第2輯第3號）

此住宅平面擁有中廊下型的基本特徵，亦即空間可以分成三大範圍：社交待客空間、家庭日常生活空間與服務空間。家庭日常生活空間約位於住宅一樓的中央部份，其空間內容包括日式的客間、次間、洋式食堂。透過走廊通向後側的服務空間。待客空間裡與典型的中廊下型平面中相同，在入口附近配置衛生設備，使客人擁有自己的廁所。一樓社交空間爲廣間前的應接室，玄關左旁設有書生室及右旁的待合室（門房）。服務空間位於住宅的左後側，有女中室、廚房（冷藏庫、七輪）、風呂場〔註10〕、洗面所、廁所及寢室。

〔註10〕風呂，即洗澡間，多建於廚房旁，或設於室外獨立小屋。

日 11	大島金太郎官舍

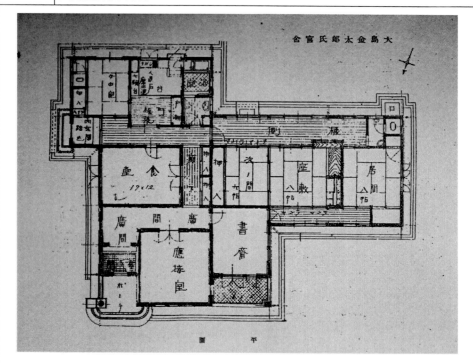

（資料來源：《臺灣建築會誌》第 2 輯第 3 號）

此住宅平面擁有中廊下型的基本特徵，亦即空間可以分成三大範圍：社交待客空間、家庭日常生活空間與服務空間。家庭日常生活空間位於前側的社交待客空間與後側的服務空間之間，亦即約位於住宅中央部份，其空間內容包括日式的居間、次間、座敷與一洋式的食堂。次間與食堂之間設置中廊通向後側的服務空間。廁所的設置在此宅中與一般中廊下型不同，典型的中廊下型平面中，在入口附近配置衛生設備，使客人擁有自己的廁所，但在此宅中的社交待客空間並沒有自己的衛生設備。社交待客空間包括有應接室與書齋，服務空間有女中室、廚房（七輪台）、浴室及洗手台，經過室內走道可達廁所。

日 12	大阪商船株式會社高雄支店長宿舍

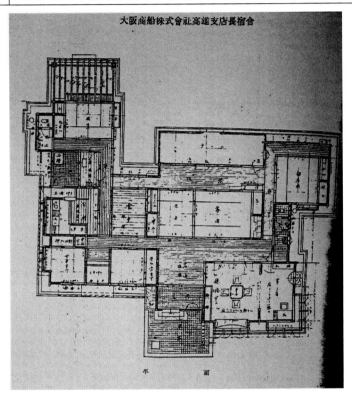

（資料來源：《臺灣建築會誌》第 4 輯第 4 號）

此宅空間符合中廊下型的空間特徵，亦即空間可以分成三大範圍：社交待客空間、家庭日常生活空間與服務空間。家庭日常生活空間位於東北側，社交待客空間位於東南側靠入口玄關處，服務空間位於西側。家庭日常生活空間，內容包括日式的客間、次間、座敷與一洋式的食堂。可由中廊通向西側的服務空間。廁所的設置在此宅中與一般中廊下型不同，典型的中廊下型平面中，在入口附近配置衛生設備，使客人擁有自己的廁所，但在此宅中的社交待客空間並沒有自己的衛生設備，是放在西北角落。西側服務空間包括女中室（女僕室）、台所（廚房）、浴室及廁所。社交空間則有應接室及書齋都是洋式空間。以中廊分隔了三大空間，帶給房間獨立性與提高其隱密性。

附錄二 二十例日據時期台人住宅平面配置與功能說明

編號	宅 名	時 間	職　　務	內 容 說 明 出 處
台 01	柳營別墅	1910	劉神嶽（1862～1921），爲劉家長房第八代子孫，日治時期曾任嘉義廳事參事官職	李重耀，〈台灣民俗村——建築規劃設計與工程圖集〉，《空間雜誌——建築技術》，增刊 13 號，1998 年，頁 156～178。沈祉杏，《日治時期台灣住宅發展 1895～1945》，台北：田園，2002 年，頁 117～122。
台 02	陳振方宅	1920	日據時期的屋主，本爲農民、後來成爲商人	李乾朗，《台閩地區近代歷史建築調查（一）》，內政部，1993 年，頁 226。沈祉杏，《日治時期台灣住宅發展 1895～1945》，台北：田園，2002 年，頁 123～131。
台 03	劉焜煌宅	1909	劉焜煌（1852～1920），爲劉家第六房，日據時代熱衷仕途，1898 年得到日本政府紳士勳章表揚。1900～1920 爲柳營鄉村庄長	李乾朗，《台閩地區近代歷史建築調查（二）》，內政部，1994 年，頁 161。沈祉杏，《日治時期台灣住宅發展 1895～1945》，台北：田園，2002 年，頁 131～137。
台 04	陳中和宅	1920	陳中和，爲日據時期南台灣首富。陳家依靠糖業起家，1920 年受日本政府任命爲州協議員。	國立成功大學建築學系，《陳中和翁舊宅調查研究與修復計劃》，陳中和翁慈善基金會發行，1996 年。

				禾耘聯合建築師事務所編著,《陳中和翁舊宅建築再利用案——修復報告書》,陳中和翁慈善基金會發行,1997年。沈祉杏,《日治時期台灣住宅發展 1895～1945》,台北:田園,2002 年,頁 138～143。
台 05	鹿港辜顯榮宅	1913～1919	辜顯榮,為日本殖民政府與台灣民眾之間仲介人。為台籍人士在當時所取得的最高政治地位。	傅朝卿等編,《彰化縣重大意義歷史建築調查研究》,彰縣文化局,2005 年,頁 40～45。沈祉杏,《日治時期台灣住宅發展 1895～1945》,台北:田園,2002 年,頁 143～150。
台 06	台北辜顯榮宅	1920	辜顯榮,為日本殖民政府與台灣民眾之間仲介人。為台籍人士在當時所取得的最高政治地位。	李乾朗,《台閩地區近代歷史建築調查(一)》,內政部,1993 年,頁 124。沈祉杏,《日治時期台灣住宅發展 1895～1945》,台北:田園,2002 年,頁 150～156。
台 07	盧纘祥宅	1926～1928	盧纘祥,日據時代為宜蘭著名士紳,經商致富,亦活躍於地方政壇上。	李乾朗,《台閩地區近代歷史建築調查(一)》,內政部,1993 年,頁 67。沈祉杏,《日治時期台灣住宅發展 1895～1945》,台北:田園,2002 年,頁 156～162。
台 08	林熊光宅	1930	林熊光,出身於日據時代台灣五大家族的板橋林家,留學東京帝大,擔任台北州協議員、州會議員等職,亦為大資本家。	《台灣建築會誌》第二輯第三號,台灣建築公會,昭和五年(1930),頁 38～39。沈祉杏,《日治時期台灣住宅發展 1895～1945》,台北:田園,2002 年,頁 192～198。
台 09	陳朝駿宅	1914	陳朝駿,為日據時期活躍於社會的成功茶商	黃俊銘,《美術家聯誼中心(圓山別莊)調查研究與修復再利用委託規劃——報告書》,台北市立美術館,1999 年。沈祉杏,《日治時期台灣住宅發展 1895～1945》,台北:田園,2002 年,頁 200～206。

台 10	李春生宅	1930	李春生，為日據時期成功茶商，與日人關係良好。	沈祉杏，《日治時期台灣住宅發展 1895～1945》，台北：田園，2002 年，頁 206～212。
台 11	楊子培宅	1934	楊子培，為日據時期台中地區政商要人	《台灣建築會誌》第六輯第二號，台灣建築公會，昭和九年（1934），頁 113～115。 沈祉杏，《日治時期台灣住宅發展 1895～1945》，台北：田園，2002 年，頁 212～218。
台 12	葉南輝宅	1940	葉南輝，為醫生	沈祉杏，《日治時期台灣住宅發展 1895～1945》，台北：田園，2002 年，頁 218～225。
台 13	義竹翁清江宅	1910	翁清江，擔任過義竹庄長	國立成功大學建築系，《嘉義縣日治時期建築研究》，嘉義縣文化局，頁 92～99。
台 14	大林甘蔗崙陳宅	1922	陳家為大林當地財力頗豐地主	國立成功大學建築系，《嘉義縣日治時期建築研究》，嘉義縣文化局，頁 100～112。
台 15	高雄李氏古宅	1931	李榮，曾任高雄市第三十二保保正	林世超，《高雄市市定古蹟內惟李氏古宅——修復之調查研究暨規劃》，高雄市政府文化局，2004 年。
台 16	塗厝里默園陳宅	1928	陳虛谷，明治大學政治經濟科畢業，與賴和等彰化文學作家，為日據時期台灣新文學運動推手	傅朝卿等編，《彰化縣重大意義歷史建築調查研究》，彰化縣文化局，2005 年，頁 3～64～67。
台 17	龍潭里蕭宅	1927	蕭雲章，其曾擔任保正、田中公學校教師、田中庄役場書記及助役。	傅朝卿等編，《彰化縣重大意義歷史建築調查研究》，彰化縣文化局，2005 年，頁 3～72～73。
台 18	二重村黃宅	1939	黃義曾擔任日據時期保正及製糖會社埔心地區原料區負責人	傅朝卿等編，《彰化縣重大意義歷史建築調查研究》，彰化縣文化局，2005 年，頁 3～154～157。
台 19	港西村餘三館陳宅	1913	陳慶雲於日據時代曾擔任庄長	傅朝卿等編，《彰化縣重大意義歷史建築調查研究》，彰縣文化局，2005 年，頁 3～159～161。
台 20	萬華林宅	1932-35	從事蔬果進出口業	國立台灣科技大學，《萬華林宅調查研究》，台北市政府文化局，2002 年。

台 01	柳營別墅

柳營別墅雖仿歐式的立面造型，其建築物平面透露著強烈的台灣空間特徵「一條龍」〔註 1〕的空間形式，將傳統台灣的住宅空間隱藏於「外廊殖民地樣式」（Veranda Colonial Style）〔註 2〕的形式之中。位於一樓的中軸空間安排著一客廳，而二樓的中軸空間則爲祖廳。一樓客廳左手邊爲母堂室，加上一放置睡床的小空間。〔註 3〕一樓客廳右手邊爲女主人房，房內擁有一樓梯通向二樓，此空間與所通向的二樓空間，可以視爲女主人與子女（一兒二女）的共同空間。二樓祖廳右邊的房間可以暫時充做客房使用。二樓祖廳左邊的房間爲主人的書房，書房如同平面一樓的母堂室，亦擁有一放置睡床的小空間。建築物兩邊的突出角樓，其內的空間則多爲公共用途，一樓左邊角樓爲一花廳（私廳），右邊角樓爲飯廳；二樓左邊角樓亦爲私廳，右邊爲會議廳。〔註 4〕至於服務性空間，如廚房、僕役空間等，則被獨立安排在主建築體之外。

台 02	學田陳振方宅

此住宅平面類似台灣傳統住宅中的三合院〔註 5〕，但使用洋式立面造型將整座住宅包裝著。一樓祖廳兩旁的次間應爲家長所用，而二樓神明廳兩旁的次間應爲家中長輩房。此住宅擁有兩座樓梯房，分別位於正身與兩廂接腳處，兩座樓梯的位置雖對稱於中軸，其形狀與通向卻是不盡相同，左邊樓梯的入口位於左護龍靠近正身的大廂房內。右邊樓梯爲公用梯，做爲垂直聯繫的主要元素，旁邊即是廚房與工作房，衛浴空間位於兩廂連接正身的兩轉角上。廚房與左廂長輩房的寬度卻大於正身祖廳的寬度，廚房整個面積仍是比正身明間的面積要大，此乃重視功能的表徵。重視功能的另一個表現是上述衛浴設備位置的安排，在傳統中國民居中，絕少有衛浴設備被安排在與正身同一線上的位置。以上這些功能性空間的強調，是受到現代化的空間觀念之影響。

〔註 1〕 一條龍，是最基本的傳統建築型態，只有正身，包括正廳、左右房及邊間的灶腳間、柴房等。

〔註 2〕 外廊殖民地樣式是英國殖民印度時，爲了解決對熱帶地區氣候的適應問題，在建築樣式上，結合當地傳統建築的特色設計外廊，之後這種做法被歐美殖民宗主國普遍使用在亞洲殖民地。其最大的特色是四面留設寬廣的陽台，作爲熱帶氣候下乘涼及生活的空間。參見黃俊銘，《總督府物語》，台北縣：向日葵出版社，2004 年，頁 20。

〔註 3〕 此空間手法在台灣亦不常見，很可能源自歐洲中古或近世時期的空間處理手法：在歐洲，此手法原意是爲了保暖與防護。見沈祉杏，《日治時期台灣住宅發展 1895～1945》，台北：田園出版社，2002 年，頁 120。

〔註 4〕 八角樓裏的客廳，與歐美近代住宅文化的沙龍空間有異曲同工之妙，而男女主人各自擁有獨立房間的情形更是類似歐美此時期的居家生活習慣。至於服務性空間與主建築隔離的設計手法，與十八、九世紀英國鄉村住宅的僕役空間設計方法類似。見沈祉杏，《日治時期台灣住宅發展 1895～1945》，台北：田園出版社，2002 年，頁 121。

〔註 5〕 平面形如「ㄇ」字，即正身三間或五間，左右各出護龍二間或三間之格局，是台灣傳統建築最常見的類型。

台 03	劉焜煌宅

此住宅的平面，近似台灣傳統住宅中的「一條龍」類型。其三開間正身成為住宅的主建築體，因中軸對稱的使用，正中央的空間顯得最寬大，是整個住宅中最重要的空間，也是祖廳或神明廳所在之處。一樓左手邊前半部為辦公、應接室與書齋，做為接待用途，為日治時代典型待客空間的安排。一樓前半部右手邊的空間無左手邊的空間隔間，做為家中長輩的起居、臥房。二樓亦以三開間區分空間，正中央前部為神明廳；左手邊前後兩房間為主人起居、臥室，而右手邊的前後兩房間則為家中女眷所用。住宅唯一不對稱的地方，是在右手邊突出在內陽臺〔註 6〕的小房間，作為兒童房使用。

台 04	陳中和宅

此住宅平面近似方形，外圍以迴廊環繞整屋。正立面之前，加以突出門廊作為主入口，此形式與外廊殖民地樣式相似。內部平面類似三合院平面，在大屋頂覆蓋整棟屋體下，傳統合院中的無覆蓋中庭因此消失，代之而起的是入口大廳與祖廳。由於中庭的消失，傳統家族中的公共空間變小於是在二樓的左邊，安排了三間相連的房間替代消失的家族公共空間，而此公共空間在家族中的重要性大於家長房，所以被安排在二樓左邊，二樓右邊才是家長起居與臥室。一樓的中央大廳及二樓的祖廳與神明廳，具有水平與垂直方向的聯繫功能，可由此到達宅內各個內部空間。一樓的兩間客房，一位於傳統位序中重要的左邊，並與應接室相連，另一位於中軸線終點；二樓的唯一客房，亦位於中軸線終點。全宅共有三座樓梯，最主要的樓梯位於一樓大廳內，可通向二樓祖廳與神明廳，其餘兩座樓梯，一位於客房內，另一位於住宅前部外廊的邊角上。衛浴設備被隔離於主建築體之外的獨立式兩層樓體內，以一短橋與主建築體相連接。此外東南邊上另有兩座僕役服務功能的房舍，一樓為各房所屬的私家廚房，二樓則為備人房與雜物處。

台 05	鹿港辜宅

此宅平面是將台灣傳統住宅四合院型式〔註 7〕，隱藏於外廊殖民地樣式之中，擁有合院中的門廳、中庭與正身，但省略護龍。其一樓的門廳部份，左側為應接室與辦公室，右側為鴉片專賣室。一樓後部的正身部份為隱密性較高的家庭生活範圍。一樓後部右邊住的是長女所屬的小家庭空間，有私家客廳與臥室；左邊空間的使用者是二女兒的小家庭，空間格局與右邊相同。二樓前部空間的中央大廳為會議室，會議室在正中央，顯示主人對空間安排具有政治、社會性；左邊為應接室與類似客房的空間，右邊為家長起居（臥房）與書房，亦具有接待功能。這種空間安排方式，是以客至上觀念的影響，及中國儒家左尊右卑位序的觀念而共同形成。整體來說，前部空間屬於家庭中的社交待客空間，並賦予相當於住宅後部家庭私人生活空間較

〔註 6〕　陽台，即建築外側的走廊，亦指流行於 19 世紀殖民樣式洋樓之迴廊，乃英國勢力東漸後，將維多利亞時代的紅磚鄉村建築與印度熱帶建築拱廊結合，創造出的一種新樣式。通常建造年代愈早者走廊愈寬，意為早期在陽台活動率較大，當時英國人多在迴廊喝下午茶、聊天聚會。見李乾朗，《台灣古建築圖解事典》，台北：遠流出版社，2003 年，頁 185。

〔註 7〕　四合院，平面形如口字，跟前後兩落，左右有護龍，中為封閉庭院之布局。其格局寬敞，空間隱密，清代台灣的官紳或富商地主多採用。

廣大的空間，使其具有展示性。相似於合院的平面，因爲兩護龍的喪失而使得前、後部空間的隔離感加大，由此提高了後部空間的隱私性。前部空間的屬性爲西洋與日本住宅文化的混合式，擁有工作，社會交際等功能，後部家庭私生活空間則傾向使用傳統中國住宅空間形式。衛浴設備置於一樓前部接待空間之後，爲客人專屬，與日本住宅文化中「中廊下型」的待客空間相似；住宅後部的家族私人空間則沒有配給衛浴設備，顯示出此家族當時的生活習慣尚保持傳統的作息方式，還使用奴僕與傳統移動式的衛生設備。外廊在此住宅功能，給予平面的聯繫與動線，垂直聯繫則依賴全屋的三座樓梯，前部的公共空間範圍配置有一大型樓梯屋，位於大門旁邊，從入口外廊處可以直接進入，此樓梯是前部空間的專屬梯；後部私人家庭生活空間擁有自己兩座樓梯，以中軸對稱方式配置，似乎各屬於中軸兩邊的兩戶小核心家庭。

台 06	臺北幸宅

此住宅平面類似傳統中國合院，並可分成三大部分：最前部爲洋式外立面與中式內部空間之間的過度空間，在一樓以入口等待空間、二樓則以內陽臺形式呈現，此二空間是受到外廊殖民地樣式的影響，但在此宅中則摒棄外廊殖民地樣式的開放立面，而代之以較符合中國人生活習慣的封閉外立面。前部空間之後爲三開間的中部空間，類似合院中的門廳部份，這個部份的一樓空間除一廁所外，全爲接洽生意與辦公之用，其上的二樓空間則爲待客空間，左邊爲應接室、書齋與一客用廁所，右邊爲主人房間，此一安排方式擁有社交待客的功能受到洋化後日式住宅空間的影響，與洋化日式接待空間的不同處在于其傳統中國式的室內裝飾與傢俱使用。在後部空間是擁有五開間加上一採光內庭，一樓仍爲辦公之用，右側略去一柱，打破傳統的對稱格局，形成龐大的會議廳；二樓則爲純居家功能，中軸的底線空間部份維持傳統五開間中軸對稱形式，房間寬度向兩旁遞減，形成中軸上的房間寬度最大，此房間爲祖廳與神明廳之處。中庭位置與形式的改變，爲整座房屋最突破傳統格局的地方，因其位置不再居中，偏向左側並通向戶外，打破了中庭本有的對稱形式與應有位置。右側的會議廳（一樓）與花廳（二樓）因而擁有廣大的空間，比之同處於中軸後部空間的祖廳要大上許多。祖廳空間雖位於全宅中軸終點，因受前部左側採光內庭的不對稱與右側花廳的廣大空間感影響，逐漸喪失其傳統莊嚴與等級至上的形像；廣大的花廳與其旁的光廳，變成後部空間的生活重心，並因不對稱與鬆動的空間手法而頗具現代感。

台 07	盧纘祥宅

此宅與傳統合院的一項差別在於正身空間不在中軸終點，而是在中軸前端，即傳統合院門廳的正廳位置。所有社交待客空間與家庭主要空間都安排在這個正身空間範圍內；祖廳位於正身正中央，顯示擁有家族中最崇高的地位，祖廳左邊安置神明廳，右邊則爲家中長輩臥房。因爲倒置的三合院平面安排，祖廳非位於中軸終點，而是在入口空間之後隨即可見的空間，使得通向祖廳的路徑不再擁有傳統的莊嚴性，祖廳的空間性格也變成擁有現代性質的客廳，其功能兼做爲通向後院的過道。正身內的空間形式，除了傳統中國住宅文化外，加入洋式日式住宅文化，如應接室與書齋等的洋式空間。正身左端空間以西洋裝飾做爲待客空間，右端空間則是家長房。正身之後爲一外廊過渡空間，兩端並安排著兩套衛生設備，遵守傳統位序而有男左女右之分。另外一點與臺灣傳統住宅中相反的是空間隱密性的安排。在傳統住宅中，後部的空間一向是隱私性與地位較高的空間，而此宅中，後部的空間則是空間位序

不高的功能性空間,如僕役空間、廚房、飯廳、浴室與雜物室等,這些功能性空間都很大,如外廊旁邊的廚房與穀倉,其房間寬度甚至比祖廳房間寬度要大。亦即傳統的住宅文化觀念在此宅的後部空間不再扮演重要的角色;在此部空間中,前後的位序既已打破,左尊右卑的觀念也不重要,所依照的新原則爲功能性,不只是在後部空間,亦反映在最基本的三合院倒置這個設計觀念上,由此可以將住宅的展示性對外空間(正身)與私人性功能空間(兩護龍)做清楚的領域區分。

台 08	林熊光宅

此住宅平面由一類似三合院的主宅與一南邊的小型附屬建築體共同組成,主宅與附屬建築體之間以一獨立外廊串聯。主宅平面雖然類似臺灣傳統的三合院形式,但宅內空間內容與組織方式類似日本的中廊下型。社交待客空間包括入口大廳、客間、主人房間與其旁的附屬寢室,其中的客間規模最大。(在《臺灣建築會誌》中對此的描述:在此廣大空間中,可以同時招待爲數十人以上的客人。)此範圍所有空間都以洋式風格裝飾,其中的客間、主人房間與寢室並擁有壁爐裝飾。如同中廊下型的空間組織,客間之旁配以客用廁所。客用廁所以南的空間已經屬於家庭日常生活空間範圍,而距離社交待客空間最近的的空間爲飯廳,飯廳展現大方的配置手法,在南北兩側各自擁有附屬的配膳室與預備室。飯廳的位置位於中軸線終點,是此住宅最重要的空間,以飯廳取代傳統合院中祖廳的位置。飯廳以洋式風格佈置,如同待客空間的佈置,亦擁有壁爐裝飾,壁爐位置在中軸最底端,形式爲六角形凸體。將飯廳視爲家庭共同生活空間的重心,並賦予全宅中最高的空間等級,類似二十世紀 20 年代的英國鄉村住宅的空間組織方式。飯廳雖屬於家庭日常空間,但因爲有時亦具有宴客的功能,所以擁有社交待客空間與家庭日常空間的過渡空間性質。家庭日常空間的內容包括座敷、次間與母堂室,母堂式則使用西式裝飾,內有壁爐,其旁連接一間小型西式僕役房間,以就近照顧屋主的母親。除了主宅的西南側一角做爲服務空間外,其他服務空間如廚房、僕役空間等則集中在南邊的附屬建築體內。僕役空間亦擁有自己的衛浴設備,以示階級之分。南側獨立出來的附屬建築體純爲服務空間之用,這種安排與十八、九世紀的英國鄉村住宅情形類似。

台 09	陳朝駿宅

此別墅之建造設計以英國鄉村住宅爲範圍。除了休閒外,它的功能主要是做爲主人社交應酬的待客空間。當時臺灣土紳家族所交際的對象,除了當權的日本人外,還有洋商。洋化、現代化是強勢潮流,一般家族待客空間亦以西洋風格裝飾,再配以部份日式空間,此別墅整體裝飾可以說是洋式風格,只留下中間一茶室做爲日式空間象徵。正門以一平面爲橢圓型的門廊做強調,入口大廳右手邊安排一客廳,客廳之後是飯廳,兩者之間以大片拉門相通。飯廳有門直接通向後花園的平臺,平臺面積寬廣,四周被圍塑起來。入口大廳左手邊安排一擁有獨立出入口的房間(嗜好收集室),並有一門直接通向其後的洗手間。這種性質的空間在英國鄉村住宅中很常見,還帶有社交待客性質。二樓的平面形狀與一樓相似,平面中央爲擁有穿堂性質的大廳,右手邊爲主臥室,附加自己的衛浴設備與更衣室,左手邊爲一略小於主臥室的房間,亦做爲臥室之用,其後附有一廁所,但沒有浴室。若要使用浴室,必須進入主臥室,因其爲別墅休閒性質,非爲長期居住,所以可以如此安排。二樓的家

庭私密生活範圍，是兩臥室房及一間為接待客人的和室，鋪上榻榻米〔註8〕，主要為接待日本客人。屋頂閣樓作為暗房使用，並有一爬梯通向瞭望鐘樓。此別墅建於二十世紀初期，已受現代化空間的影響而表現在空間的簡化上，許多繁複、功能細分的空間都消失了，亦表現在對於家庭共同生活空間的重視，如傳統沙龍待客空間消失，代之而起的是私人性質較高的客廳與飯廳，亦即在住宅入口附近範圍，以家居生活性質的空間來代替展示性的空間。

台 10	李春生宅

此建築物一樓臨街面須依照都市計畫法向後退縮，做為騎樓〔註9〕以讓行人步行于其下。住宅為配合基地條件而使用近似 V 字型的平面，邊角基地的處理方式為在建築體轉角處使用弧形，主入口亦配置於通過此弧形線的中軸上。此宅內配置許多一般房間，而家族成員的房間使用情形遵守傳統的空間位序分配原則，亦即遵守中軸線上空間位序最高，以中為準的左尊右卑、上尊下卑，以及愈近中軸之空間位序愈高等原則。比較此宅平面空間大小的安排，亦可見此原則的存在，中軸上的房間寬度最大，越往兩旁，房間寬度越小。中軸線上所配置的重要空間，一樓為入口大廳，擁有接待功能，二樓為客廳，但只做為家庭日常生活的私廳，三樓為祖先肖相廳。因李家信仰基督教，不能如一般傳統臺灣家庭立神主牌與崇拜祖先。所以，此房間內只掛上李家歷代祖先肖象，以祖先肖像廳代替祖廳。這三個空間中，入口大廳與客廳的空間大小差不多，而祖先肖像廳較小，三個空間與街道之間都配置過渡空間，三個空間的重要性比較，祖先肖像廳雖位於層級最高的三樓，但因其空間的縮小，社交與家庭共同生活空間於是相對地被強調。除了重要空間外，中軸線上的空間尚有包括樓梯的通道空間與衛浴設備空間等，這些服務性質空間直接配置於入口大廳、私廳與祖先肖像廳等重要空間之後。做為宅內聯繫上下空間的唯一樓梯，不同于歐美土樓梯形式，在此宅中被隱藏於入口大廳之後，並且只能單邊上樓，而非雙邊樓梯，雖位於中軸線上，但樣式非常簡單。單邊直線樓梯的使用可以節省空間，使得樓梯旁的通道空間以及衛浴設備前的等待空間變大，這個安排方式是以功能為出發點。這些空間安排手法傳達出現代化的空間特性，但同時也表現出對臺灣傳統空間性的忽視。整體空間安排，為現代空間與臺灣傳統空間的混合，而基地面積的限制，導致建築體朝垂直方向發展，使空間的安排、層級與高度配合，產生樓層越高、空間的重要性越大之現象，同時也代表空間的隱私性越高，這是一種住宅都市化、高層化的特徵。

台 11	楊子培住宅

此住宅平面以日本中廊下型為基型，伴以和洋館並列型的構造方式，亦即同時使用加強磚造與木構造之混合構造形式，加上部分現代西洋空間。住宅共有三層，各個樓層的平面空間安排與形狀相似，一樓主要配置服務性空間，二樓擁有典型中廊下型的平面配置，亦即同時擁有社交待客空間、家庭日常生活空間與服務性空間，三

〔註8〕 榻榻米，是鋪設於住宅內部空間地板上的一種類似草蓆的硬狀墊子，在日式住宅中佔有非常重要的地位。見郭雅雯，《日治時期台灣日式住宅平面構成之研究》，國立雲林科技大學空間設計系碩士論文，2003年，頁25。

〔註9〕 騎樓，（亭仔腳）街屋臨街面設置連續的亭子或迴廊，可供行人穿越行走，不受天候影響，亦是店面空間的延伸，可增加顧客與商品接觸的機會。

樓則主要做為社交待客空間與家庭公共空間。

一樓大部份的空間作為僕役服務空間用途，如守衛室、佣人室、廚房、僕役專用衛浴設備與車庫等，另外還配置一辦公的事務室以及一僕役專用食堂。還有兩間榻榻米房作為客房，可能是用來接待重要客人隨身的僕役或護衛。主入口被安排于二樓，靠近正立面中央位置，經由一戶外梯直接到達，玄關被分成戶外與室內兩部份，整個入口顯現大方氣派的印象。事實上，住宅內比較具展示性的空間大多安排在此樓層，如應接室、書齋、食堂與主人房。其中應接室與食堂位於住宅前半部，書齋與主人房等則位於後半部，在此樓層後半部空間，還配置兩間兒童室，玄關入口右手邊的邊區則為服務性空間。此樓層平面的配置原則，基本上符合日本中廊下型平面，另外，兩間兒童房位於平面中央位置，代表兒童地位在家庭中的提升。玄關入口右手邊的邊區則為服務性空間。此樓層空間使用兩種不同的建構方式，前半部具有公共展示性質的空間與部份服務性空間使用加強磚造，後半部較具隱私性的家庭日常生活與衛浴設備空間則使用木構造。三樓的社交待客空間位於平面的後半部，使用木構造。三樓的家庭公共空間由一神室與一娛樂室共同組成，位於平面的前半部，使用加強磚造，神室與娛樂室空間連在一起，而三樓空間也幾乎都屬於待客空間，這種空間安排暗示著神室與娛樂室的功能其實傾向於社交待客功能。〔註10〕

台 12	葉南輝醫師別墅

此別墅等休閒形式的住宅建築，源自于歐美國家，經由日本再傳至臺灣。本宅為純渡假性別墅，因此空間安排從簡，只配置基本的空間，沒有設置浴室。階梯狀的屋形使人聯想到日本的住宅平面，二樓的平面形狀更是類似日本農家的「散在型」，雖然使用了廊下、拉門、木地板、押入等許多日式建築元素，但空間內容卻屬於一般的現代化住宅。住宅大門入口不設置于大馬路邊上，而置於南邊的小巷中，使用雙柱支稱雨庇做強調，擁有現代化小住宅的入口意像。入口之後即玄關，沒有傳統日式的多層分隔，空間使用緊湊；右手邊為客廳，左手邊為樓梯與廁所；經過中間通道，其後為兩間寢室，其中一間寢室的尺寸很小，只有 1.82×1,82 公尺。寢室之後為廚房與餐廳，廚房須經由餐廳進入，餐廳有門通向戶外平臺與日式花園。一樓的空間偏向家庭公共空間性質，二樓則做為隱私性要求較高的私人空間，客廳直接位於入口旁，其性質偏向家庭私廳，這些配置方式與一般現代住宅已經沒有分別。

台 13	義竹翁清江宅

義竹翁宅主要空間皆依循中央軸線對稱配置，由外而內依序為圍牆與大門、前院、第一進洋樓與兩側入口、中庭、後方三合院，兩者組成類似四合院之格局；另於左伸手外側增建第二條護龍，左側圍牆旁有一側門與一些附屬建築。前院相當廣闊，中有一小池，院中遍植花草樹木。第一進為二層建築，一樓前方設有門廊，

〔註10〕 楊子培住宅，總坪數 112 坪，總工事費 68,656.560 圓，包括（建築費 36,515.790、電氣給水工事費 4,713.420、直營工事費 4,328.240、家具裝飾費 8,685.240、衛生工事費 4,806.910、附屬工事費 4,814.050、給湯設備工事費 1,000.000 及工事監督費其他雜費 3,782.910）見《台灣建築會誌》第 6 輯 2 號，頁 115。

室內部份中央爲穿越性走道，左側前方有一房間、後方爲上樓之樓梯，右側同樣設有房間；由樓梯上二樓後，右後側爲一和室空間，往前在右前方爲一較大公共使用空間，由此可通往戶外露台，而左前方則有一較小房間。在第一進兩旁最內側各有一磚拱門，中開鐵門，爲通往中庭之次要入口。中庭中存有水井一口，亦開放給附近民眾使用。後方爲一類似三合院之「ㄇ」字平面，但設有寬廣的外迴廊則與台灣傳統三合院建築不同，反倒類似外廊殖民地樣式建築作法。三合院之正廳一入門即設有屏風，而神明桌、神龕之壁面兩側有階梯與小門，壁面後方小空間爲高架地板，外牆中央開有一後門。次間、稍間、盡間在室內前緣有一內走道，其他部份爲和室房間，室內後方同爲架高地板，亦有一內走道貫通各房間。最外側爲通往三合院外側之廁所。正身與伸手相接處未設通往兩側外圍之走道，而是進入房間中再由外側的門進出。

台 14	大林甘蔗崙陳宅

大林陳宅主要空間皆依循中央軸線對稱之傳統配置，由外而內依序爲外牆門與外圍牆、前埕、三合院、右後方增建之廚房（未在軸線上）等空間群組。外牆門旁圍牆以倒「八」字退縮塑造入口意象，轉折處原有四根主要門柱，現僅存中央二根。入外牆門後進入廣闊的前埕。內門樓爲兩層建築，一樓僅以一道牆體隔開前後，中開一門洞，未設有獨立空間，上二樓的樓梯位於門樓右側，入口設於外側，可推論此門樓並非爲了防禦性而設；由「L」形露天樓梯上樓，內門樓二樓後方有一外廊，前方則爲一完整房間，據李乾朗先生之訪談記述其宅應爲主人邀友登高喝酒之酒樓，此房間前後之中央各開一扇門。於住宅設置酒樓之情形於大林江宅亦曾存在，可能爲當時當地士紳的一種時尚。由內門樓中央大門入內，再由一低矮之內圍牆區城內埕成兩個領域。經遍植花草之狹窄小徑，即可到達三合院所圍塑出之內埕。內埕中央爲一主要步道直通三合院正身的祖先廳，主要步道兩側各有一步道通往左右伸手中央之開間，內埕步道分割出之庭院四區中各有一座花台。三合院之正身爲五開間，左右伸手各有三開間；正身明間〔註11〕與次間〔註12〕前方有一寬闊的外簷廊（步口），稍間則外凸僅留一走道（子孫巷）〔註13〕通往左右外側，伸手亦以出挑斗拱留設出外簷廊，組成三合院之「ㄇ」字型半戶外活動空間。明間室內以神龕與木隔間分爲前後兩室，前爲祖先廳（公廳），靠外側處有門通左右次間；由神龕與木隔間兩側小門進入後方小房間，小房間外牆中開一後門通往房舍後方。左次間室內亦以木隔間分爲前後兩室，前爲較大的日式和室房間，緊鄰與左稍間之隔間牆有一內走道通往後方小房間，由後方小房間開有一門通往稍間後方。左稍間室內空間有兩層，一樓以木隔間分爲前後兩區，前區前端爲挑空與通往二樓之樓梯，後端爲一未隔間之空間，緊鄰與左次間之隔間牆有一內走道通往後方房間，後方房間則設一後門通往戶外、設一門通往左次間，並在後方房間左後側角落有一獨立隔間，爲衛生設施包括小便斗、馬桶與洗手台的西式廁所；二樓爲夾層，主要供儲藏之用。

〔註11〕 明間，指建築物中央之開間，也是最重要的空間。

〔註12〕 次間，指明間左右的開間。

〔註13〕 子孫巷，位於祖廳左右，連接兩翼房間、護龍，及可通左右側門之廊道，名稱取子孫拓展繁衍之意。

台 15	高雄內惟李氏古宅

李氏古宅採對稱格局。中軸線上為主廳及突出的門廊，四周並繞以拱廊。迴廊的觀念，意在使所有房間與外界能有雙重之緩衝，在炎熱的台灣可發揮遮陽擋雨之效；此外，其雙重壁體的重複使用，具有抵抗橫向外力，以鞏固建築物安全性的功能，具有結構意義。門廊突出於中軸線上，面寬、進深俱為單開間，其不僅為室內、外空間的過渡，更為整體建築的視覺焦點所在。主樓室內面寬三開間，進深兩開間，其平面配置以廳為核心，兩側為臥房。中央明間分前、後廳，一樓前廳為客廳，後廳為飯廳，二樓前廳為佛廳、後廳為飯廳。主樓後側兩翼左側為風呂（浴室）、便所（廁所），右側一樓為台所（廚房）、二樓為和室。一樓前廳為客廳，係接待賓客的空間所在。二樓前廳為佛廳，係全家的精神中心所在，其空間擺設仍維持傳統大廳的形式，中央為神龕，供桌分上、中、下三案，兩側置以太師椅，作工極為細緻。一、二樓後廳置以土梯，為一、二樓間主要的聯繫管道，亦為用餐的主要空間。

台 16	塗厝里默園陳宅

此宅邸平面格局呈現類似四合院，平面呈口字型，內部設有中庭，面寬為七間，左右梢間室內各有一座通往二樓之樓梯；第一進正身一、二樓皆設有前側迴廊，左右兩翼二層樓高、面寬為四間，最後一間為廁所空間；後落正身及左右兩翼後側兩間為一層樓高建築物。宅前有一圳溝，入口圍牆為磚造，環繞宅地周圍，一直延伸之入口前洗石子門柱。入口即可隱約看見洋樓建築，往前直走通過小橋，繞過中間圓形花圃，即為宅邸洋樓入口門廊。

台 17	龍潭里蕭宅

蕭宅空間規劃係採閩、和、洋折衷之作法，平面對稱略呈長方形，空間形態類似五間規模「一條龍」傳統建築，明間與次間前有一內走廊，而後方則有一半戶外簷廊。明間為奉祀祖先牌位與信仰神明的公廳，前方有一西式門廊空間以為過渡，左右次間位置皆為臥室；左梢間係為僑居日本的長子保留之房間，其側面增建一浴室，並於後方建置獨立的廚房；右梢間兼有西式應接室與日式和室，則是屋主接待賓客的主要應接空間，和室後方直接與後院庭園景觀相接，設有階梯可進出戶外庭園。

台 18	二重村黃宅

黃宅空間格局為一字型平面，面寬為七間，主入口處設有門廊，左右兩側於晚近均有增建，屋身左後方設有廁所，現已荒廢。一樓室內共有七間，明次間處設有室外前、後簷廊，為考量台灣溼熱氣候產生之空間，明間為祭祀祖先及客廳使用之正廳，右次間設有一通往二樓之樓梯，樓梯平台下為傭人房。梢盡間設有室內後簷廊，梢盡間處室內空間及後簷廊為日式和室格局，地坪抬高並鋪設榻榻米，和室之前的空間現為小客廳使用，和室之後設有日式建築特有的中介空間「緣前」，以兩道日式推拉門。與後院間可因應氣候或使用行為產生不同的半戶外空間。二樓面寬為三間，前後設有室外簷廊，左右次間為和室，室內設有室內前廊道，後簷廊左側末端為廁所空間，室外前簷廊明間處為露臺。黃宅平面格局公共空間部份仍屬傳統閩式，較具隱私性的房間則採用日式和室，為日治時期閩和折衷平面類型之一。

台 19	港西村餘三館陳宅
陳宅平面格局由入口門廊、主體空間與附屬空間組成。主體空間平面呈南北向長方形，包含北側玄關、客廳、樓梯間及靠西側室內廊道及兩間房間。附屬空間平面呈方形，位於主體空間西側室內廊道南側末端，包含兩間廁所及一間浴室。二樓空間組織與一樓相似，但是一樓門廊及浴室於二樓便成露台，二樓客廳空間原為和室空間。	

台 20	萬華林宅
林宅的建築平面空間配置，一樓為公共性空間及其經營商業活動的空間為主，除此之外，還附帶一些儲藏空間和服務性質等空間；二樓、三樓則為居住的生活起居空間；四樓則是林氏家族供奉祖先牌位的公媽廳及客房和附屬的服務性空間。在室內動線上，經由配置在房子後部的垂直動線，將所有各個空間串聯在一起。從林宅的室內動線來看，林宅的室內空間性質亦有公共及私密性的等級劃分，而且有著相關的設施與其搭配，在其舖面的應用上也利用色彩、材質去界定不同的空間屬性。從林宅的建築配置中，不難發現其民宅的配置關念已漸漸受外來因素影響，如在建築工法、材料與配合都市計劃的觀念而形成的建築樣式等，以對應周圍道路配置的狀況，但公媽廳之傳統空間則仍依循傳統之座北朝南興建。	

附錄三 日據時期在台都市家宅陳設 與裝飾圖片與說明

	應接間（A）	客間（B）	書房（C）	食堂（D）	玄關（E）	子供室（F）	台所（G）
（1）河東氏	A-1				E-1		
（2）台北帝大總長官舍	A-2			D-2			
（3）井手薰	A-3				E-3		G-3
（4）大島金太郎氏	A-4				E-4		
（5）粟山俊一	A-5			D-5			
（6）白倉好夫	A-6						
（7）小原時雄氏	A-7						
（8）大阪商船株式會社高雄支店長宿舍	A-8		C-8				
（9）糖業試驗所所長官舍	A-9						
（10）糖業試驗所奏任官官舍	A-10						
（11）台中地方法院長官宿舍	A-11						
（12）楊子培	A-12		C-12	D-12			
（13）台灣軍司令官邸		B-13					
（14）林熊光		B-14		D-14			
（15）深川氏				D-15	E-15		G-15
（16）高橋氏					E-16		
（17）尾氏						F-17	

（A）應接間

（1）河東氏

（資料來源：《臺灣建築會誌》第1輯4號）

　　河東氏宅之應接室，近入口處右邊，其室內擺有布面花紋沙發三張中間
置一張木質圓型桌，後有一木質飾品櫃及裝有倒三角形玻璃的木門，幾何紋
樣簡潔大方，牆四週覆以幾何圖紋的壁紙及深色木料作爲裝飾。

（2）台北帝國大學總長官舍

（資料來源：《臺灣建築會誌》第1輯5號）

　　台北帝國大學總長官舍之應接室，其室內擺有布面花紋方沙發四張及白
色長沙發一張，中間置有兩張木質圓形桌，其桌腳爲鏇木造形，牆兩面有大
窗戶置有窗簾，牆角靠有一鏇木造形的方几上有陶質花瓶，房間頂部裝有方

座圓形燈飾。

（3）井手薰

（資料來源：《臺灣建築會誌》第 2 輯 3 號）

　　井手薰宅之應接室，近入口之右邊，為此宅之東南角上，其室內擺有藤編沙發型椅四張，中間置一張藤編方桌上覆以白色編織桌巾，地板鋪有織有花紋地毯，有兩大窗均覆有窗簾，窗台均放置飾品陶壺及牛造型雕塑，靠牆椅旁置有一流線造型方几，右牆角放置一尊白色維納斯雕塑，牆上也掛上三幅西洋油畫。

（4）大島金太郎氏

（資料來源：《臺灣建築會誌》第 2 輯 3 號）

　　大島金太郎氏宅之應接室，其室內擺有深色木質椅三張，靠背及椅坐均有軟墊，造形優美簡潔，中間置深色木桌一張，後有一長方格玻離窗戶，覆有到地板布質窗簾，牆四周覆以簡單花紋壁紙，靠牆近門放有一木質時鐘。

（5）粟山俊一

（資料來源：《臺灣建築會誌》第2輯3號）

　　粟山俊一宅之應接室，其室內擺有藤編沙發椅三張，中間置一張藤編圓桌上覆以深色絲質方巾，地板鋪有花紋地毯，其應接間與書齋相通以布簾相隔，牆角放置盆栽，牆上掛有圖框。

（6）白倉好夫

（資料來源：《臺灣建築會誌》第2輯3號）

　　白倉好夫宅之應接室，擺有藤編方椅四張，中間置有一張藤編圓桌上覆以白色編織方巾，兩面幾何方格玻璃窗，有布窗簾，窗台則擺有盆栽及陶藝品，有交錯相接圖案壁紙，牆上掛有圖框。

（7）小原時雄氏

（資料來源：《臺灣建築會誌》第 2 輯 3 號）

　　小原時雄氏宅之應接室，擺有白色沙發三張，中間置有木質圓桌一張，上覆有幾何花紋長桌巾及白色短桌巾，沙發旁有一矮圓几，其四隻腳以大象正面為造型，地板鋪有花紋地毯，另一白色長沙發則緊靠窗戶並覆有長布窗簾，以門罩式木窗為隔間。

（8）大阪商船株式會社高雄支店長宿舍

（資料來源：《臺灣建築會誌》第 4 輯 4 號）

　　大阪商船株式會社高雄支店長宿舍之應接室，擺有淺色條紋沙發四張，中間置有一木質方桌上覆有白色方巾，旁有一鐄木方几，地板鋪有花紋地毯，近門處有一飾品櫃，擺有花瓶、瓷盤、時鐘，天花板及四周以四方造形為主，以長布簾與書齋作區隔，頂上垂有一方邊圓面燈飾，牆上掛有圖框。

（9）糖業試驗所所長官舍

（資料來源：《臺灣建築會誌》第 5 輯 3 號）

　　糖業試驗所所長官舍之應接室，擺有白色沙發四張、中間置有一木質單

腳圓桌上覆有花紋方巾，桌上擺有一只青花瓷花瓶，其旁有一電話，地板鋪有幾何花紋地毯，後有一飾物櫃，上有時鐘及飾品，頂上垂一花形燈飾。

（10）糖業試驗所奏任官官舍

（資料來源：《臺灣建築會誌》第 5 輯 3 號）

　　糖業試驗所奏任官官舍之應接室，擺有深色木質方椅五張，靠背及坐均有花紋軟墊，兩面有木格玻璃窗，覆有布質窗簾，有瓶花、頂上有燈飾，地板以木板敷地，牆壁及天花板採線條交錯的簡單幾何飾帶造形無壁紙裝飾。

（11）台中地方法院長官宿舍

（資料來源：《臺灣建築會誌》第 6 輯 2 號）

　　台中地方法院長官宿舍之應接室，擺有白色沙發四張，中間置有一木質方桌，有一對外木格玻璃窗，覆有帶穗長布簾，窗台上置有小型黑松盆栽，另內有十字型交錯六木條的對內圓形木質窗，四周以花紋壁紙爲飾，牆角有一深色木質飾物櫃，上有飾品玩偶，頂上垂一燈飾，天花版與壁間掛有圖框。

（12）楊子培

（資料來源：《臺灣建築會誌》第 6 輯 2 號）

　　楊子培宅之應接室，擺有兩組沙發，一組靠正面玻璃大窗，是皮革沙發兩短一長型，中間置茶几櫃，地上鋪有花紋地毯，另一組則靠側面玻璃旁窗，有絨布條紋木扶手沙發兩張，中間置木質圓桌一張，地上鋪有花紋地毯，牆壁四周以花紋壁紙爲裝飾，其餘地板以方形幾何爲飾，置有花几上擺水仙盆花，各窗有布簾，頂上有一方形燈飾，壁上有小方形燈飾。

（B）客廳擺設

（13）台灣軍司令官官邸

（資料來源：《臺灣建築會誌》第 2 輯 1 號）

　　台灣軍司令官官邸之客廳，擺有花紋沙發四張，中間木質方桌一張，地上鋪有花紋地毯，有拱砌式壁爐，台上放置飾物及圖框，爐旁有一組沙發椅桌，兩面均有對外木格玻璃窗，光線充足，掛有長布簾，牆角及爐旁均擺有盆栽造景，頂上垂有吊扇，牆壁以木條做簡單十字作爲造形。

（14）林熊光

（資料來源：《臺灣建築會誌》第 2 輯 3 號）

　　林熊光宅之客廳，設有磚砌式壁爐，台上置有小飾物，中央壁上掛有油畫圖框，兩旁有菱形木格玻璃窗覆有布簾，下有木質玻璃櫃放置古董藝品，爐旁有白色套沙發一張及木質四腳小圓桌，左邊有一架方型鋼琴上放置玩偶及瓶花，右邊靠大窗戶下擺有皮革長沙發，前有木質扶手椅兩張，中間置木質四腳方桌及小方桌，地上鋪有花紋地毯，牆壁施敷白色頂上垂一吊扇及另一圓形大吊燈，壁上有壁燈。

（C）書房擺設

（8）大阪商船株式會社高雄支店長宿舍

（資料來源：《臺灣建築會誌》第 4 輯 4 號）

　　大阪商船株式會社高雄支店長宿舍之書房有一長方形深色木質書桌，桌上有一菇形台燈，書桌右側一對外外推式木質方格玻離窗及布廉，窗台上擺有一盆景，頂上垂有一吊燈與應接室相通（參考 A-8 圖及說明）

（12）楊子培

（資料來源：《臺灣建築會誌》第 6 輯 2 號）

　　楊子培宅之書房，擺有木質扶手布面幾何花紋沙發椅兩張，中間置木質四腳方桌，後靠牆放置三面木質玻璃書櫃，地上鋪有花紋地毯，牆壁有花紋壁紙爲飾，頂上垂有星形吊燈，門、書櫃、桌椅、天花板均以橫直線及方格作爲整個房間的造形，不崇尚華麗與曲線。

（D）食堂
（2）台北帝國大學總長官舍

（資料來源：《臺灣建築會誌》第 1 輯 5 號）

　　台北帝國大學總長官舍之食堂，擺有深色木質鏇木四角長方桌七張，六張兩兩合成一大餐桌，餐桌上有兩盆綠葉植栽，另一張則依正牆靠立其上也放一盆綠葉植栽，餐桌四周圍有深色無扶手木質靠背皮革軟墊椅二十張，有兩面對外窗及深色花布簾，大窗的窗台放有一盆綠葉植栽。地上鋪有深色木板，左邊靠牆有一面四方鏡，鏡下有一深色木質高台架，左右置一對青花瓷瓶，中間放置一深色小瓷瓶，屋頂中央垂吊一鐵質彎曲花飾吊燈及吊扇，兩窗牆旁各有一鐵質彎曲花飾壁燈。

（14）林熊光

（資料來源：《臺灣建築會誌》第 2 輯 3 號）

　　林熊光宅之食堂，擺有一張木質圓形中央單柱腳，兩張無扶手靠背及兩
張有扶手靠背木質餐桌椅，右邊牆角放一木質高台架置一瓷器大花瓶插入時
花，牆上掛有一幅油畫及壁燈，挑高天花板中央安置一吊扇，地上以木板鋪
設，前有一凹室中央以紅磚砌成壁爐，凹室四周圍以玻璃窗並覆有布窗簾，
爐旁放置兩張白色沙發。

（5）粟山俊一

（資料來源：《臺灣建築會誌》第 2 輯 3 號）

　　粟山俊一宅之食堂，擺有方型餐桌一張，上覆有一淺色大布桌巾，中央放置一直圓筒花瓶插著蒔花，四周圍有五張無扶手的木質靠背皮革軟墊餐桌椅及一張有扶手鏇木造型的椅子，有一木質對外窗及花布窗簾，窗左旁掛有深色木質擺鐘，右旁牆角有一木質高台花架上置一盆栽，左右兩側各有一深色木質對外門，右側門旁牆上掛有一幅花草油畫，其下有深色木質櫃，櫃上有一盆水果及白瓷花瓶一只，餐桌上也擺上有六只白瓷咖啡杯。

（12）楊子培

（資料來源：《臺灣建築會誌》第 6 輯 2 號）

　　楊子培宅之食堂，擺有圓形餐桌一張，覆有一花草紋飾布桌巾，四周圍有八至九張無扶手的木質餐桌椅其靠背及坐均鋪有軟墊，左牆壁嵌入一深色木質大方櫃，上放時鐘及飾品。右邊有兩扇大窗，其下置一長形花草紋飾沙發並覆有布廉，正面牆有淺凹上掛有星形紋飾徽章，其下有三張木質高台架，中央一張覆有布巾，其上均放有盆景共三盆，天花板上有一吊扇，靠入門及方櫃旁牆上也置一壁燈。

（15）深川氏

（資料來源：《臺灣建築會誌》第 2 輯 3 號）

　　深川氏宅之食堂，擺有方形深色木質餐桌一張，六張無扶手靠背木質餐桌椅坐上有軟墊，正牆中央上掛有一幅花草油畫，下有一方形矮櫃，櫃面上有一花瓶插有時花，旁有清酒玻璃瓶，正面兩側有木質玻璃門兩扇。

（E）玄關

（1）河東氏

（資料來源：《臺灣建築會誌》第 1 輯 4 號）

　　河東氏宅之玄關，是車寄式的入口玄關，面磚爲牆，地板高於地面且有階，階前兩側置有兩盆栽，屋旁周圍栽有花木。

（3）井手薰

（資料來源：《臺灣建築會誌》第 2 輯 3 號）

　　井手薰宅之玄關，為單柱、瓦簷式入口玄關，雨淋板為面牆，地板高於地面且有階，右面為內門入口，左面為木欄杆為屏，階上靠牆置一盆栽，左面木欄杆外栽有花木。

（4）大島金太郎

（資料來源：《臺灣建築會誌》第 2 輯 3 號）

　　大島金太郎宅之玄關，為單柱、瓦簷式入口玄關，雨淋板為面牆，地板高於地面且有階，左邊屋角以圓柱支稱，地板、柱台及階以磚砌成，正面為入口，柱台上置一盆栽，屋外周圍栽有花木。

（16）高橋氏

（資料來源：《臺灣建築會誌》第 6 輯 5 號）

　　高橋氏宅之玄關，爲水泥圓形簷頂式入口，洗石子爲面牆，地板高於地面，兩邊有奇石、盆景及樹木植栽，頂有電燈。

（15）深川氏

（資料來源：《臺灣建築會誌》第 2 輯 3 號）

　　深川氏之玄關，為瓦簷式入口玄關，面是以雨淋板為牆，兩邊是樹木扶疏，左面是壁燈，右面是橫隔與直條為屏。

（7）小原時雄氏

（資料來源：《臺灣建築會誌》第 2 輯 3 號）

　　小原時雄氏宅之廣間〔註1〕是緊鄰玄關及應接室、客用食堂，及其左邊有樓梯作上下聯繫，其廣間空間爲四方格局，是通往各室的過渡空間，正面及左面牆上掛有圖畫，左面靠牆邊有一淺色木質整鏡台及中式深色束腰高花台架，架上置一中式瓷花瓶，地面鋪以深色木板，正面入應接室前地上置有一小地毯。

〔註1〕　早期的「廣間」是室內的工作場所，亦可臨時用來接待客人。直到近世的農
　　　　家將泥土地面的「土間」與鋪木地板的「廣間」合併做爲工作場所，稱爲「廣
　　　　間型」。明治以後，受西洋住宅的影響，較大的玄關空間則稱爲「廣間」，亦
　　　　稱爲「ホール」（hall）。參見郭雅雯，《日治時期台灣日式住宅平面構成之研
　　　　究》，雲科大空間設計研究所碩士論文，2003 年，頁 34。

（F）子供室

（17）尾辻國吉

（資料來源：《臺灣建築會誌》第 2 輯 3 號）

　　尾辻國吉氏宅之子供室，位於住宅二樓，其正面及右側設有單人寢床四張，寢床分上下兩鋪，有一木梯供其上下，正面牆上設有架子可供收納棉被及日用物品。

（G）台所

（3）井手薰

（資料來源：《臺灣建築會誌》第 2 輯 3 號）

　　井手薰宅之台所位於此宅之西南角上，緊鄰食堂，其空間左邊有水龍頭式洗手槽，其右旁有兩爐炊事台，右面牆靠著一矮廚櫃上放有日用物品，左右兩牆均有長形木條方格玻璃窗，牆壁貼以白色瓷磚，炊事廚具均掛在眼前以便取用，地面鋪以木板。

（15）深川氏

（資料來源：《臺灣建築會誌》第 2 輯 3 號）

　　深川氏之台所位於此宅內之右邊，其空間裝潢為淺色木質廚具，有水龍頭式洗手槽，週圍擺以清潔物品，上有一對外窗，右面牆上置一壁燈及掛有橢圓鏡子，左面牆上有固定式木架，架上放有調味料瓶，地面鋪以木板。